DE EMOTIE VERBEELD

42.50

DE EMOTIE VERBEELD

Expressie in dans, toneel, beeld en verhaal

door J.M. VAN MEEL

m.m.v. A.TH. VAN MEEL-JANSEN
M. DE MEIJER
P.P. MOORMANN

1989
DEKKER & VAN DE VEGT - NIJMEGEN

CIP-GEGEVENS KONINKLIJKE BIBLIOTHEEK, DEN HAAG

Meel, J.M. van

De emotie verbeeld: expressie in dans, toneel, beeld en verhaal/door J.M. van Meel; m.m.v. A.Th. van Meel-Jansen, M. de Meijer, P.P. Moormann. - Nijmegen: Dekker & Van de Vegt. - Ill.
SISO 708.5 UDC 159.942:7 NUGI 711
Trefw.: emoties in de kunst.

ISBN 90 255 0045 5

Omslag: Het zotte geweld - Beeld van Rik Wouters (1912), Openluchtmuseum voor beeldhouwkunst, Middelheim.

Layout en druk: Van Gorcum & Comp. b.v., Assen

Inhoud

Voorwoord

Ieder die belangstelling heeft voor menselijke emoties en expressies, zal zich vroeger of later gaan interesseren voor expressies in kunstvormen. Zo is het ook met mij gegaan. Het begon ermee dat ik dans met andere ogen ging bezien. Al spoedig daarna kwam beeldhouwkunst en zo volgde de ene kunstvorm op de andere. Ik heb me met veel plezier maar toch niet zonder aarzeling op dit terrein gewaagd. Schrijven over emoties en hun expressie in kunst is een bezigheid die de grenzen van de psychologie overschrijdt - met alle gevaren vandien.

Naar mijn mening bieden kunstuitingen geprivilegieerde toegangswegen tot het menselijke gevoelsleven en kan de psychologie zich daarom niet permitteren ze te negeren. Ik hoop daarnaast dat de belichting van het uitdrukkingsaspect van kunstproducten ook een bijdrage levert aan een nieuwe kijk daarop en zo onze waardering ervan verhoogt.

Ik ben geen kunsthistoricus en het boek heeft ook geen enkele kunsthistorische pretentie. Toch bleek elke kunstvorm een grondige documentatie te vragen. Dit zou zonder de hulp van velen niet gelukt zijn. In de eerste plaats wil ik daarvoor mijn mede-auteurs danken die dit werk aanzienlijk hebben verlicht.

Enkele studenten hebben mij geholpen bij de analyse van de romans die in hoofdstuk 6 besproken worden. Mijn dank hiervoor aan Hermien Sanders, Mirjam Trommelen en Jantine Uilenreef.

Els Kuysters en Anja Kaarsgaren poseerden met veel enthousiasme voor de gelaatsexpressies.

Ben Bergmans van de Audio-Visuele Dienst hielp mij bij het klaarmaken van de illustraties.

Rinus Verkooijen zette enkele hoofdstukken in recordtempo op de tekstverwerker.

Tinie Aarts heeft het manuscript van het eerste begin tot het gereedkomen met veel zorg begeleid. Ze heeft mij daarmee veel werk uit handen genomen.

Tenslotte wil ik de heer Van Rossum van de Uitgeverij Dekker en Van de Vegt danken voor zijn stimulerende belangstelling en de plezierige samenwerking bij het tot stand komen van dit boek.

J.M. van Meel

Inleiding

1. De kunstzinnige uitbeelding van emoties

De mens is in staat zichzelf te uiten en zijn emoties aan anderen kenbaar te maken. In het leven van alledag zal hij dit gewoonlijk spontaan en onbestudeerd doen: bij het horen dat een wedstrijd gewonnen is, maakt hij een vreugdedansje, een onverwachte tegenwerking zal hem van woede doen stampvoeten, het verlies van een dierbare zal hem de tranen in de ogen brengen.

Wij kunnen natuurlijk in woorden uiten welke gevoelens ons bezielen, maar nog vóór wij de juiste woorden gevonden hebben, is de emotionele expressie hen al vooruitgesneld met de uitdrukkingsmiddelen van het lichaam. Een enorm rijk repertoire aan uitdrukkingsmiddelen staat ons ter beschikking om dat wat in ons leeft, te uiten en aan anderen kenbaar te maken: houding en beweging van het lichaam, gelaatsexpressies, oogopslag, klank en timbre van de stem. Dit repertoire aan uitdrukkingsmiddelen hebben wij niet expliciet moeten leren zoals wij de taal of het lezen hebben geleerd. Voor een niet onbelangrijk gedeelte berust het op aangeboren en overgeërfde patronen, voor een ander deel wordt het spelenderwijs verworven door observatie en onbewuste imitatie.

Emoties en hun expressie vinden wij ook in de dierenwereld. Ethologen hebben uitvoerig gedocumenteerd welke paralellen er zijn tussen menselijke emoties en uitdrukkingsvormen en die welke we vinden bij dieren. Deze overeenkomsten zijn vaak treffend, vooral als het gaat om zogenaamde primaire emoties als vrees en woede. Darwin (1872) heeft deze overeenkomsten al opgemerkt en beschreven.

Toch zou het naar mijn mening een grote vergissing zijn deze parallellen te ver te trekken en daarmee het oog te verliezen voor het typisch menselijke in onze gevoelens en in de expressievormen die ons daarbij ter beschikking staan.

Dit boek kan worden beschouwd als een zoektocht naar het typisch menselijke van de emoties en naar de bijzondere aard en rijkdom van de menselijke expressie- mogelijkheden.

Kenmerkend voor de mens is dat hij afstand kan nemen tot zijn gevoelens, dat hij ze kan beschouwen en erop reflecteren en daarmee ook invloed kan uitoefenen op hun expressie. De mens is daardoor in staat te veinzen, emoties te verbergen of emoties voor te wenden die hij niet ervaart.

Deze typisch menselijke mogelijkheid tot gedistantiëerde beleving van emoties en tot beheerste expressie, heeft hem echter ook de gelegenheid gegeven beelden van wat hem bezielt te scheppen en gevoelens in nieuwe vormen vast te leggen. Die expressievormen zijn zeker verwant met natuurlijke expressies, maar gaan daar toch ver boven uit. Natuurlijke expressies dienen hierbij als het ruwe materiaal dat met een grote mate van vrijheid wordt gebruikt.

De mens is een schepper van kunst. In kunstuitingen van heel verschillende aard, of het nu is in de bewegingen van het dansende lichaam, of in de bijzondere houding van een beeldhouwwerk dan wel een bepaalde rol op het toneel, hebben kunstenaars mensen uitgebeeld en daarbij vooral hun emoties in kunstzinnige vorm vastgelegd. Hoewel waarschijnlijk niet alle kunst expressie van emoties is, is de mens en zijn gevoelens wel altijd het geprivilegieerde thema geweest in vele kunstvormen.

Kunstzinnige expressie in een of andere vorm komen we in alle culturen tegen en ze heeft de menselijke cultuur vanaf de prehistorie vergezeld (de oudste grottekeningen met afbeeldingen van dansende mensen zijn meer dan 20.000 jaar oud). Deze alomtegenwoordigheid van de kunstzinnige expressie wijst er op dat het hier gaat om een fundamentele menselijke behoefte. We kunnen, met andere woorden, geen volledig beeld van menselijke expressiemogelijkheden schilderen, zonder daarbij de wijze waarop emoties in kunstvormen zijn uitgebeeld nader te bestuderen. Kunst biedt een bijzondere toegangsweg tot de beschrijving van het uniek menselijke van onze gevoelens en de beschouwing van kunstwerken kan ons inzicht in de expressiemogelijkheden van menselijke gevoelens verdiepen.

Op welke wijze geeft de kunstzinnige schepping vorm aan menselijke gevoelens? Het is duidelijk dat ieder der verschillende kunsten dat op eigen wijze heeft gedaan. De dans biedt geheel andere mogelijkheden dan de schilderkunst, het toneel kent andere expressiemogelijkheden dan de beeldhouwkunst. Toch zijn er een aantal gemeenschappelijke problemen waarmee alle kunstvormen te maken krijgen bij het uitbeelden van menselijke emoties.

In de eerste plaats is daar het probleem van de eigen aard van de emotie die door de kunstenaar wordt vorm gegeven. Moet de kunstenaar de emotie ook zelf doorleven of tenminste zelf doorleefd hebben? Deze vraag is door kunstenaars en schrijvers over kunst van zeer uiteenlopende antwoorden voorzien. Ook in dit boek komt deze vraagstelling aan de orde. Ik heb geprobeerd na een bespreking van verschillende standpunten daarover een samenvattend standpunt te formuleren. Naar mijn mening is kenmerkend voor de artistieke creatie de polariteit van emotie en distantie.

Zoals de artistieke emotie verschilt van de directe emoties uit het dagelijkse leven, zo verschilt ook de artistieke expressie van de directe spontane expressie. In dit boek is een zoektocht ondernomen, binnen de verschillende kunstgebieden, naar de normen en regels, middelen en technieken die kunstenaars gebruiken om emoties vast te leggen. De vorm gegeven emotie, zoals de ontzetting in het beeld van Zadkine bij het bombardement van Rotterdam, de ambitie van Lady Macbeth bij Shakespeare, een liefdesduet bij Puccini, wijkt ver af van de vormen waarin wij in het dagelijks leven onze emoties uiten. Wat zijn de overeenkomsten en wat zijn de verschillen tussen spontane expressie en kunstzinnige expressie?

Op dit thema ben ik uitvoerig ingegaan, waarbij verschillende eisen die de kunstzinnige expressie zijn opgelegd, de revue passeren. De eis van herkenbaarheid van de uitgebeelde emotie, eventueel voor een ingewijd publiek, is één van de beperkingen waaraan de artistieke expressie is gebonden. Bijzondere eisen van esthetica, die van cultuurtijdperk tot cultuurtijdperk kunnen verschillen, speciale normen en waarden of taboes van een samenleving, zullen bijdragen aan de verschillen tussen spontane en kunstzinnige expressie. De eigen mogelijkheden en beperkingen van het medium waarin de kunstenaar zich uitdrukt, drukken ook hun stempel op de vormgeving van de expressie.

Ondanks al deze beperkingen die de kunstzinnige emotie en de kunstzinnige expressie zijn opgelegd, heeft het menselijk gevoelsleven zich toch juist in kunstuitingen het meest indrukwekkend gemanifesteerd. Mensenmenigten bezoeken musea en raken ontroerd door de wijze waarop een Griekse of Egyptische kunstenaar duizenden jaren terug mensen heeft afgebeeld: het tedere gebaar van een vrouw die haar arm over de schouder van haar man legt, zoals bij de Egyptische koningsbeelden, of de diepe wanhoop in de gelaatstrekken van Laocoon. Shakespeare's King Lear kunnen wij niet onverschillig bezien. Dit alles klinkt als een paradox: hoe is het mogelijk dat juist in kunst, die zover weg staat van directe en natuurlijke expressie, het menselijk gevoelsleven zijn meest perfecte manifestatie heeft gevonden?

De uitbeelding van emoties in kunstzinnige vorm helpt ons onze eigen emoties te ontdekken en te herkennen en schept de mogelijkheid ze te beleven op een nieuwe en rijkere manier. De oude Grieken kenden het begrip 'katharsis' om daarmee de zuiverende invloed van de tragedie op het gevoelsleven van de toeschouwer aan te geven (zie voor een discussie van het begrip 'katharsis' bij Aristoteles het werk van Fresco, 1988, p. 58). Niet alleen het theater echter, maar alle kunsten waarin menselijke emoties worden verbeeld, bezitten het magische vermogen het gevoelsleven van de beschouwer te verrijken en te 'zuiveren'. Toneel, muziek, dans, schilderkunst en beeldhouwkunst worden alle gebruikt in de psychotherapeutische praktijk (zie o.a. Dars en Benoit, 1964). Kunst maakt het mogelijk de meest verborgen emoties tot uitdrukking te brengen, ons op die wijze ervan te bevrijden en zo behulpzaam te zijn bij het zoeken naar een nieuw emotioneel evenwicht.

Kunst leert ons de wereld en onszelf op een nieuwe wijze zien en ervaren. De ontroering die wij voelen bij het zien van een natuurlandschap is pas mogelijk geworden doordat landschapsschilders als bijvoorbeeld Ruysdael ons de ogen voor het landschap geopend hebben. De Griekse beeldhouwers hebben de schoonheid van het menselijk lichaam voor ons ontdekt. Kunstenaars exploreren nieuwe wijzen van beleven en van uitdrukken en banen zo nieuwe wegen voor het gevoel.

Waarom is kunst hiertoe in staat? Omdat de kunstenaar emoties weergeeft, ontdaan van het toevallige, betrekkelijke, praktisch nuttige van alledag. Doordat hij het wezenlijke van de emotie vastlegt, kan ze universeel herkend worden.

De artistieke emotie en haar expressie in kunstwerken heeft dus een belangrijke *vormende* werking op de kunstbeschouwer. Nieuwe vormen van waarnemen, van beleven en uitdrukken, worden erdoor in hem wakker geroepen.

In onze moderne, geïndustrialiseerde samenleving neemt 'kunst' een marginale positie in. Als ze al niet beschouwd wordt als een wat verdachte interesse van een kleine en geprivilegieerde elite, dan wordt ze toch hoogstens erkend als onschadelijke vorm van vrijetijds- besteding. We zien deze houding ook gereflecteerd in de wetenschappelijke interesse voor het fenomeen 'kunst'. De psychologie althans heeft zich er weinig mee bezig gehouden.

Mijns inziens schuilt hierin een schromelijke onderschatting van de rol die kunst zou moeten spelen in onze samenleving. Kunst opent onze zintuigen, maakt nieuwe vormen van beleven mogelijk en verrijkt onze uitdrukkingsmogelijkheden. Andere culturen hebben de betekenis van kunst beter beseft. Van oudsher is kunst nauw verbonden geweest met religie. Verschillende kunstvormen zijn uit religieuze emoties en manifestaties ontstaan. Juist als religie speelde kunst een belangrijke *bindende* rol in de samenleving, of het nu was als dans, als theater, als muziek of zang. De gehele gemeenschap nam eraan deel. Dergelijke gebeurtenissen werden beleefd als hoogtepunten in het bestaan en de deelnemers kwamen er verrijkt van terug.

In een samenleving als de onze, waarin religie als bindend element aan betekenis heeft ingeboet, zou de kunstzinnige beleving en expressie het emotionele vacuüm kunnen opvullen dat is ontstaan.

2. *Kunst en de expressiepsychologie*

Dit werk is ontstaan uit mijn interesse voor het menselijke uitdrukkings-gedrag. Ik heb me in het verleden intensief bezig gehouden met gebaren en andere vormen van nonverbaal gedrag (zie van Meel, 1986). Het is haast onvermijdelijk dat men daarbij stuit op kunstvormen als dans, toneel, schilderkunst en beeldhouwkunst, waarbij gebaren en andere nonverbale uitingen als lichaamshoudingen en gelaatsexpressies het primaire medium zijn om emoties in over te dragen.

Er is in dit boek met de blik van een psycholoog naar kunst gekeken. Maar niet om kunstuitingen te gebruiken als fraai illustratiemateriaal om een klaarliggende psychologische theorie aan te demonstreren. De bedoeling heeft voorop gestaan de wijze waarop in de verschillende kunsten als dans, toneel enz. emoties zijn geuit en vorm gegeven, te bestuderen om met deze gegevens de psychologie van het uitdrukkings-gedrag te verrijken. De kunstenaar moet een oplossing vinden voor een aantal problemen die tot de kernvragen van de uitdrukkingspsychologie behoren. Het gaat om zaken als de mogelijkheid tot inleving in en identificatie met andermans persoonlijkheid, echtheid en natuurlijkheid van getoonde emoties, geloofwaardigheid van de uiterlijke expressie. Buytendijk (1962) heeft er al op gewezen dat de psycholoog veel kan leren van de grote romanschrijvers: 'Niemand kan psycholoog worden uitsluitend door het lezen van romans, maar elk psycholoog kan door de grote romans zijn inzicht verhelderen'. Wat voor de roman geldt, geldt ook voor de andere kunsten die zich met de mens hebben beziggehou-den. In de kunst zijn de grenzen van het menselijke gevoelsleven af-getast, de psycholoog kan er zijn voordeel mee doen. Niet voor niets heeft Freud, die het menselijke gevoelsleven tot de bodem heeft willen blootleggen, het belangrijkste conflict in het leven van elk mensenkind naar Griekse tragedies genoemd.

Bij de keuze van de kunstvormen die voor behandeling in aanmerking kwamen, gold als eerste criterium dat daarin de mens zelf en het mense-lijk lichaam een primaire rol dienden te spelen. Dit geeft de gelegenheid te demonstreren hoe de kunstenaar de mens 'van emotie voorziet' en in zijn uiterlijke gedaante laat doorschijnen. Zo viel de keuze al direct op dans en toneel. Ook in schilderkunst en beeldhouwkunst speelt de menselijke gestalte vaak een vooraanstaande rol. Ook daarbij worden via houding, gebaren, gelaatsexpressie de emoties van de figuren uit-gebeeld.

Er is geen poging gedaan alle kunsten waarin de mens direct be-trokken is, te behandelen. Zo ontbreekt bijvoorbeeld een afzonderlijke bespreking van de pantomime (hoewel daar in het hoofdstuk over de dans wel enige aandacht aan gegeven is). Ook de (stomme) film doet een beroep op nonverbale uitdrukkingsmiddelen, maar heeft toch geen aparte behandeling gekregen. De beschikbare deskundigheid, de noodzaak het boek binnen bepaalde grenzen te houden en vooral ook persoonlijke voorkeuren hebben bij de keuze een belangrijke rol gespeeld.

Het boek is het resultaat van de samenwerking van een aantal mensen. De beide inleidende hoofdstukken zijn door mij geschreven. Het hoofdstuk over de dans is het resultaat van een samenwerking van Drs. M. de Meyer en mij, waarbij de eerste vooral ook een groot aandeel had in het opsporen en doorwerken van relevante literatuur, in het kader van zijn doctoraalscriptie.

Het hoofdstuk over de beeldende kunst is geschreven door Dr A. van Meel- Jansen. Zij is gespecialiseerd in de psychologie van de beeldende kunst en heeft daar veel over gepubliceerd (zie o.a. haar boek 'De kunst verstaan', 1988).

Het hoofdstuk over het theater is geschreven door Drs. P. Moormann. Hij heeft niet alleen empirisch onderzoek gedaan op het terrein van de uitdrukkingspsychologie, maar paart een grote belangstelling voor het theater met een goede historische documentatie over toneel.

Het laatste hoofdstuk is tenslotte weer van mijn hand. Het weerspiegelt mijn belangstelling voor de uitbeelding van de menselijke persoon in geschreven vorm. Ik heb me daarbij geconcentreerd op de beschrijving van nonverbaal gedrag.

Hoewel in dit boek dus niet alle kunsten waarin menselijke expressie een rol speelt aan bod komen, geeft het wel een representatieve indruk van de wijze, waarop kunstenaars met emoties en hun uitbeelding in menselijke vormen zijn omgegaan.

3. *Overzicht van het boek*

Het leek mij wenselijk een werk waarin emoties en hun expressie in kunstzinnige vorm het hoofdthema zijn, te beginnen met een uiteenzetting waarin de belangrijkste ideeën die in de hedendaagse psychologie over emoties leven, aan de orde komen. Lange tijd is de belangstelling binnen de psychologie voor emoties minimaal geweest. Zij werden als subjectief en wetenschappelijk ongrijpbaar beschouwd en met argwaan bekeken. De laatste tien jaar is de belangstelling voor emoties echter weer sterk opgeleefd. Daarmee gepaard gegaan is een grote hernieuwde belangstelling voor uitdrukkingsgedrag. De ethologie heeft daar een grote bijdrage aan geleverd. Mede onder invloed hiervan overheersen in de hedendaagse visie op emoties *evolutionair-functionalistische* opvattingen. Ik heb die in dit hoofdstuk uitgebreid behandeld, maar er toch afstand van genomen. Met alle waardering voor het waardevolle in deze visies, doen ze mijns inziens toch onrecht aan het typisch menselijke van gevoelens en zijn we niet in staat met een verengd functionalistisch gezichtspunt zicht te krijgen op het menselijk gevoelsleven zoals het zich met name in het scheppen en beleven van kunst manifesteert.

In dit hoofdstuk komt voorts het empirisch psychologische onderzoek naar expressiemogelijkheden, zowel in gelaatsexpressies als in lichaamshouding en beweging, aan de orde. Het behandelt tenslotte de mogelijkheid van beheersing en beinvloeding van de spontane expressie.

Het tweede hoofdstuk is speciaal gewijd aan de expressie van emoties in kunst. Eerst wordt aan de hand van verschillende kunstfilosofische stromingen de vraag beantwoord wat kunst met emotie te maken heeft en in hoeverre we kunst kunnen beschouwen als expressie van emoties. Vervolgens heb ik me bezig gehouden met de vraag naar het eigene van de kunstzinnige emotie en de overeenkomsten en verschillen tussen spontane expressie en kunstzinnige expressie. Aan de hand van Madonna- met- kind afbeeldingen wordt gedemonstreerd hoe realisme in de uitbeelding van tederheid tussen moeder en kind geleidelijk veld won op abstract-symbolische afbeeldingen. Tenslotte heb ik me afgevraagd welke drijfveren een rol spelen bij de uitbeelding van negatieve emoties, van martelscènes, van lijden.

De overige hoofdstukken behandelen ieder een bepaalde kunstvorm en de bijzondere rol die emoties en hun expressie daarbij spelen.

Het derde hoofdstuk, over de dans, gaat in op de vraag aan welke behoeften de dans tegemoet komt en welke mogelijkheden tot expressie van emoties het menselijk lichaam en zijn bewegingen heeft. Het geeft een uitgebreid overzicht van dansvormen en dansstromingen zoals de volksdans, de (oud)-Indische dans, het ballet en de verschillende moderne dansstromingen. Elke dansstijl heeft zijn eigen uitdrukkingsarsenaal gehad, maar er zijn toch een groot aantal gemeenschappelijke en waarschijnlijk universele elementen in te herkennen.

Het vierde hoofdstuk behandelt schilder- en beeldhouwkunst. Beweging ontbreekt hier. De kunstenaar moet in één moment het bijzondere van een uitdrukking vastleggen. Hoe geeft hij dit speciale moment een maximale uitdrukkingswaarde mee? Hoe kunnen gelaatsuitdrukking en gebaren stilzwijgend vertellen wat zich afspeelt? Konden de prehistorische grotschilders zich misschien zo trefzeker uitdrukken, juist omdat bij hen de taal nog niet zo oppermachtig was?

Ook bij het theater, waar het vijfde hoofdstuk over gaat, speelt naast de tekst expressie van emotie in nonverbale vorm een grote rol. Schrijvers over toneel, redenaars en toneelspelers hebben zich bezig gehouden met de vraag hoe, om met de woorden van Hamlet te spreken, de handeling bij het woord te doen passen.

16

Ook om een tweede reden biedt juist het toneel ons een interessante vraagstelling: de toneelspeler moet zich verplaatsen in de huid van een ander en diens emoties op zich nemen. Is het mogelijk en is het wel wenselijk zelf de emoties te ervaren van de gespeelde persoon? Aan de hand van de opvattingen van Diderot, Stanislavski en Brecht wordt uitgebreid op deze vraagstelling ingegaan. Het hoofdstuk besluit met de behandeling van een eigen onderzoek van de auteur naar de expressie van emoties in lichaamshouding en beweging. De aanbevelingen van schrijvers over toneel als Jelgerhuis en Bulwer worden met deze bevindingen vergeleken.

Het laatste hoofdstuk heeft als thema de beschrijving van nonverbaal gedrag in de roman. De roman is een bij uitstek verbaal medium. De schrijver ziet zich echter, als de psycholoog, genoodzaakt zijn romanpersonen leven mee te geven, mensen van vlees en bloed te creëren. Om dat te bereiken moet hij zijn toevlucht nemen tot de beschrijving van uiterlijk en nonverbaal gedrag: gelaatsexpressies, gebaren enzovoorts. Daarbij legt hij allerlei verbanden tussen uiterlijke verschijningsvormen en innerlijke gesteldheid. Met andere woorden in de roman komt een impliciete psychologie van het uitdrukkingsgedrag naar voren. Ik heb dat gedemonstreerd aan de hand van een tweetal figuren uit David Copperfield van Dickens.

Er zijn grote verschillen tussen schrijvers in hun gebruik van nonverbale categorieën bij de schildering van hun personen . Aan de hand van een systematische analyse van beschrijvingen van nonverbaal gedrag heb ik een zevental romans, waaronder werk van Mann, Kafka, Vestdijk en Gide met elkaar vergeleken. Daarbij kom ik tot de conclusie dat speciaal in die romans die zich op meer dan één betekenisniveau afspelen (zoals bijvoorbeeld het werk van Kafka) *gebaren* worden ingeschakeld om verzwegen en verborgen betekenissen aan te duiden.

Wanneer we nu de besproken kunstvormen overzien, worden we getroffen door de enorme verscheidenheid waarmee menselijke emoties in vorm en beweging zijn weergegeven. In al die vormen zien wij dat gebruik gemaakt wordt van universele elementen, die in het expressieve gedrag van elk mens voorkomen en die al in de spontane expressies van primaire emoties aanwezig zijn. Deze elementen leveren de ankerpunten waaraan we de emoties herkennen en die identificatie mogelijk maken. In de kunsten wordt echter op een geheel vrije manier gebruik gemaakt van die vormen. Ze leveren het ruwe materiaal waaruit op een in principe oneindig aantal wijzen nieuwe vormen van uitdrukking ontstaan. We kunnen het vergelijken met muziek: de primaire expressies zijn a.h.w. de tonen. Elke toon heeft zijn gevoelswaarde. De melodie maakt daar gebruik van, maar is meer dan de som der tonen; zij schept nieuwe emoties die niet in de oorspronkelijke tonen aanwezig waren.

In alle grote kunstwerken zijn nieuwe emoties in nieuwe vormen van expressie neergelegd. Daarmee is de mens zelf veranderd.

1. Innerlijk en uitdrukking

1.1. *Inleiding*

Ieder van ons kent de spanning die er ligt tussen de persoonlijke en intieme binnenwereld van gedachten, wensen en gevoelens en daar tegenover zijn uiterlijke verschijningsvorm in een wereld van mensen en dingen. Die tegenstelling tussen binnenwereld en uiterlijke verschijning heeft het Westerse denken beheerst en komt naar voren als de tegenstelling tussen ziel en lichaam of tussen geest en materie. Ze is alom tegenwoordig in de filosofie. Ze werd verbonden met een morele dimensie, waarin 'geest' en 'lichaam' als 'hoger' en 'lager' werden gewaardeerd. Niet zelden in de geschiedenis van de kunsten hebben uitingsvormen die van het lichaam gebruik maakten, zoals de dans en het toneel, daaronder moeten lijden.

Dit bewustzijn van het onderscheid tussen innerlijk en uiterlijk maakt het ons mogelijk ons anders voor te doen dan wij ons voelen, de ander iets voor te spiegelen, of om een rol te spelen. We kunnen met onze uitdrukkingsmiddelen spelen. Bij de gratie hiervan bestaat het veinzen, maar ook kunstvormen als dans en mime.

Het besef van dit onderscheid tussen innerlijk en uiterlijk is niet van meet af aan aanwezig. In de naïeve expressie van het jonge kind is er een natuurlijke eenheid tussen een innerlijke toestand en een uiterlijke verschijningsvorm. Gelaatsuitdrukking, houding en gebaar weerspiegelen in de letterlijke zin van het woord het innerlijke gevoelsleven van het jonge kind.

Als we kunnen spreken van een natuurlijke eenheid tussen innerlijk en uitdrukkingsvorm, kunnen we ons afvragen waar die eenheid uit bestaat. Is die eenheid aangeboren en ons als een gave der goden in de wieg meegegeven of wordt ze misschien vroeg in de kinderjaren verworven? Leren wij de expressiemogelijkheden van onze omgeving? Leren wij bijvoorbeeld hoe wij verdriet of vreugde moeten tonen via gelaatsexpressies, oogopslag, houding en beweging? In dit laatste geval zullen wij mogen verwachten dat expressies cultureel bepaald en daarmee per cultuur verschillend zijn, in het andere geval ligt het voor de hand te verwachten dat er universele uitdrukkingsvormen bestaan die over de gehele wereld dezelfde zijn.

Welke innerlijke belevingen lenen zich voor expressie? Onze gedachten drukken wij in woorden uit. Hiermee geven wij uiting aan wat in ons leeft. Toch zullen wij als regel hier niet van expressie spreken. Pas wanneer in het woord onze persoonlijke betrokkenheid gaat doorklinken, gaan wij het begrip expressie gebruiken, zoals bijvoorbeeld in een liefdesbrief waarin iemand zijn gevoelens uit. We kijken dan niet alleen en zelfs niet in de eerste plaats naar de feitelijke inhoud van de brief, maar naar de wijze waarop iets wordt verhaald, de vorm en de stijl.

We reserveren het woord expressie in het bijzonder voor al die gevallen waarin wij onze gevoelens uitdrukking geven. Dat doen wij niet alleen en zelfs niet in de eerste plaats met woorden of uiteenzettingen, maar met de uitdrukkingsmiddelen van het lichaam, zoals gelaatsexpressies, oogopslag, houding en gebaar.

In de psychologie heeft men deze lichamelijke expressievormen -men spreekt dan van nonverbale expressie- ook vooral bestudeerd als uitingsvormen van emoties. We moeten hier wel het woord emotie in ruime zin opvatten. Ook intenties en psychische toestanden die men niet direct emoties noemt, blijken zich in lichamelijke uitdrukkingsvormen te weerspiegelen. Interesse, aandacht, ontspanning of geconcentreerd denken, zij alle gaan gepaard met specifieke lichamelijke begeleidingsverschijnselen waaraan we ze kunnen herkennen. Het is mijn mening dat zelfs *alle* psychische toestanden zich op een of andere wijze naar buiten in ons lichamelijk gedrag uiten, tenzij ze misschien worden verdrongen of bewust gemaskeerd.

Niettemin zijn het toch in de allereerste plaats emoties waaraan we denken als we over expressie spreken. In dit hoofdstuk wil ik behandelen hoe men in de psychologie over de relatie tussen emotie en expressie heeft gedacht, en over welke uitdrukkingsmogelijkheden het menselijk lichaam beschikt bij de uiting van emoties. Wat zijn echter emoties en welke emoties kunnen wij onderscheiden?

1.2. *De emotie als beleving en als psychologisch proces*

Niets is ons zo nabij en intiem vertrouwd als onze eigen gevoelens. We hebben er niet alleen direct toegang toe, ze zijn ook een deel van onszelf. Als ik mij verdrietig voel, *ben* ik verdrietig. Meer nog dan van onze gedachten vinden wij van onze gevoelens dat zij ons echte zelf uitmaken. Als we andere mensen willen typeren, grijpen we al gauw terug op een karakterisering van hun gevoelsleven. We hebben pas echt contact met anderen als we ook gevoelsmatig contact hebben.

Wat zou ik nu beter kunnen kennen dan iets waar ik zo direct toegang toe heb en waarmee ik me zo vereenzelvig? Zo was tenminste de mening van Descartes toen hij in 'Passions de l'Ame' schreef: 'Zij zijn zo inwendig aan onze ziel, dat het onmogelijk is dat zij gevoeld zouden worden zonder dat zij in werkelijkheid zijn zoals wij ze voelen.' (Descartes, 1649). De psychologie heeft echter een groot wantrouwen tegen wat ons uit directe, persoonlijke ervaring bekend is. Lang heeft ze dan ook geen raad geweten met het gevoelsleven en zich tot het gedrag en later ook tot het denken beperkt. Sinds de zeventiger jaren echter, is er een sterke herleving van de belangstelling voor emoties en hun expressievormen. Wie nu denkt dat de innerlijke beleving bij de studie van emoties als richtsnoer genomen is, komt bedrogen uit. Er is een groot aantal theorieën over emoties ontwikkeld. Kenmerkend voor alle is dat zij de directe belevingskwaliteit *herleiden* tot een verschijnsel van andere orde. Dat wat wij persoonlijk ervaren, onze gevoelens of emoties (ik gebruik in het vervolg beide woorden als gelijkwaardig door elkaar), worden gezien als epiphenomeen, als bijverschijnsel van een meer fundamenteel proces. Over de aard van dat meer fundamentele gebeuren bestaan echter grote verschillen van mening. We zullen in het hierna volgende de belangrijkste standpunten in grote lijnen weergeven.

1.2.1. Emotie als waarneming van lichamelijke verschijnselen

Een belangrijke groep van theoretici ziet emoties als niets anders dan de aanwezigheid van resp. het bewustzijn van, de lichamelijke processen die met emotionele toestanden gepaard gaan. Dat er in emoties vaak een belangrijke lichamelijke component waarneembaar is, kennen we allen uit directe ervaring: het samenkrimpen van de maag bij angst, het kloppend hart bij schrik, het blozen bij schaamte, het gevoel van misselijkheid bij walging. We hebben echter de neiging die verschijnselen te interpreteren als het *gevolg* van de emotie en ze er niet mee te vereenzelvigen.

De klassieke vertegenwoordigers van de hier genoemde theorie zijn de Deen Lange en de Amerikaan James. We zullen hier wat nader op de theorie van James (1884) ingaan. James ging er van uit dat een emotie als volgt tot stand komt: Bepaalde prikkelingen van de zintuigorganen leiden in de cortex tot een waarneming. Dit leidt tot signalen naar de spieren en de inwendige organen, waardoor zich lichamelijke veranderingen voordoen. De feedback van deze organen naar de cortex valt samen met ('is') de emotie. Gevoelens zijn dus niets anders dan de waarneming van de lichamelijke veranderingen. Belangrijk is dat James onder lichamelijke veranderingen niet alleen die van de interne organen meetelde, maar er ook de veranderingen van gelaatsspieren en lichaamshouding onder begreep (Izard, 1971).

James ging ervan uit dat er verschillende emoties te onderscheiden waren met ieder hun eigen lichamelijke activiteiten. Aangezien ook de spieren die onder de controle van de wil vallen (zoals de gelaatsspieren) een bijdrage leveren aan de emotionele belevenis, zijn wij volgens James in staat door de beheersing van de expressie ook de emotie zelf te beïnvloeden. Wanneer ik bijvoorbeeld de uitingen van woede zou onderdrukken, zou de woede zelf wegvloeien.

Deze emotie-theorie van James, die hij al in 1884 formuleerde (de Deen Lange kwam slechts enkele jaren later onafhankelijk met eenzelfde theorie, en de theorie wordt daarom in de literatuur de James-Lange theorie genoemd), is zeer invloedrijk geweest. Met veel varianten zien wij in de jaren daarna en ook in de huidige tijd theorieën die aan de lichamelijke verschijnselen een belangrijke rol toekennen bij het tot stand komen van emoties. De bekende behaviorist Watson beschreef bijvoorbeeld in 1924 emotie als: 'Een erfelijk gegeven reactiepatroon dat diepgaande veranderingen van lichamelijke mechanismen als geheel met zich meebrengt, maar vooral van de inwendige organen en kliersystemen.' (Watson, 1924).

De meeste hedendaagse emotie-theorieën veronderstellen dat belangrijke lichamelijke veranderingen en de feedback van deze processen tenminste een *component* uitmaken van de emotionele belevenis. De waarde van James' theorie ligt in het attent maken op die component en in het inzicht dat lichamelijke verschijnselen niet slechts volgen in het voetspoor van de emotie, maar een wezenlijk *onderdeel* van de emotie uitmaken.

1.2.2. Emotie als interpretatie van 'Arousal'

James was van mening dat iedere emotie zijn eigen patroon van lichamelijke veranderingen bezat. Verschillende onderzoekers echter hebben hieraan getwijfeld. Zij veronderstellen dat in het geval van emoties er onspecifieke fysiologische veranderingen optreden. Wanneer wij zeggen dat iemand geëmotioneerd is, geven wij aan dat hij daarmee in een bepaalde staat van opwinding verkeert, zonder dat daar nog een bepaalde gevoelskwaliteit aan wordt toegekend. De hier bedoelde fysiologische opwindingstoestand wordt 'arousal' genoemd, en gaat o.a. gepaard met de afscheiding van adrenaline.

Schachter en Singer (1962), de bekendste vertegenwoordigers van deze visie, menen dat het specifieke karakter van de emotie tot stand komt door de interpretatie die de persoon geeft aan de situatie waarin hij op dat ogenblik verkeert. Is dat een omgeving die door hem wordt opgevat als vreugdevol, dan zal hij de arousal als vreugde ervaren. Is het echter een situatie die door hem wordt opgevat als aanleiding gevend tot woede, dan zal dezelfde arousal als woede worden beleefd. De aard van de emotie is dus afhankelijk van een *cognitieve* interpretatie. Schachter en Singer voerden een experiment uit waarmee zij meenden de juistheid van hun theorie te hebben aangetoond. Proefpersonen kregen adrenaline ingespoten dat dus arousal opwekt. Sommige proefpersonen werden in een situatie gebracht die euforie suggereerde, anderen in een situatie die als woede-opwekkend kon worden gezien. De ene groep van mensen zou dus de arousal als blijheid moeten ervaren, de andere als woede. De resultaten waren niet erg duidelijk. Er is veel kritiek gekomen op de opzet van het onderzoek en op de interpretatie die Schachter en Singer aan hun resultaten gaven. Ook later onderzoek heeft niet eenduidig de opvattingen van Schachter en Singer kunnen bevestigen.

Het waardevolle in de theorie van Schachter en Singer, evenals in die van andere onderzoekers die een cognitieve interpretatie aan emoties geven, ligt in het vestigen van de aandacht op het kenaspect van emoties. Emoties impliceren een inschatting van de situatie, zij kunnen worden opgevat als een vorm van informatie-verwerking. Zo beschrijft bijvoorbeeld Lazarus (1968) emoties als aanpassingsreacties of coping-responses. Woede is bijvoorbeeld de reactie die een zinvolle voorbereiding is op de aanval. Ik zal met woede reageren op een bedreigende situatie waarin de aanval een goede keuze is. Wanneer ik de situatie anders inschat, zal bijvoorbeeld vrees als voorbereiding op de vlucht, een betere reactie zijn.

1.2.3. *Emotie als gelaatsuitdrukking*
Een aantal onderzoekers heeft sterk de nadruk gelegd op de rol die gelaatsexpressies spelen bij het tot stand komen van emoties. Tomkins (1962; 1963) gaat ervan uit, dat er voor een aantal emoties specifieke aangeboren programma's aanwezig zijn die, gestuurd vanuit subcorticale centra, tot specifieke gelaatsexpressies leiden. De bewustwording van deze gelaatsexpressies is identiek met het bewust worden van onze emoties. Sterk met deze opvatting verwant zijn de gedachten van Izard (1971) die zijn bekendste werk de veelzeggende titel 'The face of emotion' meegaf.

Ook Izard gaat er vanuit dat er voor een aantal primaire emoties specifieke, aangeboren programma's aanwezig zijn in het centrale zenuwstelsel. Hij kent daarbij met name een rol toe aan de hypothalamus en het limbische systeem. Een emotie zou nu verschillende componenten hebben. In de eerste plaats is er de electrochemische activiteit die uitgaat van het centrale zenuwstelsel. Op neuromusculair niveau zou emotie vooral de activiteit van de gelaatsspieren omvatten en pas op de tweede plaats andere lichamelijke activiteiten, zoals die van de interne organen, maar ook van houding en beweging. Tenslotte zou de proprioceptie (ofwel de interne gewaarwording) van de musculaire activiteit en andere veranderingen van het gelaat (bijv. blozen) een bijdrage leveren aan de emotionele gewaarwording.

Izard meent dat het gelaat en de gelaatsuitdrukkingen pas bij de mens een geprivilegieerde positie hebben gekregen. Tijdens de evolutie zouden gelaatscomponenten in verhouding met houdingscomponenten van het gehele lichaam geleidelijk in betekenis hebben gewonnen. Zij zijn geleidelijk een meer vooraanstaande rol gaan spelen in het onderscheiden van emoties en in het communiceren van emoties. Een dergelijke ontwikkeling voltrekt zich volgens Izard nog steeds in elke ontogenese, dus bij elk opgroeiend jong kind. Ook hier zou het gelaat in toenemende mate het geprivilegieerde middel worden voor de expressie en communicatie van emoties.

De betekenis van deze theorieën ligt naar mijn mening in het feit dat zij de aandacht gericht hebben op de gedifferentieerde manier waarop ons gelaat emoties kan uitbeelden en op de aandacht die wij schenken aan gelaatsexpressies als uitdrukking van emoties in het onderlinge contact. Naar mijn mening is er echter sprake van een belangrijke onderschatting van de mogelijkheden die het lichaam als geheel heeft emoties tot uitdrukking te brengen door middel van houding en beweging. Alleen voor bepaalde intermenselijke situaties is het gelaat het geprivilegieerde medium.

1.2.4. *Emotie als een evolutionair verworven adaptieve reactie*

Darwin, de grondlegger van de evolutie-theorie, is ook de grondlegger van de evolutionaire traditie in het denken over emotie en expressie. Zijn gedachten heeft hij neergelegd in het boek 'The expression of the emotions in man and animals' (1872). Zijn ideeën zijn nog steeds zeer invloedrijk in het denken over vorm en functie van emotionele expressies. Darwin richtte zijn aandacht op het expressieve gedrag, niet alleen op gelaatsexpressies maar ook op houding en beweging. Hij beschreef voor een aantal belangrijke emoties de daarmee gepaard gaande uitdrukkingsbewegingen. Hij baseerde zich daarbij niet alleen op zijn eigen waarnemingen, bijv. bij zijn kinderen, maar hij beschikte over een enorm netwerk van correspondenten over de gehele wereld. Daartoe behoorden zo uiteenlopende figuren als dierentuinhouders, missionarissen en directeuren van psychiatrische inrichtingen. Zij verschaften hem gegevens over expressievormen bij dieren, volkeren in andere culturen en bepaalde ziektebeelden.

Darwin legt de nadruk op de *overeenkomsten*, zowel tussen mens en dier als tussen mensen uit verschillende culturen, die wij kunnen waarnemen in de expressievormen van fundamentele emoties als woede en angst.

Bij woede en agressie zien we bijv. bij veel diersoorten maar ook bij de mens een aantal technieken in werking die tot effect hebben dat men groter lijkt. Bij veel zoogdieren zoals bijvoorbeeld bij honden worden de haren opgezet, de gehele houding van het dier verandert waardoor het groter lijkt. Dit zich groter maken zien wij niet alleen bij zoogdieren maar ook bij vogels (via het uitzetten van de veren). Ook bij de mens zien wij iets dergelijks: 'een verontwaardigde man werpt zich onbewust in een houding klaar voor het aanvallen of slaan van een vijand, die hij misschien uitdagend van hoofd tot voet zal opnemen. Hij draagt zijn hoofd recht, met zijn borst goed uitgezet en zijn voeten stevig op de grond geplant. Hij houdt zijn armen in verschillende posities met één of beide ellebogen gekruist of met de armen star neerhangend langs de zij' (Darwin pg. 245). Op soortgelijke wijze geeft Darwin voor alle door hem beschreven emoties de karakteristieke expressieve gedragingen.

Hoe komen nu deze expressies tot stand? Darwin noemt daarvoor een drietal principes. Het eerste principe luidt als volgt: onder bepaalde gemoedstoestanden zijn bepaalde handelingen nuttig (bijv. ogen wijder openen bij interesse waardoor het object beter kan worden waargenomen). Door gewoonte en associatie zullen die bewegingen worden uitgevoerd bij die gemoedstoestand ook in de gevallen waarin ze niet nuttig zijn. Dit principe wordt door hem het principe van de bruikbare geassocieerde gewoonten genoemd.

Het tweede principe is het principe van de antithese. Het stelt dat tegengestelde gemoedstoestanden tot tegengestelde bewegingen leiden. Het derde principe noemt hij: de directe aktie van het zenuwstelsel. Bij overmatige excitatie van het zenuwstelsel zoals bij heftige emoties zou deze prikkeling zich op een onbeheersbare manier over het lichaam verspreiden. Een voorbeeld daarvan bij de mens is het beven, dat hoewel het meest voorkomend bij vrees, zich ook bij verschillende andere toestanden voordoet.

Het merkwaardige van deze principes is dat ze op een geheel andere gedachtenwereld steunen dan die welke in Darwin's beroemde boek 'The origin of species' uit 1859 worden gehuldigd. Daarin laat Darwin zien dat anatomische bijzonderheden te verklaren zijn uit het feit dat ze *functioneel* zijn in de strijd om het bestaan. Dat wat geen nuttige functie vervult, zou verdwijnen. Wat zien wij nu echter bij Darwin's eerste principe: ook niet nuttige expressie-bewegingen blijven bestaan door gewoonte en associatie! Ook de beide andere principes berusten niet op functioneel nut van de uitdrukkingsbeweging.

Montgomery (1985) meent deze en andere tegenstrijdigheden in Darwin's denken over expressie te kunnen verklaren uit de invloed die Darwin's grootvader Erasmus Darwin (in zijn tijd een bekende wetenschapsman) op zijn kleinzoon heeft uitgeoefend. Erasmus Darwin's denken was Lamarckiaans van aard, d.w.z., dat hij meende dat verworven eigenschappen konden worden overgeërfd. Deze typisch niet-

Darwiniaanse gedachte vinden we, voor wat het denken over emotionele expressies betreft, nu ook bij Darwin terug! Toch maakt Darwin op een aantal plaatsen opmerkingen die een belangrijke *nieuwe functionele verklaring* bevatten en die met name in het moderne ethologische denken een rol zijn gaan spelen. Hij wijst namelijk op de *communicatieve functie* die de emotionele expressies hebben verworven. Ter verklaring van zijn tweede principe zegt hij namelijk het volgende: 'Daar de gave van intercommunicatie zeker van groot nut is voor veel dieren, is er geen *a priori* onwaarschijnlijkheid in de veronderstelling, dat gebaren van een duidelijk tegengestelde aard aan die welke al dienen voor de uitdrukking van bepaalde emoties, oorspronkelijk vrijwillig gebruikt zijn onder de invloed van een tegengestelde gemoedstoestand' (pg. 61). En in zijn laatste hoofdstuk wijst hij met de volgende poëtische woorden op de communicatieve betekenis van emotionele expressies bij de mens! 'Zij dienen als het eerste middel van communicatie tussen de moeder en haar kind; zij glimlacht goedkeurend en moedigt zo haar kind aan op het rechte pad, of fronst met afkeuring. Wij nemen gemakkelijk sympathie in anderen waar door hun uitdrukking; ons lijden wordt zo verzacht en onze vreugden vermeerderd; en wederzijdse goede gevoelens zo versterkt' (pg. 364).

Terwijl de oorspronkelijke functie van de emotionele expressie dus vooral lag in de dienstbaarheid aan de actie waar de emotie toe voorbereidde, krijgen deze uitdrukkingen nu een functie in het sociale verkeer. Zij fungeren als *signalen* die informatie verschaffen over de intenties van het dier. Enkele voorbeelden kunnen deze gedachte misschien verduidelijken. Woede en agressie bij de kat uiten zich in een aantal karakteristieke veranderingen: het dier neemt een kruipende houding aan en legt de oren plat naar achteren.

Door deze houding is het dier in het gevecht minder kwetsbaar. Deze emotionele houding kan dus geïnterpreteerd worden als *voorbereiding op het gevecht*. Als zodanig kan ze nu ook als signaal voor andere dieren werken, die dan mogelijk van toenadering zullen afzien.

Een ander voorbeeld is het fronsen bij de mens tijdens gespannen aandacht. Oorspronkelijk diende dit om zorgvuldig een bepaald voorwerp te kunnen bekijken. We zien het fronsen nu in allerlei situaties van gerichte aandacht. Het heeft nu ook een communicatieve betekenis gekregen. Zo kan het aandacht en kritische belangstelling signaleren.

De moderne ethologie legt er de nadruk op dat uitdrukkingsbewegingen functioneel nut hebben. Zij benadrukt daarbij de communicatieve waarde ervan, maar erkent ook de rol van de expressie als *actievoorbereiding*. In tegenstelling tot Darwin echter, veronderstelt de hedendaagse ethologie dat uitdrukkingsbewegingen op dezelfde wijze in het menselijk erfgoed gekomen zijn als morfologische kenmerken, d.w.z., dat ze ervan uitgaat dat uitdrukkingsbewegingen ook nu nog functioneel zijn, hetzij als communicatiemiddel, hetzij als actievoorbereiding. Ze is dus in dit opzicht 'Darwinistischer' dan Darwin zelf.

De gedachten van Darwin zijn, zoals gezegd, gemeengoed geworden onder een groot aantal denkers over emoties. Een zeer uitgesproken evolutionair gezichtspunt wordt echter ingenomen door *Robert Plutchik* (1980, 1984). Hij noemt zijn theorie een 'psycho-evolutionaire theorie' en daarin klinkt al het principieel evolutionaire gezichtspunt.

Plutchik verzet zich tegen de gedachte dat emoties niets anders zijn dan subjectieve, bewuste gevoelstoestanden. Hij wijst daarbij op het bestaan van onderdrukte, niet-bewuste gevoelens. We kunnen weliswaar een emotie weergeven in subjectieve gevoelstermen (bijv. met het woord vrees), maar ook in gedragstermen (terugtrekken, ontsnappen) en tenslotte in termen van functioneel nut (bescherming).

Op deze basis ontwerpt Plutchik een structureel model van emoties, waarin hij onderscheid maakt tussen primaire en gemengde emoties. Er zou een aantal fundamentele adaptieve gedragspatronen te onderscheiden zijn, dat overeenkomt met fundamentele dimensies van emoties. Om nu die fundamentele patronen en dimensies op het spoor te komen, moeten wij volgens Plutchik kijken naar prototypische gedragspatronen die op elk fylogenetisch niveau voorkomen, dus niet alleen bij de mens en de hogere zoogdieren, maar ook bij de lagere diersoorten. Scott (1958) heeft zo'n lijst gemaakt van fundamentele behoeften bij dieren. Plutchik neemt deze over, maar brengt er enige wijzigingen in aan. Zo verwijdert hij bijv. uit diens lijst 'zorg geven en vragen', omdat dit alleen bij de hogere fylogenetische niveaus voorkomt en dus niet fundamenteel genoeg is! Hij houdt tenslotte de volgende prototypische gedragspatronen over: *incorporatie* (het opnemen van voedsel, maar ook het opnemen van indrukken uit de buitenwereld; met als emotie: aanvaarding), *verwerping* (gericht op het verwijderen van schadelijke stoffen en invloeden; met als emotie: afkeer), *bescherming* (gedrag gericht op het vermijden van gevaar en schade; met als emotie: vrees), *vernietiging* (gericht op het elimineren van barrières; met als emotie: woede), *voortplanting* (hieronder vallen tendenties tot toenadering en contact; met als emotie: vreugde), *herintegratie* (gericht op het terugwinnen van verloren bezit of contacten; met als emotie: verdriet), *oriëntatie* (gedrag bij contact met nieuwe objecten; met als emotie: verrassing) en *exploratie* (gedrag gericht op het verwerven van een plan van de omgeving; met als emotie: verwachting).

Elke fundamentele gedragstendens gaat dus gepaard met een primaire emotie. Die primaire emoties kunnen verschillende graden van intensiteit hebben, waaraan we ook verschillende namen geven, bijv. walging, afkeer, verveling in afnemende graad van intensiteit.

We moeten de primaire emoties zien als de primaire kleuren op een kleurenkaart. Zoals we daar alle kleuren kunnen maken door een combinatie van primaire kleuren, zo bestaan ook alle andere emoties uit mengvormen van de primaire emoties. Die gemengde emotietermen worden vaak in het spraakgebruik gehanteerd als termen om de persoonlijkheid mee te karakteriseren, zoals bijv. termen als vrolijk, vijandig, enz.

Hoewel Plutchik zich bewust is van het complexe karakter van emoties (hij wijst er bijv. op dat emoties subjectieve belevingen, cognitieve afwegingen, activiteiten van het centrale zenuwstelsel en handelingsmotieven bevatten) is de benadrukking van de fylogenetische oorsprong toch alles-overheersend. Zo noemt hij emoties de 'ultraconservatieve' evolutionaire aanpassingen die bij de overleving van organismen succes hebben gehad. Deze benadrukking van de fylogenetische oorsprong wordt zo in het absurde doorgetrokken. Om 'primair' genoemd te mogen worden, moet een emotie teruggaan op een gedragstendens die al bij de ongewervelden is terug te vinden. Alle andere emoties zijn in zijn visie mengvormen van al bij platwormen aanwezige reactievormen. Een typische menselijke emotie als die welke met zorg geven en ontvangen samenhangt, wordt door hem consequent buitengesloten.

De waarde van Plutchik's bijdrage ligt in zijn poging fundamentele functionele categorieën te beschrijven, die overeenkomen met de belangrijkste opgaven waar de mens in zijn leven voor staat. Dat daarin grote parallellen zijn met de dierenwereld staat vast: behoefte aan bescherming en contact, vrees en angst, verrassing en nieuwsgierigheid. Deze overeenkomsten moeten echter ontdekt worden, voorzover ze er zijn en niet, zoals Plutchik doet, voorgeschreven om als emotie toegelaten te worden. Door de verbinding te leggen tussen fundamentele levenstaken en emoties, geeft Plutchik aan emoties een belangrijke dimensie mee. In onze emoties verschijnt onze beoordeling en waardering van situaties in het licht van de fundamentele aanpassingsproblemen waarvoor we als mens gesteld zijn.

1.2.5. *Emotie als een sociale constructie*
Een grotere tegenstelling dan die tussen de evolutionair georiënteerde theorie van Plutchik en de sociaal-constructivistische theorie over emoties, is welhaast niet denkbaar. Dit gezichtspunt is met name uitgewerkt door Rom Harré, Claire Armon-Jones en anderen (Harré, 1986a). Deze groep ziet emoties als socio-culturele fenomenen, primair bepaald door culturele en linguïstische factoren. Het aspect van de fysiologische veranderingen is in de visie van de groep secundair (Harré, 1986b). Waargenomen lichamelijke processen kunnen weliswaar in sommige gevallen aanleiding geven tot het gebruik van bepaalde emotie-termen, de li-

chamelijke veranderingen zijn echter onspecifiek. De feitelijke emotionele terminologie die we aan de lichamelijke verandering hechten is niet, zoals bij Schachter en Singer, afhankelijk van onze cognitieve interpretatie, maar van onze culturele en linguïstische context.

Gewoonten en gebruiken, de usances van een bepaalde taal, de normen en waarden van een bepaalde cultuur, bepalen waar en hoe emotie-termen worden gebruikt. In onze emoties en in de termen die we daarvoor gebruiken, is een *lokale morele orde* betrokken die voorschrijft welke emoties in een bepaalde cultuur niet slechts mogen worden getoond, maar zelfs *gevoeld*.

Enkele voorbeelden kunnen deze gedachtengang misschien verduidelijken. Deze groep probeert aan te tonen dat bepaalde emotietermen gepaard gaan met zeer bepaalde gevoelsnuances die slechts in bepaalde culturen bestaan. Het Nederlandse woord 'gezellig' is daar een voorbeeld van. Het geeft een bepaalde gevoelsnuance aan in een bepaald type situatie. Het Engelse equivalent 'cosy' valt daar toch niet mee samen. Dit woord kan men bijv. ook gebruiken voor een situatie waarin iemand alleen is. Gezellig is ook weer iets heel anders dan het Duitse begrip 'gemütlich'.

Zo analyseren Morsbach en Tyler (1986) een bepaalde Japanse emotie 'amae', die een soort van positief gewaardeerde, passieve afhankelijkheid weergeeft, zoals die bijv. in bepaalde ouder-kind relaties kan bestaan. Dergelijke heel specifieke emotietermen, waarvan elke cultuur er duizenden bezit, worden door de groep ook aangeduid met het woord 'quasi-emoties'. Emoties en quasi-emoties zijn dus cultureel bepaald. Het waardensysteem in een cultuur bepaalt hun gebruik. Er zijn situaties om beleefd te zijn, om verontwaardigd te zijn, om sympathie te voelen, enz. Die situaties zijn echter van cultuur tot cultuur verschillend.

In de gedachtengang van het sociaal-constructivisme zijn er dus geen aangeboren emoties. Het heeft in deze visie geen zin om te spreken van primaire emoties, die meer fundamenteel zijn dan andere. Alle emoties zijn het product van een cultureel bepaald leerproces. Ook de expressie van emoties is bepaald door culturele invloeden en men legt de nadruk op de culturele verschillen die er zijn, niet alleen in emotietermen, maar ook in emotionele expressie.

De theorie van het sociaal-constructivisme heeft naar mijn mening terecht de aandacht gevestigd op het cultuur- en taalgebonden karakter van emotietermen en op de relatie die er bestaat tussen emoties en het waardensysteem dat in een bepaalde cultuur wordt aangehangen. Het benadrukt echter de *verschillen* tussen culturen en tussen taalsystemen. Er zijn ook grote *overeenkomsten*. Alle culturen en talen kennen *equivalenten* voor bijv. vreugde en verdriet, zij het met talloze nuance-verschillen.

Die fundamentele overeenkomsten wijzen erop, dat mensen in alle culturen zich gesteld hebben gezien tegenover gelijksoortige levensproblemen. Daaruit heeft zich een emotioneel systeem ontwikkeld dat ook voor alle mensen *in grondtrekken* gelijk is. Die menselijke erfenis is al ouder dan alle culturele diversiteit, maar is daar niet onbeïnvloed door gebleven. De beste vergelijking die hier te maken valt, is die tussen een grondthema en zijn varianten. Er zijn talloze culturele varianten bijv. voor woede, afkeer of sympathie, maar in al die varianten zijn gelijksoortige grondtrekken terug te vinden.

1.3. *De functie van emoties*
We zagen dat de besproken emotie-theorieën, alle de subjectief beleefde emotie herleiden tot processen die als meer fundamenteel worden opgevat. Een belangrijk doel daarvan is meer zicht te krijgen op de functie van emoties. Ook over de functie van emoties wordt zeer verschillend gedacht. Sommigen zien die functie voornamelijk negatief. Zij wijzen op de verstoring van het evenwicht, die het gevolg is van hoge 'arousal'. Zo noemen Pribram (1967) en Mandler (1975) de onderbreking van lopende gedrags-sequenties als het belangrijkste criterium voor de definitie van emoties (uit Scherer & Ekman, 1984).
Deze visie doet naar mijn mening volledig onrecht aan de belangrijke rol die emoties bij de mens spelen.
Het merendeel der onderzoekers schrijft daarentegen belangrijke functies aan emoties toe. We kunnen de volgende functies onderscheiden:

1.3.1. *Emotie als voorbereiding op actie*
We zagen deze opvatting bij Darwin en andere evolutionair georiënteerde onderzoekers. De emotie, mede door zijn lichamelijke veranderingen, bereidt mij voor op de daarbij passende handelingen. Bij woede wordt het lichaam door de afscheiding van adrenaline geactiveerd; het gehele lichaam wordt klaar gemaakt voor het gevecht. Darwin wees er al op, dat bij woede de behoefte om te slaan zo sterk wordt dat zelfs levenloze (en onschuldige) voorwerpen kapot worden geslagen: 'Het verhitte brein geeft kracht aan de spieren en tezelfder tijd energie aan de wil' (Darwin, 1872, pg. 249). Bij schrik maken wij afweerbewegingen, bij afkeer wenden wij ons af. De emotie brengt dus inwendige en uitwendige veranderingen met zich mee, die voorbereiden op of al onderdeel zijn van een passende actie.

1.3.2. *Emotie als communicatiemiddel*
Via de emotionele expressie wordt de ander gewaarschuwd over mijn innerlijke toestand en krijgt daarmee informatie over mijn intenties.

Door op deze signalen alert te zijn en te reageren, kunnen tijdig de nodige maatregelen genomen worden. Deze functie speelt zowel bij dieren als bij mensen. Een voorbeeld kan dit verduidelijken. Wanneer een dier alle tekenen geeft van dreigende agressie (haren oprichten, stijve gang, enz.) kan het andere dier van toenadering afzien. Het nut is wederzijds. Beide dieren vermijden zo een daadwerkelijke confrontatie.

1.3.3. *Emotie als een vroegtijdig waarschuwingssysteem*
Deze opvatting past in de gedachte dat emotie een fylogenetisch ouder en 'primitiever' systeem is dan het denken. Emotie en denken zouden in principe dezelfde functie vervullen: informatie verschaffen over de buitenwereld ten dienste van de juiste beslissingen die overleven bevorderen. Hoewel zij beide dezelfde functie vervullen, zouden zij toch ieder op een eigen wijze werken. Het denken zou complexer, maar daardoor trager werken en voor sommige situaties eenvoudig te traag zijn om zijn rol te kunnen vervullen. Vooral in 'emergency-situaties' waar snelle beslissingen genomen moeten worden, ontbreekt de tijd voor planmatig overleg. Ik moet dus 'op mijn gevoel' afgaan. Het nadeel van het emotionele systeem zit dan in het globale karakter van de beoordeling en de beperkte keuzemogelijkheden voor actie.

1.3.4. *Emotie als evaluatiesysteem*
Hierbij wordt emotie niet gezien als een zelfstandig informatie-verwerkingssysteem, maar speelt het wel een rol bij de informatie-verwerking. De binnenkomende en cognitief verwerkte informatie wordt door de emotie *geëvalueerd*. Zo schrijft Scherer (1984): '...één van de belangrijkste functies van emoties bestaat uit de voortdurende evaluatie van externe en interne stimuli in termen van hun betekenis voor het organisme en de voorbereiding van gedragsreacties die vereist kunnen zijn als een antwoord op die stimuli' (pg. 296).

Een zeer gedetailleerde uitwerking van de gedachte dat emoties functioneren als *evaluatiesysteem*, geeft Arnold (1960). Zij gaat ervan uit, dat er een complex *inschattingsproces* ('appraisal') plaatsvindt. Zij onderscheidt daarbij een groot aantal stappen. De belangrijkste daarin zijn de volgende. Een zintuiglijke indruk wordt ingeschat en leidt tot een eerste nog heel elementaire en primitieve emotionele toewending of afwending. In een verder stadium, wanneer de zintuiglijke indruk tot een waargenomen object geworden is, wordt dit opnieuw ingeschat als gunstig of schadelijk. Dit leidt weer tot een emotionele reactie in de vorm van een impuls tot een bepaalde handeling, hetzij toenadering, hetzij afwending. Die actie-impuls wordt op zijn beurt weer ingeschat en geplaatst in het licht van alle vroegere ervaringen en mogelijke consequenties. Dit leidt tenslotte tot een definitieve keuze van een handeling. Deze wordt begeleid door de ervaren emotie, door de emotionele expressie en door lichamelijke veranderingen. Elk van deze verschillende inschattingsstadia heeft zijn eigen localisatie in het centrale zenuwstelsel. Daarbij zouden met name het limbische systeem en de hippocampus betrokken zijn.

De tot hiertoe besproken functies van emoties sluiten elkaar onderling niet uit en lopen gedeeltelijk in elkaar over. Verschillende onderzoekers noemen dan ook meer dan één functie van emoties. In Arnold's visie bijv. zien wij emotie zowel als een evaluatieproces als een rol spelend in de voorbereiding van aktie. Klaus Scherer onderscheidt drie functies van emoties: het evalueren van situaties, de voorbereiding van actie en tenslotte de communicatie naar de sociale omgeving toe (Scherer, 1984).

Een zeer uitgewerkte en omvattende theorie over emoties en hun functie heeft recentelijk onze landgenoot Frijda (1986) gepubliceerd. Hierin zijn verschillende andere emotietheorieën verwerkt en met name zien wij er de invloed in van de ideeën van Arnold en Lazarus. De kern van het emotionele proces kan volgens Frijda beschreven worden in termen van informatie-verwerking. Het individu heeft een aantal 'belangen' (concerns), dat het geheel van zijn wensen, doeleinden, waarden, kortom zijn betrokkenheid op de wereld, vertegenwoordigt. De emotie evalueert nu nieuwe informatie in termen van 'concern-satisfaction': de mate waarin de geëvalueerde informatie aan die 'belangen' bijdraagt. Daarin onderscheidt Frijda de volgende stappen: als eerste werkt een analyse-funktie, die de informatie codeert en vergelijkt met de reeds beschikbare informatie en de bekende consequenties daarvan. De informatie die hier geëvalueerd wordt, kan van buiten komen, maar kan ook betrekking hebben op bijv. bepaalde gedachten die bij ons opkomen. Als tweede stap werkt een vergelijkingsmechanisme. Dit weegt de bovengenoemde informatie in termen van zijn relevantie voor de belangen (concerns) van het individu. Vervolgens wordt een diagnose gesteld: de informatie wordt in het licht van de totale betekenisstructuur van de situatie bezien (welke mogelijkheden om te handelen zijn er; hoe urgent is de situatie, etc.). Als vierde stap vindt een evaluatie plaats die eventueel leidt tot het onderbreken van de activiteit die lopende was. De vijfde stap leidt dan tot een actievoorstel en een plan tot actie. De zesde stap heeft betrekking op de fysiologische veranderingen die hiermee gepaard gaan. De zevende stap is de handeling zelf. Deze kan zich in gedrag manifesteren, maar kan zich ook beperken tot cognitieve activiteiten.

In de visie van Frijda zijn emoties dus functioneel. We zouden ze kunnen zien als mechanismen die behulpzaam zijn bij het behartigen van de belangen die het individu heeft. Zij toetsen of de acties waarmee wij bezig zijn onze belangen dienen en zetten aan tot het beginnen van nieuwe acties indien het evaluatieproces daartoe aanleiding geeft. De emotionele ervaringen oftewel de gevoelens die in ons bewustzijn leven, vormen een wezenlijk onderdeel van de verschillende fasen uit dit emotionele proces. In het bijzonder de volgende drie onderdelen dragen bij aan de emotionele ervaring: de betekenisstructuur van de situatie, de ervaring van de 'arousal' en het bewustzijn van de actie-gereedheid die daarop aansluit.

1.3.5. *Emotie als ondersteuning van het maatschappelijk waardensysteem*

Het sociaal constructivisme vat emoties op als producten van het maatschappelijk waardensysteem. Ook hun functie wordt door deze stroming in die richting gezocht. Emoties ondersteunen het maatschappelijk systeem van waarden en normen. Een voorbeeld kan dit toelichten: schuldgevoelens hebben wij wanneer wij bepaalde sociale normen overtreden. Zij zetten ons ertoe aan ons aan die sociale normen te conformeren en dragen zo bij aan hun instandhouding. Vreugde zal ik voelen na een handeling die een maatschappelijk positieve waarde heeft. Een duidelijk voorbeeld geeft ook de verschillende emotionele ontwikkeling van man en vrouw. Bij de vrouw worden bepaalde gevoelens getolereerd en aangemoedigd (zachtaardig, verlegen); bij de man andere (dapper, trots), die overeenkomen met de sociale rol die zij later in het maatschappelijk leven dienen te spelen.

Naar mijn mening legt de sociaal-constructivistische theorie met deze opvatting inderdaad de wijze bloot waarop sociale structuren emoties *kunnen gebruiken* en zelfs misbruiken: denk aan de propagandamachine van Nazi- Duitsland. Wij zijn opgenomen in een sociaal netwerk en ons gedrag en ook ons emotioneel leven wordt in belangrijke mate bepaald door dat sociale veld. Emoties spelen daar een rol in, maar ze zijn daar niet toe te herleiden. Zij kunnen ons juist ook bevrijden uit het sociale dwangbuis. Geschiedenis en literatuur kennen grote voorbeelden van mensen wier emoties in conflict kwamen met het normensysteem van de omringende samenleving. Dichters als Herman Gorter en Henriette Roland Holst kwamen in opstand tegen de onrechtvaardige sociale omstandigheden in hun tijd.

1.4. *Een herwaardering van emotie als directe ervaring*

Ik ben begonnen te zeggen dat emoties ons het meest direct gegeven zijn. Alle besproken emotie-theorieën reduceren echter de emoties en benaderen hen vooral vanuit het oogpunt van hun biologische of sociale functie. In dit reductieproces gaan wezenlijke kenmerken van de emotie verloren.

Emotie is primair een *belevingskwaliteit*. Het woord emotie en alle emotie-termen die wij gebruiken, stammen uit de directe ervaring. Zonder die directe ervaring zouden wij niet over emoties spreken, evenmin als de blinde over kleuren spreken zou. Ongetwijfeld kunnen we ook kleuren herleiden tot golflengten van licht. 'Kleur' is echter wezenlijk meer dan een bepaalde golflengte: het is primair een bepaalde ervaring. Ditzelfde geldt voor emoties. Ongetwijfeld zijn er lichamelijke begeleidingsverschijnselen en neuro-psychologische structuren van emoties. De oorsprong van het menselijk gevoelsleven is ook ongetwijfeld terug te voeren tot in het verleden liggende fylogenetische oorsprongen. We kunnen het gevoelsleven van de mens daar echter niet toe reduceren. We verliezen daarmee de rijkdom en geschakeerdheid van het gevoel uit het oog. Alleen een fenomenologische analyse die emoties beschrijft zoals ze in onze directe ervaring gegeven zijn, kan daaraan recht doen. Zo heeft Sartre de angst beschreven en Binswanger de liefde. We hoeven ons daarbij niet te beperken tot de mededelingen die mensen over hun innerlijke gevoelsleven doen. De producten van de menselijke creativiteit, niet in de laatste plaats alle kunstvormen, zoals bijv. de muziek, verschaffen ons toegang tot het menselijk gevoelsleven en openen wegen tot het beschrijven van de menselijke emotionaliteit.

Naast de rehabilitatie van het belevingsaspect van de emotie als het eerst gegevene, zou ik, samenhangend daarmee, het *typisch menselijke* in de emotie willen benadrukken. Ongetwijfeld zijn er analogieën met de wereld van speciaal de hogere diersoorten. Hoewel emoties gelocaliseerd worden gedacht in gedeelten van het centrale zenuwstelsel die fylogenetisch ouder zijn dan de menselijke soort, worden de menselijke emoties getransformeerd en gemedieerd door de neo-cortex, waardoor ze *een voor de mens unieke kleur en betekenis* krijgen. Liefde, eergevoel, medelijden, schuldgevoel zijn unieke menselijke ervaringen. Zij vormen de kern van ons besef van mens zijn. Onze menselijke waardigheid en onze persoonlijke identiteit ontlenen wij eraan.

Deze gedachten komen wij zelden tegen in alle psychologische beschouwingen over emoties en daarom hecht ik eraan hier een citaat uit Izard (1971) op te nemen, het enige dat ik vond dat juist deze visie op emoties recht doet: 'De emoties worden gezien, niet alleen als het belangrijkste motivationele systeem, maar nog fundamenteler als *de persoonlijkheidsprocessen die zin en betekenis aan het menselijk bestaan geven*' (pg. 183, onderstreping van mij).

Ik wil nog wijzen op een ander uniek menselijk aspect van onze gevoelsbeleving, een aspect dat een diepgaande invloed op onze culturele ontwikkeling uitoefent. Wij kunnen onze *emoties beschouwen en om zich zelfs wille ervaren en waarderen.* De rijke liefdespoëzie die we over de gehele wereld aantreffen is daar een welsprekend voorbeeld van. De geïdealiseerde geliefde, zoals bijvoorbeeld bij Dante, is slechts het 'voorwendsel' voor de beleving en expressie van emoties. Daarmee maken wij ons los van de directe functiewaarde van de emotie en zijn ze niet meer volledig ondergeschikt aan directe functie-eisen. Wij kunnen doelbewust emoties oproepen, louter om de beleving zelf. Eén van de bronnen van de artistieke schepping en beleving is hiermee gegeven. In muziek roepen wij emoties op en spelen wij met steeds nieuwe emotionele varianten. Het drama verbeeldt menselijke hartstochten en laat ons delen in de emoties van anderen. Alle emoties, verdriet en vreugde, bewondering en walging, angst en verwondering, zijn in kunstvormen gebruikt. Doordat kunst ons in staat stelt emoties te beleven, onthecht van de directe eisen die de dagelijkse aanpassing stelt, kan ze *emotioneel bevrijdend* werken.

1.5. *De uitdrukkingsmogelijkheden van het menselijk lichaam*
Hoe kunnen nu de verschillende gevoelens in de lichamelijke verschijningsvorm tot uitdrukking komen? Deze vraag is door de eeuwen gesteld in het zoeken naar verbanden tussen innerlijk en uiterlijk. In een lange traditie staat het zoeken naar relaties tussen geestelijke eigenschappen en de statische blijvende kenmerken van het lichaam, lichaamsbouw, kenmerken van hoofd, handen en andere lichaamsdelen. Een bekende historische vertegenwoordiger van deze benadering is Carus. Carus (1858) meende dat in de menselijke gestalte de idee van de mens, zoals God hem in de menselijke ziel had neergelegd op symbolische wijze tot uitdrukking kwam. Hij werkte een gedetailleerde symboliek uit waarin de vorm van het hoofd, handen, delen van het gelaat en andere lichaamsdelen in verband werden gebracht met zeer bepaalde karaktertrekken.

Eén van de meest invloedrijke denkers bij het zoeken naar verbanden tussen uiterlijke verschijningsvorm en karaktertrekken is de Zwitserse predikant en filosoof Lavater, die leefde van 1741 tot 1801. Hij moet een bijzonder man geweest zijn: velen voelden een zekere huiver in zijn nabijheid, omdat hij hen het gevoel gaf hen te doorschouwen. Ook Goethe, die hem eenmaal een bezoek bracht, kon niet aan een zeker gevoel van beklemming ontkomen. Lavater hield zich niet alleen bezig met de statische of onveranderlijke kenmerken van het lichaam, maar ook met de dynamische (gelaatsuitdrukkingen, e.d.), of beter is het te zeggen, dat hij geen verschil tussen die beide maakte en ze allebei in zijn beschouwingen betrok. Hij legt daarbij een verband tussen statische en dynamische trekken die ook voor de hedendaagse beschouwing nog zinvol lijkt: 'Elke vele malen herhaalde gelaatstrek, elke vaak herhaalde uitdrukking of verandering in het gezicht, maakt tenslotte een blijvende indruk op de weke delen van het gelaat. Hoe sterker de trek en hoe vaker herhaald, des te sterkere, diepere, onuitwisbare indruk (zelfs op de benige gedeelten) maakt hij' (Lavater, in Waldemar, 1960). De uitdrukking om de mond kan zo tot een vast kenmerk worden (fig. 1):

Fig. 1. Misprijzende mond

Moreel verwerpelijke geestestoestanden zouden tot lelijke gezichtsuitdrukkingen leiden.

Goethe, die overigens niet onkritisch stond tegenover Lavater's ideeën, werd toch door diens gedachten beïnvloed. Hij stuurde in 1774 Lavater de volgende door hemzelf getekende kop met de volgende aantekeningen daarbij: 'Daar stuur ik je een profiel. De kerel -zegt men- was stuurman, heeft in de slavernij in Tunis veel doorgemaakt en trekt nu de wereld door, om medelijden op te wekken. Ik heb hem naar het leven getekend. Dit is overigens slechts een vluchtige copie daarvan, het origineel drukt beter de dwarsheid in het lijden en het teneergedrukte van een sterk mensentype uit ...' (idem, pg. 184). (fig. 2)

Fig. 2. Zeemanskop, getekend door Goethe

In de volgende beschrijving die Lavater geeft van de kop van Voltaire komt duidelijk naar voren dat hij de dynamische trekken een belangrijke rol laat spelen bij zijn interpretatie.
Hij geeft zowel visueel als in de taal een mooie karakterisering van Voltaire (fig. 3).

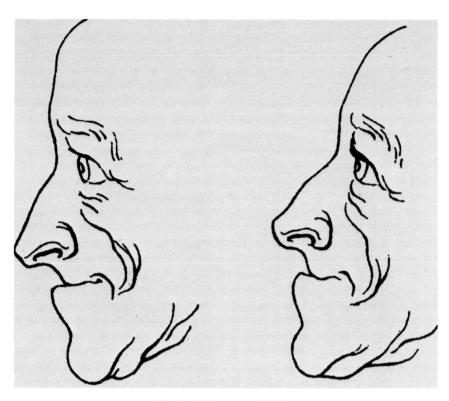

Fig. 3. Karikatuur van Voltaire

'Voltaire toont in de twee bijgevoegde karikaturen zijn karakteristieke uitdrukking en wel de bliksemende schalksheid. In deze schalksheid
steekt geniale scherpzinnigheid en de agressieve humor die zich in een
volmaakte esprit verenigen. De linker-tekening toont een klein verschil
met de rechter; in de rechter is nog meer kracht en pit - hier wordt het
weerlichten toeslaande bliksem. Het naar voren schuiven van de onder-
lippen, evenals het samenknijpen van de bovenlippen kenmerkt de
scherp intellectuele ironicus; hij verbijt de lust hardop uit te lachen en de
domkop voor dat uit te maken wat hij is; in plaats daarvan voert hij hem
op glad ijs met dubbelzinnige formuleringen, die de beperkte mensen
graag voor complimenten zouden aanzien, wanneer deze spottende
ondertoon er niet zou zijn, dit duivelse glimlachen, en een bepaald iets in
de formuleringen die het tegendeel doet vermoeden' (idem, pg. 179).

Het zoeken naar een samenhang tussen statische, constitutioneel
gegeven kenmerken van de lichaamsbouw en psychische eigenschappen
heeft zich tot in het recente verleden doorgezet. Zeer invloedrijk tussen

de twee wereldoorlogen is geweest de typentheorie van de Duitse hoogleraar in de psychiatrie en neurologie Ernst Kretschmer.

In 'Lichaamsbouw en Karakter' (1921) zet hij zijn gedachten uiteen. Kretschmer onderscheidt drie lichaamstypen, nl. *het leptosome type*, gekenmerkt door een magere smalle lichaamsbouw met weinig spieren, *het pyknische type*, gekenmerkt door een rondlijvige lichaamsbouw met vetafzettingen en *het athletische type*, gekenmerkt door een krachtig ontwikkeld spierenstelsel.

De pyknikus zou sociaal ingesteld zijn, gemakkelijk in de omgang en vertegenwoordigd zijn in karaktertypen als 'de praatlustige pretmaker', 'de kalme humorist', enz. Het leptosome en het athletische type zouden een meer teruggetrokken aard hebben en vertegenwoordigd zijn door karaktertypen als 'de beschaafde fijngevoelige', 'de wereldvreemde idealist', enz. (Kouwer, pg. 310).

De Amerikaan Sheldon (1942, 1954) heeft sinds de Tweede Wereldoorlog op Kretschmer's theorie voortgebouwd en een drietal typen voorgesteld die sterk verwant zijn aan die van Kretschmer. Het bleek al gauw dat er weinig 'zuivere typen' zijn en dat de meeste mensen lichamelijke mengvormen vertegenwoordigen. Dit én de grote verscheidenheid aan persoonlijkheidstrekken die met elk type gepaard kunnen gaan, heeft ertoe geleid dat deze lijn van onderzoek op dit moment minder populair is.

Toch spelen gevolgtrekkingen op grond van uiterlijke kenmerken die de persoon blijvend gegeven zijn, een zeer grote rol in de dagelijkse omgang tussen mensen onderling en wij zijn ons daar maar in zeer beperkte mate van bewust. Wij schrijven iemand fijngevoeligheid toe of energie, intelligentie en tal van andere karakteristieken, goede of slechte, op grond van uiterlijke, onveranderlijke eigenschappen. We hebben daardoor bepaalde verwachtingen van andermans karakter en laten daardoor onze houding en gedrag bepalen. Op grond van deze intuïtieve en half bewuste gevolgtrekkingen kiezen wij onze vrienden en levenspartners.

Overigens wil ik niet beweren dat deze intuïtieve oordelen persé onjuist of onbetrouwbaar zijn. Waarschijnlijk gaat het om kenmerken die met *een meerdere of mindere mate van waarschijnlijkheid* met bepaalde persoonlijkheidstrekken samenhangen. Het wetenschappelijk onderzoek naar deze verbanden is op dit moment bepaald niet populair, maar de belangstelling daarvoor zal ongetwijfeld vroeger of later weer toenemen.

Het moderne onderzoek is daarentegen wel sterk geïnteresseerd in de *dynamische* trekken van onze uiterlijke gestalte: uitdrukkingsbewegingen als gelaatsexpressies, oogbewegingen, houdingen en gebaren van het lichaam, als aanwijzingen voor innerlijke gevoelstoestanden en ka-

raktertrekken. Dat deze dynamische aspecten zich nu wel mogen verheugen in wetenschappelijke respectabiliteit hangt samen met het feit,
dat ze passen in het moderne functionalistische denken.

1.6. *Spontane en gecontroleerde expressie*

De mens is in staat de uitdrukking van emoties te verbergen èn hij is in
staat emoties tot uitdrukking te brengen die hij niet werkelijk voelt. Is er
dan geen vaste relatie tussen emotie en expressie? Heeft expressie
slechts een communicatieve functie?

Een bepaalde groep van onderzoekers (waaronder Birdwhistell,
1970) ziet expressief gedrag inderdaad uitsluitend als een vorm van
communicatie, zoals de taal. Het expressieve gedrag zien zij als geleerd,
cultureel bepaald en van cultuur tot cultuur verschillend.

Anderen, in het voetspoor van Darwin, zoals Ekman en Friesen
(1971), Tomkins (1970), Izard (1971) en Plutchik (1980) zien een meer
fundamentele relatie tussen emotie en expressie. De expressie zou het
eindresultaat zijn van een lange evolutionaire voorgeschiedenis en daarmee karakteristiek voor de gehele menselijke soort. Ze zou dus maar in
beperkte mate door culturen beïnvloed kunnen worden en niet geleerd,
maar aangeboren zijn. Deze groep van onderzoekers meent echter wél
dat wij kunnen *leren* onze aangeboren gevoelsuitdrukkingen bewust te
beheersen en te manipuleren.

Andere onderzoekers, zoals Collier (1985) en Buck (1984) menen dat
beide modellen tot op zekere hoogte correct zijn. Sommige expressieve
kanalen zouden qua aard meer intentioneel zijn, dus onder onze bewuste controle vallen. Andere expressieve kanalen zouden meer een aangeboren en universeel karakter dragen. Volgens Collier behoren de taal,
de uitbeeldende gebaren die wij maken bij het spreken en onze manier
van omgaan met de ruimte (afstand tot elkaar) tot de meer intentionele
expressievormen. Daarentegen zouden de gelaatsuitdrukkingen en ook
allerlei fysiologische uitdrukkingen van het lichaam (zoals blozen, transpireren, warm worden, enz.) meer universeel van aard zijn.

De bewust gestuurde expressies zouden gelocaliseerd zijn in andere
delen van het centrale zenuwstelsel dan de aangeboren en oncontroleer-
bare. Buck meent dat de bewust gecontroleerde expressies zetelen in de
linker-hemisfeer en de spontane expressies worden gestuurd vanuit de
rechter-hemisfeer. Collier ziet de gecontroleerde expressies gelocaliseerd in de buitenste laag van de cortex en de spontane expressies in de
subcortiale gebieden.

Intentionele en bewust geleerde expressies zouden gemakkelijk aan-
geleerd en ook weer gemakkelijk veranderd kunen worden, dit in tegenstelling tot de aangeboren expressies, waar minder flexibiliteit in zou
zitten.

Er zijn structurele verschillen tussen spontane expressies en intentionele expressies. Spontaan huilen van een jong kind, omdat het zich pijn heeft gedaan, verschilt bijv. van het huilen om aandacht te trekken. Ekman en Friesen menen dat bij niet-spontane expressies toch niet zelden onze werkelijke gevoelens naar buiten 'lekken' in allerlei subtiele details van die expressie. Zij introduceren ook het begrip 'display rules', spelregels die in een bepaald milieu, bijv. een cultuur heersen over het tonen van gelaatsuitdrukkingen. Deze display rules kunnen de spontane expressie overheersen. Zij beïnvloeden wél onze reactie in het bijzijn van anderen, maar staan hun plaats af aan de natuurlijke expressie wanneer wij ons alleen en ongeobserveerd achten.

Het onderscheid dat Collier en Buck maken tussen spontane en gecontroleerde expressies lijkt mij van groot belang. Een groot deel van de menselijke expressieve activiteit valt onder onze bewuste controle en wordt door ons gemanipuleerd met het doel daarmee bepaalde effecten op de sociale partner uit te oefenen. We 'spelen' in belangrijke mate in het contact met de ander onze uitingen van sympathie, verontwaardiging of verdriet. De cultuur en het milieu waarin we opgroeien schrijven bepaalde vormen van expressief gedrag voor. Kunstvormen als mime, dans en toneel bestaan bij de gratie van onze mogelijkheid in vrijheid expressievormen op te roepen terwille van bepaalde effecten.

Ik zou echter, in tegenstelling tot Collier en Buck, niet van twee typen van expressief gedrag willen spreken, die ieder karakteristiek zijn voor bepaalde kanalen. Naar mijn mening kunnen we normaliter elke uitdrukkingsbeweging typeren als een onontwarbaar mengsel van spontane en gecontroleerde expressie. Zelfs in situaties waarin we zo oprecht mogelijk proberen te zijn, tegenover een geliefde bijvoorbeeld, kunnen we niet meer spontaan zijn in onze expressies. De afweging van de indruk die we op anderen maken, speelt altijd mee in ons gedrag. Omgekeerd is het heel moeilijk volledig te veinzen en, althans tijdelijk, geheel niets te voelen van wat men uitbeeldt. De discussie die hierover gevoerd is in de wereld van het toneel, wordt door Moormann in hoofdstuk 5 uitvoerig behandeld.

Kunnen we spontane expressies en gecontroleerde expressies van elkaar onderscheiden? Het is duidelijk dat gecontroleerde expressies op spontane expressies moeten lijken, anders zou het beoogde effect niet bereikt worden: onze uiting van verdriet of medeleven, ook al is die geveinsd, moet toch door de ander als echt opgevat kunnen worden! Er is zeker in grote trekken een overeenkomst.

Eibl-Eibesfeldt (1971) heeft uitingen van woede vergeleken. Wanneer een Mandrill-aap een soortgenoot bedreigt, worden de mondhoeken naar beneden getrokken zodat de hoektanden zichtbaar worden. Kinderen in spontane woede tonen niet zelden een vergelijkbare

Fig. 4. Woede bij een Mandrill-aap, een kind en een Kabuki-acteur

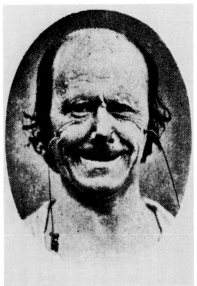

Fig. 5. Echte en onechte glimlach

uitdrukking. Ook echter Japanse Kabuki-auteurs vertonen een dergelijke uitdrukking wanneer zij woede moeten uitbeelden (fig. 4).

In hoofdstuk 5 bespreekt Moormann een frappante overeenkomst in de expressie van woede, de ene maal spontaan, de andere maal gespeeld op het toneel, van de zangeres Maria Callas. Toch is een goede observator in staat spontane en geveinsde expressies te onderscheiden. Er moeten dus ook subtiele verschillen bestaan. Een fraai voorbeeld van zo'n verschil vinden we in een afbeelding bij Darwin (fig. 5)

De linkerfoto geeft een spontane glimlach, de rechter een onechte. Darwin schrijft het verschil toe aan de verschillen van de gelaats-expressies rondom de ogen. We ervaren de glimlach als onecht, omdat de rest van het gelaat en met name de expressie rondom de ogen, gespannenheid uitdrukt.

Ekman en Friesen hebben in een aantal onderzoeken de verschillen tussen spontane en geveinsde expressie onderzocht (Ekman & Friesen, 1969; Ekman, Friesen & Scherer, 1976; zie ook Van Meel, 1986, de hoofdstukken 2 en 5).

Er bestaan veel aanwijzingen dat de expressie van althans de primaire emoties aangeboren is en dat er dus een natuurlijke en universele relatie bestaat tussen emotie en expressie. De meest overtuigende en sprekende voorbeelden zijn wel de observaties van het expressieve gedrag van

43

kinderen die vanaf de geboorte blind zijn geweest. Deze kinderen kunnen immers de expressie van anderen niet zien, en kunnen de expressie dus ook niet van anderen geleerd hebben. Darwin had al opgemerkt dat blinde kinderen bepaalde expressies met die van normale kinderen delen, zoals bijv. die van het blozen bij schaamte. Verschillende andere onderzoekers, zoals Goodenough (1972) en Thompson (1941) observeerden bij blinde kinderen emotionele expressies als lachen, glimlachen, lippen tuiten bij ongenoegen, naar beneden getrokken mond bij verdriet. Interessant is speciaal een observatie van Goodenough die vond dat een tien-jarig meisje dat zij onderzocht *bij vreugde spontaan danste.*

Eibl-Eibesfeldt (1973), (zie ook Van Meel, 1986, hoofdstuk 1), heeft wel een zeer doorslaggevend bewijs geleverd van het aangeboren zijn van een aantal emotionele reacties. Hij onderzocht een groep van zes kinderen, die vanaf de geboorte zowel doof als blind waren geweest. Bovendien waren zij in hun geestelijke ontwikkeling ernstig achtergebleven. Het is dus wel zeer onaannemelijk, dat deze kinderen emotionele expressies hadden kunnen leren van anderen. Niettemin vertoonden zij expressies als glimlachen, lachen, huilen bij verdriet of woede, wenkbrauwen fronsen, lippen tuiten, hoofd schudden bij weigering, ballen van de vuist en stampen met de voeten en tenslotte contact zoeken en omhelzen.

Een andere wijze waarop we het aangeboren en universele karakter van emotionele expressies kunnen aantonen, is door verschillende culturen met elkaar te vergelijken en overeenkomsten en verschillen in emotionele expressies te bestuderen. Verschillende onderzoekers, waaronder Eibl-Eibesfeldt (1973), Ekman, Sorensen & Friesen (1969), Ekman & Friesen 1971), Izard (1971), hebben een dergelijk vergelijkend cultureel onderzoek gedaan. In al deze studies wordt een vrij hoge mate van overeenstemming gevonden in zeer uiteenlopende culturen voor de expressie van wat de *primaire emoties* worden genoemd (hieronder vallen emoties als verrassing, vrees, woede, afkeer, verdriet en vreugde). Wij herkennen deze emoties uit gelaats-uitdrukkingen *ook* wanneer wij ze zien bij vertegenwoordigers uit andere culturen.

Een zeer overtuigende studie is bijv. die van Ekman & Friesen (1971). Zij bestudeerden bewoners van Zuid-Oost Nieuw-Guinea, die vrijwel geen contact met Westerlingen hadden gehad en nog in het stenen tijdperk leefden. Deze mensen kregen een verhaal te horen met een bepaalde emotionele waarde. Zij moesten de foto van iemand uit de Amerikaanse cultuur uitkiezen, die emotioneel daarbij paste. Er bleek een hoge mate van overeenstemming met de beoordelingen die wij zouden geven. Omgekeerd kregen Amerikaanse studenten de foto's te zien van de mensen uit Nieuw-Guinea die gevraagd waren bepaalde emoties uit te beelden. De studenten konden deze emoties in hoge mate juist herkennen en benoemen.

Natuurlijkerwijze zullen wij spontaan woede, vreugde en andere emoties uiten. We hoeven deze expressies niet te leren. Ze zijn meegegeven in onze erfelijke bagage. Al spoedig echter leren wij dat onze expressies invloed hebben op anderen. Het jonge kind dat huilt, bemerkt al spoedig dat de moeder te hulp schiet, aandacht en zorg geeft. Het leert dus dat expressie een communicatieve functie heeft. Wanneer het zich opgewekt en blij gedraagt, wekt het bijval en wordt het sympathiek gevonden. Kortom: het leert de expressies van emoties te verbergen en emoties te tonen die het niet direct ervaart. We hebben hier echter te maken met een geleidelijk leerproces waarin erfelijke invloeden ook geleidelijk hun plaats moeten delen met omgevingsinvloeden. Daarom mogen wij niet van een fundamentele tegenstelling tussen aangeboren en geleerde expressies spreken: 'Sommige aangeboren kenmerken zijn van toepassing op sommige typen van expressief gedrag of op sommige momenten in de ontwikkeling en even complex is de situatie voor de verworven kenmerken' (Zivin, 1985, pg. 7).

Door dit leerproces blijft de expressie zelf niet onberoerd. We leren dat bepaalde vormen van expressie meer effect hebben dan andere en we zullen ernaar streven het effect van onze expressie te maximaliseren.

Wij kunnen dit goed zien bij politici, filmsterren en anderen, die in de publieke belangstelling staan. Bekend is de enorme glimlach van de voormalige Amerikaanse president Carter.

Zo leert ieder van ons in de omgang met anderen zijn expressies af te stemmen op bepaalde effecten. Hinde (1985) vergelijkt dit met het resultaat van een *onderhandelingsproces* (negociation): '... het is nuttig om over signalen te denken als variërend van directe expressie van een bepaalde toestand, die worden getoond zonder rekening te houden met de ontvanger, tot expressies die *onderhandelingen* inhouden, die welke noodzakelijk tot stand komen in interactie met een ontvanger en gedeeltelijk bepaald worden door het antwoord dat van de ontvanger verwacht wordt' (pg. 103). Veranderen daarmee de expressies zelf?

Mason (1985) veronderstelt dat de *organisatie van de motorische patronen* die aan het expressieve gedrag ten grondslag ligt, niet verandert. Wat wél zou veranderen, zijn volgens hem de sociale functies die het bezit. Deze zouden een verfijning en uitwerking ondergaan en ook aan transformatie onderhevig zijn. In 'De Psychologie van het Gebaar', hoofdstuk 1, heb ik van dit laatste een voorbeeld gegeven, nl. de wijze waarop in de Japanse cultuur de glimlach gebruikt wordt. Japanners zullen nog glimlachen in situaties die voor ons eerder het tegendeel uitlokken. Dat het hier geenszins om een spontane expressie hoeft te gaan, leert de volgende anecdote. De Japanse keizer Iyeyau beval zijn ondergeschikten dat zij niet mochten pruilen wanneer zij door een meerdere berispt werden, maar integendeel blijdschap moesten tonen!

Samenvattend kunnen we zeggen dat met de geleidelijke beheersing van ons expressieve gedrag de functies ervan wijzigingen ondergaan. Vooral in het bijzijn van anderen zullen onze expressies worden afgestemd op het beoogde effect. Ze zullen dus in belangrijke mate sociaal bepaald worden. Daarmee ondergaat ook de vorm een verandering. Ze behoudt in grote lijnen dezelfde karakteristieken als de oorspronkelijke aangeboren expressie, maar invloeden van cultuur, sociale klasse en onze persoonlijke ervaringen zullen daarin meer of minder subtiele veranderingen aanbrengen, met als uiterste dat ze als typisch 'onecht' door anderen zullen worden onderkend en ontmaskerd.

1.7 De gelaatsexpressies

Veruit het meeste onderzoek naar emotionele expressie heeft zich gericht op gelaatsexpressies. Dit weerspiegelt de vaak verkondigde stelling, dat bij de mens gelaatsexpressies het belangrijkste medium zijn voor de communicatie van gevoelens.

Nu zien wij in de evolutie dat gelaatsexpressies in toenemende mate belangrijk worden als communicatiekanaal. Pas bij hogere primaten -apen en de mens- komen gedifferentieerde patronen van gelaatsuitdrukkingen voor. Er is overigens ook een grote overeenkomst in de gelaatsuitdrukkingen tussen aap en mens, die o.a. is beschreven door Van Hooff (1973), en Andrew (1963, 1965), (zie ook Van Meel, 1986, hoofdstuk 1). Sommige onderzoekers menen dat ook in de individuele ontwikkeling van elk mensenkind gelaatsexpressies geleidelijk aan belangrijker worden dan de expressies van het lichaam als geheel. Volgens Collier (1985) zouden gelaatsexpressies het enige nonverbale kanaal zijn dat voldoende gedifferentieerd is om daarmee specifieke emoties uit te drukken. Naar mijn mening onderschat hij daarmee de expressiemogelijkheden van het lichaam als geheel. Ik kom daar nog op terug bij de behandeling van de expressiemogelijkheden van lichaamsbewegingen. Collier wijst er op, dat in het normale contact tussen twee personen de onderlinge afstand zo klein is dat we wél goed op andermans gelaat kunnen letten, maar minder op het lichaam als geheel. Naar mijn mening speelt *afstand* inderdaad een belangrijke rol bij de keuze van het nonverbale kanaal dat de meeste aandacht krijgt. Bij afstanden van ruwweg tot 1 meter kunnen we inderdaad de nuances van de gelaatsuitdrukking goed waarnemen. Bij grotere afstanden echter zijn de subtiliteiten van de gelaatsuitdrukking slecht waarneembaar en zullen wij veel aandacht besteden aan lichaamshouding en beweging als geheel. Denk bijv. aan de situatie waarin we iemand van de trein afhalen en hem op afstand herkennen aan houding, beweging en gebaar. *De betekenis van afstand* is met name groot *voor de podium-kunsten*, als dans, pantomime en toneel. In tegenstelling tot de alledaagse omgangsvormen ligt het accent hier op de groot-motorische expressievormen, zoals lichaamshouding en beweging. Dit is een direct gevolg van de vergrote afstand tussen beschouwer en speler.

Naar mijn mening komen zowel in gelaatsexpressies als lichaamsexpressies dezelfde principes tot uiting en zijn gelaatsexpressie en lichaamsexpressie op elkaar aangewezen.

Bepaalde emotionele expressies kunnen pas volledig begrepen worden als gelaatsexpressies worden aangevuld met lichaamsexpressies (zoals bijv. vrees of woede), andere emotionele expressies kunnen moeilijk alleen door lichamelijke expressies worden weergegeven (zoals minachting). Zie hiervoor ook het onderzoek dat Moormann bespreekt in hoofdstuk 5 van dit boek.

Welke principes liggen nu aan gelaatsexpressies en expressies in het algemeen ten grondslag? We behandelden al de drie principes die Darwin formuleerde. Volgens Collier zijn deze alle drie te herleiden tot één algemeen principe, nl. dat van de natuurlijke selectie, dat hij als volgt formuleert: 'De karakteristieke expressievormen die de verschillende emotionele toestanden begeleiden, zijn ontstaan omdat zij ooit dienstbaar waren voor de persoon of dat nu nog zijn en bijdragen in de overleving, hetzij van het individu, hetzij van de soort' (Collier, 1985, pg. 78). Op welke wijze kunnen nu echter bepaalde expressieve bewegingen bijdragen aan deze overleving? Waardoor worden die bewegingen gekarakteriseerd?

Een groot aantal kenmerken van gelaatsuitdrukkingen kunnen we interpreteren als afgeleid van reacties op zintuiglijke stimuli. Het gelaat neemt een geprivilegieerde positie in als de zetel van een aantal zintuigsystemen via welke prikkels uit de buitenwereld worden opgenomen. Ogen, mond en neus en de gelaatsspieren daar omheen spelen een belangrijke rol in het tot stand komen van de gelaatsexpressie. We reageren op onaangename gewaarwordingen (een bittere of onaangename smaak of reuk) met een bepaalde karakteristieke beweging van mond, neus en ogen, gericht op het afweren van de prikkel. Evenzo reageren wij op aangenaam aandoende gewaarwordingen met gelaatsbewegingen die het mogelijk maken de gewaarwording zo volledig mogelijk te genieten. Op één of andere wijze vindt nu een generalisatie plaats van de expressie bij elementaire zintuiglijke gewaarwordingen naar emotionele belevingen van soortgelijk karakter.

Wundt (1877) heeft er al op gewezen dat bij een 'bittere' stemming de gelaatsexpressie overeenkomt met die welke we hebben bij het proeven van een bittere stof. Een niet minder duidelijk voorbeeld is walging of afkeer. Onze gelaatsexpressie komt overeen met die welke we hebben wanneer we iets walgelijks in de mond hebben en hiervan verlost willen worden. Omgekeerd kunnen we 'gretig' naar iemand luisteren. Onze ogen zijn daarbij wijd open en niet zelden ook de mond.

Een belangrijk deel van de gelaatsexpressies kunnen we dus interpreteren als bewegingen die samenhangen met het openstellen of juist sluiten van de zintuigorganen voor binnenkomende stimulering.

Een tweede groep van activiteiten die gelaatsexpressies en lichaamsbewegingen kenmerken, hangt samen met bescherming of aanval. Hieronder vallen zaken als het bleek worden bij schrik, woede of angst. Het bloed trekt zich dan uit de periferie van het lichaam terug. Het organisme is daardoor minder kwetsbaar voor verwondingen. Bij schrik en angst brengen wij de armen voor het lichaam, bij verlegenheid bedekken wij het gelaat. Het in elkaar krimpen van schrik, of het zich klein maken bij angst, ligt in dezelfde lijn.

Bij woede of haat tonen wij intentiebewegingen van aanval, zoals het met de voeten op de grond stampen of het kapot gooien van dingen. Het lichaam wordt gemobiliseerd voor actie. Velen hebben zich, net als Darwin, echter het hoofd gebroken over zo schijnbaar nutteloze en onverklaarbare uitingsvormen als lachen en huilen. Frijda (1986) ziet ze als een vorm van spanningsontlading.

Wij zullen nu een aantal gelaatsexpressies beschrijven. Ze geven ons de gelegenheid deze principes in concreto toe te lichten. Bij de beschrijving van de expressies steun ik op het werk van Darwin (1872); Izard (1971); Ekman & Friesen (1975, 1978); Frijda (1986) en Collier (1985). Verschillende onderzoekers hebben een achttal primaire emoties onderscheiden die elk hun eigen karakteristieke expressie zouden hebben.

Verrassing

Wij reageren met verrassing op plotselinge situaties (fig 6). Door het onverwachte ervan èn door het feit dat we de situatie nog niet hebben kunnen verkennen, zit er een element van mogelijke bedreiging in. Kenmerken voor verrassing zijn het wijd openen van de ogen, het openen van de mond en het omhoog trekken van de wenkbrauwen (wat rimpels veroorzaakt boven de ogen). Al deze bewegingen kunnen gezien worden als functioneel. Het omhoog trekken van de wenkbrauwen maakt het wijd opensperren van de ogen mogelijk. Door de open ogen worden de kijkmogelijkheden vergroot, zodat we ons maximaal kunnen oriënteren. Door de open mond verloopt de ademhaling stiller en wordt het aandachtig horen ondersteund. Het helpt bovendien de ademhaling en is daarmee een onderdeel van actievoorbereiding. Verrassing duurt meestal slechts kort en kan overgaan in een andere emotie. Niet zelden is die emotie vrees. Gelaatsexpressies geven daarom niet zelden een

Fig. 6. Verrassing *Fig. 7. Vrees*

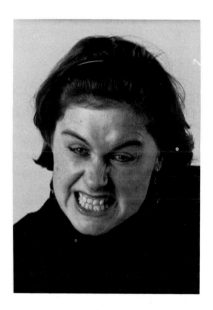

Fig. 8. Woede

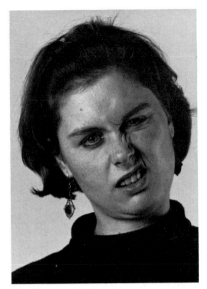 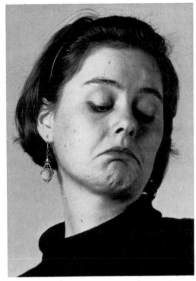

a   *Fig. 9. Minachting*   *b*

mengsel van verrassing en vrees te zien.

Vrees

We reageren met *vrees* op een dreigend gevaar (fig 7). Kenmerkend is ook hier de geopende mond en ogen, maar bovendien zijn de gelaatstrekken naar achteren getrokken. Dit is een uiting van een tendens die ook in de gehele lichaamshouding tot uiting komt tot terugdeinzen en daarmee de afstand tot de bron van het gevaar vergroten. Als gevolg daarvan zijn de mondhoeken naar achteren getrokken. De bleekheid bij vrees werd al genoemd. Ook het transpireren bij vrees zou functioneel zijn; het zou de huid gladder maken en daardoor ontoegankelijker voor verwondingen.

Woede

Wij reageren met woede wanneer we ons gedwarsboomd voelen en kenmerkend voor woede is de behoefte tot fysieke aanval (fig. 8). Zowel in het gelaat als in het lichaam als geheel komt deze tendentie tot uiting. De tanden zijn op elkaar geklemd. De lippen zijn óf op elkaar geklemd óf ze zijn teruggetrokken zodat de tanden zichtbaar zijn. De neusvleugels zijn opgetrokken en wijd geopend. De ogen zijn wijd open en de wenkbrauwen zijn naar elkaar toegetrokken, zodat verticale rimpels ontstaan. Hartslag en bloedcirculatie verlopen sneller. Al deze veranderingen kunnen worden geïnterpreteerd als voorbereiding op een fysieke aanval. Wij zien dat ook in het lichaam als geheel, dat stijf en

50

gespannen is. Kenmerkend voor woede is de behoefte kapot te maken (smijten), of te imponeren door kracht (het stampen met de voeten op de grond).

Minachting
Heel kenmerkend voor een bepaalde uiting van minachting is de asymmetrische mondpositie (fig 9a). De bovenlip wordt aan één kant opgetrokken, waardoor daar de tanden zichtbaar zijn. Hierin komen vooral agresssie (opgetrokken lip) en walging tot uiting. Bij een andere gelaatsuitdrukking zijn de oogleden half gesloten (je bent het niet waard dat ik je aankijk) (fig. 9b). Ook minachting drukt zich in de gehele lichaamshouding uit. Men zal het lichaam afwenden, hetzij door de romp naar achteren te brengen, hetzij half zijwaarts weg te zwenken.

Walging
We reageren met walging op stimuli die ons in grote mate tegenstaan (fig. 10). Bij walging zijn de mondhoeken naar beneden getrokken, de mond gedeeltelijk open en de tong naar voren als bij het uit de mond werken van een onaangename substantie. De neus is naar boven getrokken en gerimpeld, de bovenlip opgetrokken, waardoor de neusvleugels zoveel mogelijk gesloten zijn. De ogen zijn gedeeltelijk gesloten. Een dergelijke gelaatsexpressie is dus functioneel in het wegwerken van een onaangename substantie. Het blokkeert de toegang tot de mond, neus en tot op zekere hoogte ook de ogen. De reactie van walging wordt echter ook gegeven in symbolische situaties, zoals bij een walgelijk idee.

Interesse
Bij interesse is alle aandacht op één bepaald object gericht (fig. 11). Is dat object zeer klein of ver weg, dan zijn de ogen samengeknepen. Is het object dichtbij of groot, dan zijn de ogen wijd open. De mond kan iets open hangen, speciaal wanneer geluid belangrijk is. Kenmerkend voor de gelaatsuitdrukkingen die horen bij interesse, is dus het maximaal richten van de zintuigen op het object van belangstelling. Er zijn daarom verschillende expressies met interesse verbonden.

Vreugde
Vreugde tonen wij bij het horen van goed nieuws, bij een opgewekte, ontspannen stemming (fig. 12). De mondhoeken zijn opgetrokken, de mond is gesloten of licht geopend zoals bij de glimlach, dan wel geopend zoals bij de lach. De ogen 'stralen', rimpeltjes vormen zich rondom de ooghoeken. De wenkbrauwen zijn verlaagd, het voorhoofd toont geen rimpels. Ontspannen openheid kenmerkt de gelaatsuitdrukking. Frijda

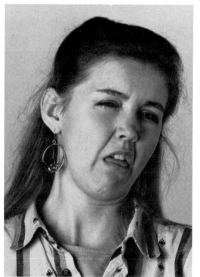

Fig. 10. Walging

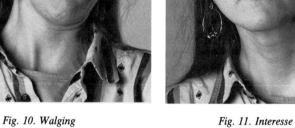

Fig. 11. Interesse

Fig. 12. Vreugde

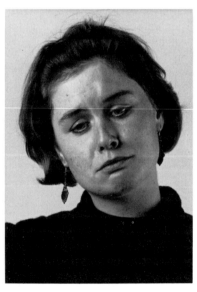

Fig. 13. Verdriet

(1987) ziet in de uitdrukking van vreugde wel een uiting van energie, maar meent dat deze geen specifieke functie heeft. Naar mijn mening weerspiegelt de vreugdevolle uitdrukking de openheid voor de omgeving: ze laat toe op een niet gespannen wijze indrukken uit de buitenwereld op te nemen.

Verdriet
Bij verdriet zijn de mondhoeken naar beneden getrokken (fig. 13). Het centrum van de benedenlip is naar boven gebracht. Een plooi vormt zich van neus naar mond. De oogleden zijn samengetrokken en de ogen half gesloten. De wenkbrauwen zijn naar elkaar getrokken. Er zijn verticale rimpels zichtbaar tussen de ogen. Frijda ziet de expressie van verdriet als de uiting van het ontbreken van energie en het afwezig zijn van belangstelling.

Hij meent echter dat de expressie geen speciaal functioneel nut heeft. Naar mijn mening ligt de functionele betekenis van de expressie in de afwending van de zintuigen van de buitenwereld en het op zichzelf terugtrekken.

1.8. *De herkenning van gelaatsexpressies*
Bij de beoordeling van gelaatsexpressies blijken niet zelden vergissingen en verwarringen voor te komen, ook wanneer het gaat om het beoordelen van primaire gelaatsexpressies. Hoe zijn deze te verklaren?

Zoals we zagen is de gelaatsexpressie afhankelijk van verschillende delen van het gelaat. Schrik en verrassing bijv. zijn beide gekenmerkt door wijd opengesperde ogen. De mondstand echter is verschillend. Er kan dus een verwarring optreden wanneer we alleen acht slaan op de ogen.

Ekman en Friesen hebben erop gewezen, dat elke emotie meerdere expressies kent wanneer we kijken naar afzonderlijke delen van het gezicht. Een goed voorbeeld is interesse: afhankelijk van grootte en afstand van het object van interesse, kunnen de ogen wijd geopend zijn danwel half gesloten ('turend'). De identificatie van een gelaatsexpressie vraagt dus aandacht voor het gehele gelaat: mond, ogen, wenkbrauwen, neus, voorhoofd, en een kennis van de verschillende vormen die elk onderdeel per emotie kan aannemen.

Verschillende delen van het gezicht zouden in verschillende mate geschikt zijn voor de onderscheiding van emoties. De mond zou met name geschikt zijn voor de herkenning van geluk en walging. Het voorhoofd daarentegen voor verrassing. De ogen zouden zich in het bijzonder lenen voor de herkenning van vrees en verdriet (Plutchik, 1980).

Ik wil hier nog eens herhalen dat naar mijn mening gelaatsexpressies niet kunnen worden losgekoppeld van de gehele lichaamshouding. Verlegenheid, schaamte, woede, vreugde, drukken zich in de gehele gestalte uit en maken op die wijze de identificatie van de emotie mogelijk.

Een mogelijke bron van verkeerde interpretaties kan echter ook gezocht worden in de beoordelaar. De beoordelingsvaardigheid kan tekort schieten. Welk proces ligt aan de beoordeling van gelaatsexpressies ten grondslag? Moeten wij ook hier spreken van een aangeboren gave?

Uit vergelijkend cultureel onderzoek blijkt, zoals we zagen, dat emotionele expressies over de gehele wereld gemakkelijk worden herkend. Dit zou erop wijzen, dat ook de *herkenning van emoties* is aangeboren.

Eibl-Eibesfeldt (1973) gaat ervan uit, dat de mens ook wat betreft de herkenning van emotionele expressies voorgeprogrammeerd is. Hij wijst erop, dat we er niet aan ontkomen ook dieren op grond van hun uiterlijk bepaalde karaktertrekken toe te kennen. Zo ervaren we de kameel als 'hoogmoedig' door de hoge stand van neus en ogen, de adelaar schrijven we trotse vastbeslotenheid toe op grond van de mondstand en de kam van zijn ogen.

Eibl-Eibesfeldt schrijft deze beoordeling toe aan een aangeboren 'Auslöser'-mechanisme. Experimenten bij dieren wijzen er echter op, dat leerervaringen toch een rol kunnen spelen. Miller, Caul & Mirsky (1967) isoleerden drie Rhesus-aapjes direct na de geboorte en brachten ze het eerste jaar in volstrekte afzondering groot. Het bleek nu, dat deze Rhesus-aapjes wél beschikten over normale gelaatsexpressies, maar in tegenstelling tot aapjes die normaal opgegroeid waren, vrijwel niet reageerden op de gelaatsexpressies van andere aapjes. Dit experiment suggereert dus dat het interpreteren van gelaatsexpressies het resultaat is van een leerproces dat al in de vroege jeugd begint.

Ook tussen mensen onderling zijn grote verschillen in de mate, waarin men dat met accuraatheid kan doen. Vrouwen zijn sensitiever beoordelaars dan mannen. Het is bekend dat schizofrenen zeer slecht zijn in het interpreteren van gelaatsexpressies. Dit alles wijst er mijns inziens op, dat het interpreteren van gelaatsexpressies ook bij de mens tenminste enige ervaring vraagt.

1.9. *Lichaamshouding en beweging*

Verschillende onderzoekers van nonverbaal gedrag menen dat lichaamshouding en gebaar niet in staat zijn specifieke emoties uit te beelden. Ekman & Friesen (1967) veronderstellen dat lichaamsbewegingen ons wel de intensiteit van de emotie laten zien, maar niet de aard ervan. Ze kunnen naar hun mening hoogstens een aanwijzing geven over het lust-onlust karakter ervan.

Ik heb nogal bezwaar tegen een dergelijke gedachtengang. In tegenstelling tot gelaatsexpressies, zijn lichaamsbewegingen nog maar weinig systematisch onderzocht. Uit niet-wetenschappelijke bronnen, zoals bijv. bij de bestudering van dans en beeldhouwkunst, komt de indruk naar voren dat de uitbeeldingsmogelijkheden van het lichaam zeer rijk zijn.

Ik heb ook bezwaren tegen het isoleren van kanalen van nonverbaal gedrag, zoals gelaatsexpressie, lichaamsbeweging, oogopslag. Deze uitingsvormen komen in werkelijkheid niet geïsoleerd voor. Wij zien in het algemeen de menselijke gestalte in zijn geheel. Juist die eenheid van het geheel geeft een bepaalde uitdrukkingswaarde.

Collier (1985) meent dat de expressieve bewegingen van het lichaam ook berusten op universele patronen. Hij beroept zich op Darwin, die dergelijke patronen heeft beschreven voor emoties als woede, verdriet, afkeer, trots, vrees en schaamte.

Eibl-Eibesfeldt (1973) heeft in vergelijkend cultureel onderzoek een aantal van dergelijke patronen beschreven.

Een voorbeeld van een universeel voorkomend emotioneel gebaar is zeker het 'Orantengebaar', waaraan Heinz Demisch (1984) een zeer omvangrijk boekwerk heeft gewijd. Het gaat om het gebaar waarin beide handen omhoog geheven zijn. Een dergelijk gebaar zien wij bij hevige of diepe emoties, met name ook bij de religieuze vervoering. Als kunstzinnige uitbeelding speelt het een belangrijke rol en we zullen er daarom in hoofdstuk 2 nog nader op terug komen. Demisch zegt over dit gebaar: 'Toch verschijnt het gebaar van de omhooggeheven handen niet alleen in het religieuze gebied. Overal en op elk moment van het menselijk leven kan zij plotseling en onwillekeurig te voorschijn komen. Juichend loopt het kleine kind met uitgestrekte armen naar de moeder, met omhooggeworpen armen valt niet zelden de vooruitstormende soldaat, door een dodelijk schot getroffen op de grond. Zowel vreugde en jubel als ook de plotselinge stap over de drempel van de dood, geven de menselijke gestalte vrijwel dezelfde figuur als in het gebedsgebaar. Een soortgelijke figuratie zien wij echter ook bij de afweer en de ontzetting. En niet op de laatste plaats komen wij dit gebaar tegen bij de eeuwenoude cultus-dansen evenals bij de moderne expressie-dans. Steeds weer blijkt dat de emoties die bewust of onbewust het opheffen der handen uitlokken, diep in het menselijk levensgevoel wortelen. Zo toont zich het oergebaar van het religieuze leven tegelijk als het oergebaar van *het leven* als zodanig' (pg. 9-10) (fig. 14).

Uit het onderzoek naar nonverbaal gedrag komen in het bijzonder drie psychologische dimensies naar voren, die zich in lichaamshouding en gebaar zouden manifesteren. Ze zijn o.a. door Mehrabian (1972) en door Collier (1985) beschreven. Deze dimensies zijn sympathie, status en geëmotioneerdheid.

Sympathie komt naar voren in een aantal gedragskenmerken dat door Mehrabian met de term 'nonverbal immediacy' wordt beschreven: de mate waarin we voor elkaar direct toegankelijk zijn. Kenmerkend voor dit gedrag is de tendentie de onderlinge afstand te verkleinen en de openheid voor elkaar te vergroten. Personen die elkaar mogen, leunen naar elkaar over, zijn naar elkaar toegewend. Antipathie komt naar voren in het vergroten van de afstand, maar ook in het zich zijdelings afkeren waardoor de openheid wordt verkleind.

Openheid wordt ook uitgedrukt in de arm- en beenpositie. In de beeldende kunst en de religieuze symboliek wordt het symbool van de open armen gebruikt voor tegemoetkomendheid en ontvankelijkheid. Zo ontvangt de vader de verloren zoon en zo zien wij de Christus-figuur afgebeeld.

Status. In lichaamspositie en beweging drukken zich ook de onderlinge machtsverhoudingen uit. Dominantie en submissie uiten zich in een aantal nonverbale kenmerken, dat we al bij dieren kunnen waarnemen. Bij het imponeergedrag van dieren spelen grootte en kracht een belangrijke rol als tekenen van dominantie. Bij de mens zien wij dat in primitieve vorm bij de body-builder of in een bepaalde wijze van zich zwaar en nadrukkelijk voortbewegen, zoals in bepaalde westerns. Ook echter de koningskroon, de tiara, de lange slepende mantel of de toga van de hoogleraar doen de betrokkene groter (en machtiger) uitkomen dan de kale gestalte zou doen.

Een persoon in ondergeschikte positie daarentegen verkleint zich, krimpt ineen of verlaagt zich door buigen, knielen of zich zelfs geheel ter aarde werpen. Ook deze tendens lijkt een aangeboren component te hebben. Ginsburg, Pollman en Watson (1977) observeerden vechtende kinderen. Schoolkinderen, die dreigden te verliezen, maakten niet zelden gebruik van hoofd buigen, intrekken van de schouders en zelfs knielen. Dergelijk onderwerpingsgedrag blijkt de agressie af te remmen. Ook bij gevechten tussen dieren zien wij een karakteristiek gedrag bij het dier, dat het onderspit dreigt te delven. Het toont zich in een kwetsbare en/of afhankelijke positie (de hond bijv. zal de nek tonen of met de rug op de grond gaan liggen). Een dergelijk signaal blijkt de agressie van de tegenstander af te remmen.

Dominantie wordt niet alleen uitgestraald door grootte en kracht, maar wordt ook gesuggereerd door het ontbreken van uiterlijke tekenen van angst.

Mehrabian (1972) noemt een zestal kenmerken, in volgorde van belangrijkheid, als indicator van ontspannenheid:

1. asymmetrische armpositie
2. zijwaarts leunen

Fig. 14. Etruskische biddende vrouw

3. asymmetrische beenpositie
4. ontspannen handen
5. ontspannen nek
6. achterover leunen

De dominante persoon voelt zich voldoende zeker in een situatie om zich niet al te zeer te bekommeren om wat anderen van hem denken. Hij kan zich zelfs veroorloven anderen min of meer te negeren. Dit gebrek aan consideratie met de ander uit zich in het luider spreken en de grotere vrijheid in bewegen en gebaren. Dominantie en sympathie gaan moeilijk samen. Sympathie vraagt juist wel consideratie met de ander.

Geëmotioneerdheid. Dit gaat gepaard met een toegenomen spanning. Deze kan zich uiten in een toename van de hoeveelheid bewegingen. Uit verschillende onderzoeken blijkt dat in stress-situaties het aantal lichaamsbewegingen toeneemt. Vooral het aantal aanrakingen van het eigen lichaam neemt aanzienlijk toe (Van Meel, 1986, hoofdstuk 4). In therapeutische gesprekken zullen patiënten meer bewegingen maken en ook meer zelfaanrakingen vertonen wanneer stressvolle onderwerpen besproken worden (Van Meel, 1986).

De emotionele expressie-mogelijkheden van het lichaam zijn niet beperkt tot deze drie dimensies. Wij kunnen zonder overdrijving zeggen, dat er geen neutrale houding bestaat. *Altijd* drukt lichaamshouding of beweging een attitude, een gevoelstoestand of stemming uit.

Bij de expressie van emoties door het lichaam kunnen wij kijken naar richting en naar beweging. Belangrijke richtingdimensies zijn: de verticale dimensie (met alle symbolische betekenissen van boven en onder), de voor-achterdimensie (met de betekenissen van toenadering en afwending) en de links-rechts dimensie (die zal leiden tot indirecte bewegingen die bijv. als ontwijken kunnen worden geïnterpreteerd).

Belangrijke aspecten van bewegingen zijn ook snelheid en kracht. Snelheid kan worden geassociëerd met nervositeit, maar ook met drift e.d. De kracht waarmee een beweging wordt uitgevoerd geeft ook een aanvulling op de interpretatie van een beweging. Een snelle krachtige beweging voorwaarts bijv. zal men ervaren als een energieke toenadering die afhankelijk van andere informatie wordt geïnterpreteerd als agressie, enthousiasme, enz. In het hoofdstuk over de dans worden deze dimensies uitgebreider besproken.

Lichaamsbewegingen zijn niet slechts uitdrukking van emoties. Wij kunnen het lichaam ook gebruiken als symbolisch middel voor de *uitbeelding.* Deze uitbeeldingsfunctie komt naar voren in de illustrerende gebaren die wij bij het spreken maken, wanneer we bijv. met de handen de vorm van een vaas uitbeelden of het gebaar van telefoneren maken wanneer we over de telefoon spreken.

Niet alleen concrete vormen en handelingen kunnen zo worden uit-gebeeld, maar ook abstracte ideeën. Zo kunnen we bijv. begrippen als eenheid en tegenstelling met symbolische gebaren tot uitdrukking bren-gen.

Dergelijke uitbeeldende gebaren zijn niet aangeboren; ze zijn daarom van cultuur tot cultuur verschillend. Toch zijn ze door hun uitbeeldende karakter gemakkelijker te verstaan dan woorden die een volstrekt wille-keurige relatie hebben tot het object wat ze symboliseren.

Deze vormen van illustrerende gebaren worden in het algemeen zeer bewust gebruikt. Freud en de psychoanalytici in zijn voetspoor hebben erop attent gemaakt, dat wij ook onbewust gebaren en bewegingen kunnen gebruiken als symbool voor onderdrukte conflicten of wensen. Uiteraard zoekt Freud zijn symboliek vooral in de uitdrukking van sexuele wensen, maar ze blijft daartoe niet beperkt. Zo zou het gedeel-telijk bedekken van het gezicht of het aanraken van de neus een aanwij-zing zijn voor angst of de behoefte zich te verbergen.

Wij hebben tot hiertoe houding en gebaar beschreven en gezien hoe het lichaam direct uitdrukking kan geven aan emoties dan wel tot uitbeelding kan dienen van ideeën en objecten. Ook in elke instrumen-tele handeling echter, ook al is het lichaam niet direct op uitdrukking of uitbeelding gericht, is toch altijd een expressief element aanwezig. We herkennen iemand ook aan de *stijl* van bewegen. Buss (1986) spreekt van stijl, wanneer we niet zozeer kijken naar de inhoud van de activiteit, maar naar de vorm ervan.

Hij onderscheidt aan de lichamelijke beweging de volgende stijlken-merken:

1. *verplaatsing*: dit is de hoeveelheid ruimte die iemand inneemt. Het blijkt uit de wijze van lopen, de grootte van de gebaren, maar ook uit de relatieve grootte van de gelaatsexpressies.

2. *kracht*: de hoeveelheid energie die een beweging suggereert. Ook dit komt tot uiting in de wijze van lopen, de wijze van gesticuleren, de manier waarop we iets beet pakken.

3. *tempo*: het gaat hier om de snelheid en de duur van onze reacties. Een handdruk bijv., kan kort en snel gegeven worden of juist traag en lang volgehouden.

4. *onmiddellijkheid van reacties*: komen wij onmiddellijk in actie als bijv. de liftdeur opengaat, wij een bekende ontmoeten, we de kans krijgen iets te zeggen, enz?

Dergelijke stijldimensies herkennen wij allemaal in de wijze van bewegen van onze medemens. Zo maken ieders individualiteit uit. De samenhang met persoonlijkheidseigenschappen is echter nog nauwelijks onderzocht.

In het voorgaande zijn wij uitvoerig ingegaan op gelaatsexpressies en de lichaamsbewegingen en gebaren. Lichamelijk expressief gedrag uit zich echter ook via oogbewegingen, onderlinge afstand en dergelijke. In 'Psychologie van het Gebaar' (1986) heb ik daar een uitgebreid overzicht van gegeven.

1.10. *Expressie in dienst van zelfontdekking en -bevrijding*

Het wetenschappelijk onderzoek naar expressies heeft zich bij het zoeken naar de functie ervan vooral gericht op de biologische of sociale rol die ze vervullen: als actievoorbereiding, als sociaal communicatiemiddel of als bindmiddel bij de instandhouding van het maatschappelijk waardenpatroon. Bij de mens kunnen we nog een geheel eigen autonome functie van expressies onderscheiden die in het wetenschappelijk onderzoek nauwelijks aan de orde is geweest, maar naar mijn mening van wezenlijk belang is voor het verstaan van zin en betekenis van de menselijke uitdrukking.

In het klassieke Griekenland had het drama een belangrijke plaats in de gemeenschap. Men kende er een belangrijke functie aan toe. Aristoteles heeft die functie nader beschreven: door de uitbeelding van de menselijke hartstochten op het toneel zou de toeschouwer gelouterd en gereinigd worden. Hij noemde dit de *katharsis*.

In de moderne wetenschap heeft Freud deze kathartische functie opnieuw ontdekt en er voor psychotherapeutische doeleinden gebruik van gemaakt. Freud ontdekte dat het tot uitdrukking brengen van emoties voorheen onbewuste en opgekropte ervaringen tot ontlading deed komen, zodat de persoon zich daarmee ervan kon bevrijden.

Niet alleen in het drama en niet alleen in de psychotherapie is die kathartische funktie te onderscheiden. Bij de uitdrukking en uitbeelding van emoties via verbale of nonverbale middelen in alle vormen van kunst is ze aanwezig. Kunst brengt emoties tot uitdrukking, maar ze beoogt daarmee geen actievoorbereiding. De kunstzinnige uitdrukking is ook niet primair op sociale communicatie gericht. Doordat zij gestalte geeft in een zichtbare of hoorbare vorm aan wat ons innerlijk beweegt, brengt zij de kunstenaar en de toeschouwer tot zelfherkenning en zelfbevrijding.

2. Uitdrukking en vormgeving

2.1. Kunst als expressie van gevoelens

Het belangrijkste thema in vrijwel alle uitingen van artistieke activiteit en in vrijwel alle culturele verschijningen ervan is de mens zelf. Het menselijk leven in al zijn vormen: hoop en vrees die de mens beheersen, relaties en conflicten met medemensen, vormen een onuitputtelijke inspiratiebron bij de kunstzinnige creativiteit. Kunstuitingen als dans en toneel brengen ons in direct contact met mensen die in door de kunstenaar voorgeschreven vormen emoties uiten. De literatuur,in het bijzonder de romankunst, schept mensen, typen, karakters, waarin we onszelf en de mensen om ons heen herkennen. We zien ze voor ons met al hun eigenaardigheden, we horen ze spreken, zien ze bewegen. In onze verbeelding gaan ze een eigen leven leiden en worden ze ons even vertrouwd als goede en oude bekenden. In de beeldende kunsten, schilderkunst en beeldhouwkunst, is de menselijke persoon vanaf de prehistorie het meest geliefde thema geweest. De schilder en de beeldhouwer hebben de mens in alle houdingen en in alle gemoedstoestanden uitgebeeld.

De mens is dus in alle kunsten die tot uitbeelding of representatie in staat zijn onmiskenbaar aanwezig (tenzij natuurlijk een extern taboe ze treft, zoals in de Islamitische kunst). Enkele kunstvormen lijken daarop een uitzondering te maken: muziek en architectuur. Zij beelden niet iets buiten zichzelf uit, hun betekenis ligt in zichzelf besloten. Toch is ook in de muziek het menselijk element nadrukkelijk aanwezig. Muziekstukken kunnen expliciet bedoeld zijn als schildering van menselijk gevoelsleven, zoals bijv. Berlioz' 'Symphonie Fantastique', waarin hij autobiografisch zijn liefde voor Harriett Smithson verbeeldt in een gedetailleerde programmatische opzet. Ook echter wanneer dit niet uitdrukkelijk door de componist zo is bedoeld, ervaren wij muziek als in tijd en klank weergegeven emotie. Zelfs in de architectuur is de mens niet weg te denken: als de bewoner van het landhuis, de gelovige van de tempel, de bezoeker van de schouwburg. Sommige gebouwen imponeren ons als heerszuchtig, agressief, onbarmhartig, zoals het door Stalin geschonken cultuurpaleis in het hart van Warschau, andere door hun sobere, degelijke burgerzin, zoals ons paleis op de Dam, weer anderen doen ons aan als de incarnatie van een droom in steen, zoals de kathedraal van Milaan of de Taj Mahal.

In alle kunstvormen, of ze nu rechtstreeks de mens uitbeelden of slechts op een abstracte wijze aan menselijke gevoelens vorm geven, speelt de expressie van emoties dus een vooraanstaande rol. De alomtegenwoordigheid van menselijke emoties in kunstprodukten heeft in het wijsgerig denken over esthetica een grote plaats gekregen. Er is een belangrijke wijsgerige stroming die kunst in het algemeen eenvoudig gelijk stelt met de expressie van emoties. In deze gedachtengang is er sprake van echte en goede kunst, wanneer ze er in slaagt emoties die de kunstenaar heeft ervaren vorm te geven. Een dergelijke definitie van kunst roept nogal wat vragen op. Zijn alle emoties geschikt voor kunstzinnige uitbeelding? Moet de kunstenaar de emoties ook werkelijk beleven bij de creatie van het kunstwerk? Zo niet, moet hij de emotie dan toch tenminste in het verleden zelf beleefd hebben? Denk bijv. aan de jaloezie van Othello, de eerzucht van Macbeth, de gierigheid van Shylock: Kon Shakespeare deze emoties zo overtuigend uitbeelden als hij ze niet uit eigen ervaring had gekend?. Andere vragen rijzen op over de aard van de expressie. Is elke expressie van emoties kunst? Zo nee, welke expressies mogen dan wel kunst genoemd worden? Wat is het eigene van de kunstzinnige expressiviteit?

De grondlegger van de filosofische stroming die kunst met de expressie van emoties identificeert, is Benedetto Croce (1922, 1979). De kunstenaar zou over een bepaalde, niet intellectuele, kenwijze beschikken, die Croce 'intuïtie' noemt. In het kunstwerk nu vallen 'intuïtie' en 'expressie' samen. Al scheppend bezig zijnde en dus in de act van de expressie (bijv. tijdens het schrijven van een gedicht) realiseert de kunstenaar de intuïtieve visie op zijn onderwerp: 'Intuïtieve activiteit *bezit intuïties in de mate dat ze die uitdrukt.* Als deze uitspraak paradoxaal mocht lijken, dan is dat gedeeltelijk zo omdat in het algemeen een te beperkte betekenis is gegeven aan het woord 'expressie'. Het wordt in het algemeen beperkt tot wat verbale expressie genoemd wordt. Maar er bestaan ook niet verbale expressies, zoals die van lijn, kleur en geluid, en tot al deze moet onze bewering worden uitgebreid, die daarom elk type manifestatie van de mens omvat als redenaar, musicus, schilder of elke andere vorm' (Croce, 1979, pg. 51).

Croce gebruikt soms de term 'impressies' in plaats van 'gevoelens', bijv. wannneer hij zegt: 'Expressie ontstaat altijd uit impressie' (Croce, idem pg. 58). Door zijn impressies vorm te geven kan de mens zich hiervan bevrijden: 'Door ze te objectiveren, verwijdert hij ze van zichzelf en stelt zichzelf erboven. De bevrijdende en zuiverende functie van kunst is een ander aspect van en een andere formule voor zijn karakter als activiteit' (Croce, idem, pg. 59).

Evenzeer als bij Croce ligt bij Tolstoi het criterium voor kunst in de expressie van gevoelens, maar hij legt daarbij bovendien de nadruk op de overdracht van gevoelens op anderen (Tolstoi, 1979). Om duidelijk te maken hoe belangrijk die *overdracht* van gevoelens is, geeft hij het volgende voorbeeld: Veronderstel dat een jongen angst voor een wolf heeft gehad. Wanneer hij nu de ontmoeting met de wolf beschrijft, het donkere bos, de omgeving,het plotselinge verschijnen van de wolf: 'Dit alles, wanneer de jongen terwijl hij zijn verhaal vertelt opnieuw de gevoelens beleeft die hij toen meemaakte en deze op zijn gehoor weet over te dragen - is kunst' (Tolstoi, idem, pg. 37). Zelfs -zegt Tolstoi- als de jongen de wolf nooit had gezien, alleen maar de angst kende en het verhaal had verzonnen!

Het gaat Tolstoi dus om gevoelens en wel in het bijzonder om gevoelens die mensen tot elkaar brengen. Kunst ... 'is een middel tot eenheid tussen mensen, hen verbindend in dezelfde gevoelens en onmisbaar voor het leven en de vooruitgang naar het welbevinden van individuen en mensheid' (Tolstoi, idem, pg. 37). De hoogste kunst is in de ogen van Tolstoi religieuze kunst, die immers de mensen met elkaar en met God verbindt.

Moderne esthetici die in het voetspoor van Croce en Tolstoi de nadruk leggen op de *expressie van gevoelens* als het wezenlijke kenmerk van kunst, zijn Carritt (1969) en Collingwood (1925, 1938).

Carritt definieert 'schoonheid' als dat wat expressie van gevoelens is. Een goede expressie van gevoelens laat de toeschouwer de emotie meebeleven. Voorzover dat gelukt, is de expressie 'mooi'. De consequentie van Carritt's standpunt is dat alle geslaagde expressie mooi is en behoort tot het domein van de kunst en omgekeerd dat alle geslaagde kunst per definitie in een of andere vorm expressie van emoties is. Hospers (1969) heeft deze gedachtengang zeer grondig bekritiseerd en ik deel de meeste bezwaren van Hospers tegen een dergelijke expressie-theorie van de kunst. Het belangrijkste bezwaar van Hospers is dat Carritt het criterium voor de artistieke waarde van een product niet legt in het kunstwerk, maar in de subjectieve belevenis van de schepper. Het persoonlijk gevoelsleven van de kunstenaar is echter betrekkelijk irrelevant voor de gevoelswaarde en artistieke betekenis van het kunstwerk. Mozart schreef sommige van zijn meest blijmoedige stukken in de somberste periode van zijn leven. We kunnen wel, zegt Hospers, van bijv. een muziekstuk zeggen dat het een bepaalde gemoedsstemming uitdrukt. We verwijzen dan echter naar bepaalde structurele kenmerken van de muziek (zoals de toonaard, het tempo e.d.), onafhankelijk van de specifieke stemming van de componist of van de toehoorder.

Ook voor Collingwood (1925, 1938) zijn expressie van emotie en communicatie van emotie wezenlijk voor het begrip Kunst. De emotie moet, in de opvatting van Collingwood, ook feitelijk en actueel beleefd worden op het moment van de artistieke schepping zelf. Deze opvatting leidt tot de gevolgtrekking dat de kunstenaar tevoren nooit kan weten welk werk, of zelfs welk soort van werk, hij zal gaan creëren: '... indien dat wel zo zou zijn, zou hij weten welke emotie hij zou uitdrukken voordat hij het uitgedrukt had. Geen enkele kunstenaar kan daarom ... tevoren bepalen of hij een comedie, een tragedie, een elegie of iets dergelijks zal schrijven' (Collingwood, 1938, pg. 116). Deze idee dat kunst directe expressie van emoties is, leidt er ook toe dat er geen plaats is in zijn kunsttheorie voor kunstzinnnig vakmanschap. Immers in de directe, niet reflexieve expressie van emoties hoort het moeizame trage proces van oefening, overdenking en bedachtzame uitvoering niet thuis. Deze gedachtengang leidt tenslotte tot een nogal zonderlinge opvatting over wat nu eigenlijk het kunstwerk is. In de ogen van Collingwood is dit niet het feitelijke schilderij, het genoteerde muziekstuk, etc. maar het kunstwerk *zoals het in het hoofd van de kunstenaar* bestaat. Daar immers vindt de directe expressie plaats van de concrete gevoelens van de kunstenaar.

Met een dergelijke consequentie van de expressietheorie voelden niet alle aanhangers ervan zich even gelukkig: een kunstwerk dat slechts bestaat in het hoofd van de kunstenaar! Anderen stelden daarom dat het kunstwerk objectief gegeven is in de materiële wereld, maar worstelden dan met de vraag op welke wijze objectieve materie, hout, steen, verf, emotie kan bevatten. Hoe kan een levenloos voorwerp emotie uitdrukken? Suzanne Langer, voortbouwend in de traditie van Croce, Collingwood en anderen, heeft in een invloedrijk werk 'Feeling and Form' (1953) dergelijke paradoxen in haar theorie proberen op te lossen. In de eerste plaats geeft zij een meer genuanceerde beschouwing over de relatie tussen emotie en kunstwerk. Het is niet noodzakelijk dat de kunstenaar de emotie op het moment van de schepping actueel beleeft. Het is zelfs niet noodzakelijk dat de kunstenaar de emotie precies zo vroeger heeft beleefd. Ongetwijfeld moet hij kunnen terugvallen op een reservoir van emotionele ervaringen waaruit hij bij zijn creatieve arbeid kan putten, maar daarin hoeven niet persé kant en klare emotionele belevenissen die nog slechts om expressie vragen, aanwezig te zijn: 'En hij is een kunstenaar niet zozeer vanwege zijn eigen gevoelens als wel bij de gratie van zijn intuïtieve herkenning van vormen die symbolisch zijn voor gevoelens en zijn tendentie emotionele kennis te projecteren in zulke objectieve vormen' (Langer, 1953, pg. 394). De kunstenaar drukt emoties niet uit op een symptomatische wijze (zoals een kind dat huilt met zijn tranen het verdriet uitdrukt), maar op een *symbolische* wijze.

De kunstenaar, zegt Langer, toont ons de verschijningsvorm van de emotie in een waarneembare symbolische projectie: 'Het geeft ons, onscheidbaar, vormen van verbeelding en vormen van gevoel; dat wil zeggen, het verheldert en organiseert de intuïtie.' (Langer, idem, pg. 377). Kunst geeft op deze wijze vorm aan fundamentele thema's en motieven van het menselijk leven. Langer spreekt in dit verband van de vitale betekenis van het kunstwerk. Het kunstwerk zelf kan, doordat het is losgemaakt van de concrete dagelijkse behoeften, als abstracte verschijning fungeren als symbool.Zo luidt haar definitie: 'Kunst is de schepping van vormen die symbolisch zijn voor het menselijk gevoel' (Langer, idem, pg. 40). Het kunstwerk is dus geen rechtstreekse expressie, maar *symbool*. Het symbool verwijst naar een emotionele waarde die door de sensitieve beschouwer kan worden opgepakt. Kunst is echter op een andere wijze symbolisch dan bijv. woorden. Deze hebben een objectieve referent. Zij verwijzen naar een klasse van objecten (zoals bijv. het woord 'tafel' verwijst naar een bepaalde groep van meubels). De symbolische functie van het kunstwerk echter ligt in zijn mogelijkheid menselijke gevoelens op te roepen.

Met de introductie van het begrip 'symbool' weet Suzanne Langer een aantal paradoxen te vermijden dat enkele andere expressietheorieën over kunst belast. Toch deelt haar expressietheorie een aantal uitgangspunten met die van Croce, Collingwood e.a. dat om een kritische kanttekening vraagt. Is het wel juist *alle* kunst met de (weliswaar symbolische) expressie van emoties te verbinden. Ik heb daar zelf mijn twijfels over. Ongetwijfeld is het waar dat 'grote' kunst ons niet zelden emotioneel diep raakt, doordat ze wezenlijke thema's van het menselijk leven aan de orde stelt en het menselijk lot verbeeldt. Dit geldt niet alleen voor het drama, de dans de literatuur, maar evenzeer voor schilderkunst en muziek. Op die manier is kunst 'expressie van gevoelens', wanneer we gevoelens opvatten zoals ik dat in het voorgaande hoofdstuk heb gedaan, als die belevingen, uniek voor de mens, die het leven kleur en betekenis geven.

Maar niet alle kunst is op die wijze symbool voor menselijke gevoelens. We moeten natuurlijk erkennen dat elke esthetische appreciatie als zodanig een gevoelselement in zich bergt. Elk kunstwerk oefent als kunstwerk een speciale aantrekkingskracht op de beschouwer uit met een bepaalde emtionele waarde. (Zie voor beschouwingen over de esthetische ervaring o.a. Urmsen, 1979; Dickie, 1979; en Beardsley, 1979.) Het plezier dat wij hebben in de beschouwing van het kunstwerk kan zijn bron vinden in de emotioneel expressieve waarde van het kunstwerk, maar dat lijkt mij niet noodzakelijk. Er zijn ook andere bronnen van esthetische genieting denkbaar dan die welke hun oorsprong vinden in de symbolisering van menselijke gevoelens. Eén zo'n niveau van esthetische appreciatie lijkt mij te liggen op perceptueel vlak, waarbij principes van ordening en geleding, zoals zij in de Gestaltpsychologie zijn beschreven (Arnheim, 1974) de esthetische ervaring kunnen oproepen. Een goed voorbeeld om de expressietheorie kritisch aan te toetsen biedt de decoratieve kunst. Volkskunst, 'primitieve' kunst, de kunstzinnige bewerking van gebruiksvoorwerpen, potten en vazen, kleding, tapijten, muren enz., toont vaak rijke decoratieve motieven van complexe geometrische patronen. Het is niet op het eerste gezicht aannemelijk dat hiermee expressie van gevoelens of van thema's wezenlijk in het menselijk leven is bedoeld. Suzanne Langer probeert nu in een lang en, naar mijn gevoel, gezocht betoog aan te tonen dat ook en juist hier, thema's van het menselijk leven tot uitdrukking worden gebracht. Dergelijke decoraties, zegt zij, zijn niet zomaar dode geometrische figuren. Zij kennen ritme, beweging, voortgang en dat zijn kenmerken die typisch zijn voor het leven. Uit een dergelijke gedachtengang blijkt, naar mijn gevoel, toch wel de zwakte van de emotionele expressietheorie. Met vergezochte analogieën wordt getracht enig verband te leggen met menselijke gevoelens of (zoals in dit geval) met algemene principes van het leven zelf. Ritme, beweging en voortgang zijn niet het privilege van het leven alleen. Ook de levenloze natuur kent ritme (de seizoenen, de loop der planeten, dag en nacht, eb en vloed). Het zijn niet zelden juist dode vormen die in het bijzonder onze esthetische waardering kunnen opwekken, zoals bijv. de structuren van het kristal.

Het bestaan van decoratieve kunst lijkt mij juist aan te tonen dat esthetische waardering gebaseerd kan zijn op de herkenning en genieting van ordeningsprincipes die op zuiver perceptueel vlak liggen. Het ligt voor de hand dat deze decoratieve kunst zich in het bijzonder leent voor de opsiering van gebruiksvoorwerpen. Zou de mens, wanneer het om de dagelijkse gebruiksvoorwerpen gaat, werkelijk behoefte hebben aan een voortdurende confrontatie met fundamentele emotionele thema's? Ligt het niet veel meer voor de hand te veronderstellen dat hij daarbij slechts aangenaam en niet te diepgaand zintuiglijk behaagd wil worden?

Het lijkt mij onjuist, zoals de expressietheorie doet, de artistieke schepping en de esthetische waardering terug te voeren tot slechts één bron: de expressie van menselijke gevoelens. Kunst wordt gevoed uit vele bronnen. De grottekeningen van de jagers van Lascaux zijn misschien geïnspireerd door de behoefte tot magische beheersing van jachtbuit. De triomfbogen van de Romeinse keizers waren ongetwijfeld bedoeld te imponeren en ontzag in te boezemen. De socialistische gedichten van Gorter ontsprongen waarschijnlijk uit 'liefde voor de gehele mensheid'. De 'Nympheas' van Monet zijn ontstaan uit de fascinatie van de schilder met de schitteringen en wisselingen van het licht op

Fig. 1. Floris Verster: Endegeest

de vijvers in zijn tuin.

De bronnen van waaruit de kunstzinnige inspiratie ontstaat, zijn dus zeer verscheiden. Het lijkt mij onjuist daar, terwille van een overzichtelijke theorie, een te vereenvoudigde voorstelling van te geven.

2.2. De projectie van emoties in dode materie

Dit alles neemt echter niet weg dat de belangrijkste inspiratiebron in vrijwel alle takken van kunst de wijze is geweest waarop de mens emotioneel op zijn wereld reageerde. Ook blijft het juist dat hij in alle mogelijke vormen heeft geprobeerd zijn emoties in het kunstwerk vast te leggen. Dit kon hij doen door expliciet mensen uit te beelden en hen met zijn emoties te verrijken. Die emoties kon hij echter ook uiten in vormen die niet direct naar menselijke expressies verwijzen. Ook muziek en architectuur kunnen emoties tot uitdrukking brengen. Ook niet-menselijke vormen lenen zich dus voor de uitbeelding van menselijke gevoelens. In de schilderkunst bijv., kunnen landschapschilderingen stemmingen overbrengen, zoals melancholie en verlatenheid (fig. 1).

Wolkenluchten kunnen menselijke hartstochten symboliseren. De schilder kan dus in natuurbeelden, maar ook in gebruiksvoorwerpen of in een eenvoudig interieur (zoals Terborgh en Vermeer hebben gedaan) emoties en stemmingen oproepen. De musicus kan in klanken en ritmen

67

emoties suggereren. De beschouwer is in staat emoties in deze vormen te ondergaan. Hoe is het nu mogelijk in niet-menselijke vormen de expressie van menselijke gevoelens te lezen? Dit berust op een karakteristiek van ons gevoelsleven die zich niet alleen bij de productie en beschouwing van kunstuitingen manifesteert. Het onderscheid tussen de wereld van het menselijke en het niet-menselijke is in de menselijke ontwikkeling niet van meet af aan scherp en helder gegeven. Het jonge kind interpreteert de wereld om hem heen op de wijze waarop het zichzelf ervaart. De dingen en de dieren om hem heen worden natuurlijkerwijze dezelfde gemoedstoestanden en motieven toegeschreven als die het bij zichzelf waarneemt. Werner (1963) spreekt hier van het dynamische karakter van de kinderlijke perceptie: 'Een dergelijke dynamisering van objecten, gebaseerd op het feit dat de objecten vooral begrepen worden vanuit de motorische en affectieve attitude van het subject kan tot een bijzonder type van waarneming leiden. Dingen die op deze wijze zijn waargenomen kunnen bezield lijken en, zelfs hoewel feitelijk levenloos, een innerlijk leven lijken uit te drukken. Ieder van ons heeft wel eens ooit deze ervaring gehad. Een landschap, bijvoorbeeld, kan soms plotseling gezien worden als een zekere stemming uitdrukkend - het kan vrolijk of melancholisch of beschouwend zijn. Deze wijze van waarnemen verschilt radicaal van de alledaagse waarneming waarin dingen gekend worden naar hun geometrisch-technische matter of fact kwaliteiten' (Werner, 1963, pg. 69). De tegenstelling tussen een innerlijk gevoelsleven en een dode en onbezielde buitenwereld is dus een laat product uit de menselijke ontwikkeling. Deze ontwikkeling wordt niet alleen door elk kind doorlopen, maar ook de mensheid als geheel is dit onderscheid pas heel geleidelijk gaan maken. Voor de primitieve mens was de wereld vanzelfsprekend bezield en daarmee het toneel van alle menselijke hartstochten. De mens zelf, met zijn emoties, was slechts een klein, betrekkelijk onbeduidend onderdeeltje van een wereld vol met geheimzinnige, duistere krachten, met hun emoties en motieven. Met alle mogelijke middelen werd getracht de goede of kwade bedoelingen van die natuurkrachten te doorgronden.

Een dergelijke natuuropvatting (die alle levenloze voorwerpen, zelfs die welke door de mens zelf gemaakt worden, in zich sluit) kunnen we ook heden ten dage nog zien bij alle natuurreligies, waarbij natuurverschijnselen, dieren en voorwerpen als bezield worden opgevat. De Griekse en Germaanse mythologieën symboliseren de natuurkrachten in de persoon van Goden. Poseidon, de God van de zee, wordt een aantal eigenschappen toegekend, kracht, heftigheid, grilligheid, dat wij gebruiken voor de karakterisering van de zee. Menselijke emoties en natuurfenomenen zijn in het primitieve bewustzijn onlosmakelijk aan elkaar verbonden. Ook dieren wordt een rijk gevoelsleven toegekend en staan in de hiërarchie van het leven niet persé lager dan de mens. In deze mentaliteit is er ook een wezenlijke band tussen de mens en de voorwerpen die hij maakt of die hem ten dienste staan. Zo kunnen wij de mens schaden door iets wat hem toebehoort te vernietigen. Een bijzondere band is er tussen de mens en zijn afbeelding. In het primitieve bewustzijn is in de afbeelding de ziel van de mens aanwezig. Met afbeeldingen kunnen wij ook op magische wijze invloed uitoefenen op de loop der gebeurtenissen. Men heeft wel de hypothese geopperd dat de grottekeningen met jachtscènes in Lascaux en andere plaatsen in Zuid-Frankrijk en Spanje, onderdeel vormden van rituele praktijken waarin de gewenste afloop van de jacht werd afgebeeld in de hoop daarmee invloed op het gebeuren te kunnen uitoefenen. Heden ten dage nog kennen sommige jagersvolken jachtdansen waarin met complexe maskerades en imitaties van het dierlijk gedrag de gewenste afloop van de jachtpartij wordt uitgebeeld (zie hoofdstuk 5).

In de wereld van het jonge kind vinden wij deze mentaliteit nog terug bij het sprookje. In sprookjes spreken dieren als mensen en blijken ze over allerlei menselijke eigenschappen en emoties te beschikken. Ook bergen, bomen, wolken en rivieren zijn bezield met menselijke gevoelens. Ze kunnen niet slechts spreken maar bezitten alle menselijke gevoelens en deugden of ondeugden. In Ravel's bekoorlijke 'L'Enfant et les Sortilèges' komen in de droom van een stout kind alle geplaagde voorwerpen en dieren om hem heen, de theepot, de kat, het meubilair, tot leven om wraak te nemen.

We zien hoe in de ontwikkeling van het kind deze magische en bezielde wereld geleidelijk verloren gaat om plaats te maken voor wat wij een meer realistisch wereldbeeld noemen. Hoe 'realistisch' is overigens het wereldbeeld van de moderne Westerse mens? Ik heb zojuist gesproken over een 'primitieve' mentaliteit. Het woord primitief houdt hier echter geen waardeoordeel in. Het geeft slechts aan dat het de mentaliteit was die de eerste mensen karakteriseerde en ook vandaag nog te herkennen is bij elk jong kind. Een groot deel van deze mentaliteit leeft echter bij ieder van ons voort en is slechts oppervlakkig bedekt met een laagje geometrisch-technisch denken. Ik wil daarvan enkele voorbeelden geven. Ook vandaag nog is het gebruikelijk bij (enigszins heftige) politieke manifestaties met veel vertoon afbeeldingen van de gehate tegenstander te vernietigen. President Reagan is dit reeds vele malen overkomen. In Engeland worden elk jaar opnieuw poppen met de afbeelding van Guy Fawkes verbrand, de man die een aanslag beraamde op het Engelse parlement. Ook vandaag nog kan men beter niet in een Islamitisch land ongevraagd een foto nemen van een omstander. Dit wordt als zeer bedreigend ervaren.

Een voor mij overtuigend voorbeeld van het voortbestaan van een primitieve mentaliteit bij onze gecultiveerde Westerse mens, vind ik wel het enorme succes van Tolkien's 'In de ban van de ring'. Ik moet erkennen dat ik ook zelf zeer van dit boek genoten heb. We worden daar ingevoerd in een wereld van geheimzinnige wezens die de natuur bevolken. De bossen, de bergen, de rivieren leven en zijn bezield met gevoelens. Zij strijden met elfen en hobbits voor het goede of staan aan de zijde van het kwaad in een grote metaphysische worsteling.

Het lijkt mij weinig zinvol over de juistheid of de onjuistheid van deze primitieve mentaliteit uitspraken te doen. Wél denk ik dat het gemis eraan, of misschien beter het rechteloos maken ervan, niet alleen het menselijk gevoelsleven zélf verarmt, maar ook desastreuze gevolgen heeft gehad voor het gehele natuurlijke milieu.

Zowel de schepping als de beschouwing van kunst doet een beroep op deze mentaliteit. Omdat het begrip primitieve mentaliteit gemakkelijk misverstanden opwekt, zal ik hier in het vervolg spreken over inlevingsvermogen, waaronder ik dus versta het als bezield en levend kunnen ervaren van dingen, dieren en natuurverschijnselen om ons heen. Kreitler en Kreitler (1972) gebruiken hier de term 'empathie'. Empathie zou naar hun mening berusten op imitatie van de dynamische bewegingsaspecten in een situatie. Dit zou arousal opwekken (zie hoofdstuk 1), die door de beschouwer vervolgens wordt geïnterpreteerd als een specifieke emotie. Ook volgens de Kreitler's speelt empathie een belangrijke rol in de beschouwing en schepping van kunst.

Klanken, kleuren en vormen kunnen dus via dit inlevingsvermogen een direkt appèl doen op op ons menselijk gevoelsleven. Daarvoor wordt niet de opbouw gevraagd van een bijzondere en aparte begaafdheid, maar integendeel het oproepen en herontdekken van een gevoelslaag waarin het meeresoneren met de bezielde werkelijkheid om ons heen, een natuurlijke vanzelfsprekendheid was.

2.3. *Identificatie en distantie in de kunstbeschouwing*

Toch is kunstbeschouwing zeker niet eenvoudig gelijk te stellen met de wijze waarop het kind of de natuurmens zich met de hem omringende wereld identificeert. In kunstbeschouwing zit zowel een element van *identificatie* als van *distantie*. Verschillende filosofen (waaronder Kant, Bergson, Croce, Schopenhauer) hebben gewezen op het bijzondere karakter van de esthetische attitude. Karakteristiek voor deze attitude zou het niet functionele zijn. De beschouwer neemt de inhoud van het kunstwerk in zich op, op een onthechte, gedesinteresseerde wijze. Kant spreekt van het belangeloze karakter van de esthetische ervaring. De Kreitler's schrijven: 'Het lijkt dus zo te zijn dat een zeker soort en een zekere mate van remming ingebouwd is in de act van de kunstbeleving zelf' (Kreitler & Kreitler, 1972, pg. 283).

Het kunstwerk roept dus, via het beroep op het inlevingsvermogen van de beschouwer, emoties op -van angst, verlatenheid, bewondering, verering- en tegelijkertijd eist het van de beschouwer een onthechte attitude. Dit klinkt als een paradox. Hoe kunnen inleving en onthechting samengaan? Het doet de vraag rijzen naar de echtheid en de diepgang van de emoties die door het kunstwerk worden opgeroepen.

Ik ga ervan uit dat een kunstwerk de emoties die het suggereert ook werkelijk zo door de beschouwer doet beleven. De beschouwer zal dus inderdaad angst, verlatenheid etc. voelen. Hij is echter ook in staat die emoties te beschouwen. Er is dus in de kunstbeleving altijd sprake van een polaire relatie tussen het volledig opgaan in de opgeroepen emotie en het gedistancieerd bewustzijn van die emotie. De beschouwer beweegt zich in het spanningsveld van die polaire relatie. Beide polen zijn in elke kunstbeleving noodzakelijk gegeven en aanwezig. De positie van de beschouwer in dat polaire spannningsveld kan overigens dichter bij een van beide polen liggen. Het kan zijn dat de beschouwer dicht staat bij de directe identificatie met het kunstwerk. Het kan ook zijn dat de distantie maximaal is.

De artistieke productie zelf kan meer of minder er op gericht zijn werkelijke emoties bij de toeschouwer wakker te roepen en hem tot een bepaald emotioneel engagement te brengen. Een goed voorbeeld uit onze vaderlandse literatuur is de Max Havelaar van Multatuli. Wanneer de schrijver het lijden van Saidjah en Adinda beschrijft, doet hij dat niet om ons slechts esthetisch te laten genieten (zoals bijv. in de romans van Jacob van Lennep), maar is het hem er wel degelijk om te doen echte verontwaardiging op te roepen over de behandeling van de inlander. Hij wil de lezer prikkelen tot directe politieke actie. Zijn boek eindigt ook met een hartstochtelijk beroep op de koning.

Toneelstukken, romans, opera's, hebben niet zelden geleid tot directe politieke actie, waarbij de spontane gevoelens, opgewekt door de beschouwing van het kunstwerk, in concrete daden werden vertaald. De Belgische opstand in 1810 startte met de opvoering van Verdi's 'La Muette de Portici' in de Muntschouwburg te Brussel. De identificatie van de toeschouwers met de onderdrukte slaven leidde rechtstreeks tot de opstootjes die de Belgische onafhankelijkheidsstrijd inzetten.

De Middeleeuwse religieuze kunst richtte zich niet op een gedistancieerde beschouwer. Het lijden van Christus of het verdriet van de Maria werden zo uitgebeeld dat de toeschouwer zich er maximaal mee kon vereenzelvigen. Zij waren er op gericht de religieuze ervaring te verhevigen.

Ook in de geschiedenis van de dans zien wij die tegenstelling tussen identificatie en distantie. Zo schrijft Bland (1976): 'De geschiedenis van het ballet tot hiertoe bestond uit fluctuaties tussen twee tegengestelde tendenties - dans als een ervaring die gedeeld moet worden (de oorspronkelijke Bacchische riten en de festivals van de Renaissance en de Barok-hoven) en dans als een schouwspel dat bekeken moet worden (de Romeinse pantomimes en de beroepsvertoningen van de achttiende eeuw)' (pg. 68).

Historisch gezien, lijkt het waarschijnlijk dat het overgrote deel van alle kunstuitingen niet primair gemaakt is voor een onbevangen en gedistancieerde beschouwer. Kunstwerken vervulden een functie en van de kunstenaar werd juist verwacht dat hij de beschouwer van zijn werk tot een maximale identificatie met de impliciete boodschap van het kunstwerk bracht: dit gold voor religieuze kunst en alle kunst die diende tot propaganda voor een bepaald régime (dat wil dus zeggen: voor vrijwel alle kunst). De meer gedistancieerde beschouwing van het kunstwerk om zich zelfs wille is een laat cultuurprodukt. We zien deze houding ontstaan in de nabloei van de Griekse beschaving. De vroege Griekse godenbeelden moesten eerbied en ontzag oproepen. Zij speelden een rol in het dagelijkse leven als objecten van verering. Pas aan het einde van de klassieke periode in de Griekse kunst, aan het einde van de 5e eeuw voor onze jaartelling, worden de beelden van goden en mensen op een meer onthechte wijze beschouwd. Ze worden dan ook gebruikt als versiering in de huizen van rijke burgers. Een vergelijkbare ontwikkeling zien wij ook in de Christelijke religieuze kunst op de overgang van Middeleeuwen naar Renaissance. In de Renaissance leidt de smaak voor een esthetische vormgeving tot een gedistancieerde beschouwing van de emotionele uitbeelding.

Het spanningsveld tussen identificatie en distantie is in elke kunstbeschouwing aanwezig. De positie binnen deze polariteiten is echter afhankelijk van de specifieke eigenschappen van de kunstbeschouwer, van het kunstwerk in kwestie, van de cultuur en van de historische periode waarin men zich bevindt.

2.4. *De identificatie van de kunstenaar met de door hem geschapen personen*

Nog nadrukkelijker stelt zich de vraag naar de relatie van de kunstenaar met de personen die hij gecreëerd heeft. Wat is de relatie van de danser met de emoties die hij in de dans uitbeeldt? Welke emoties bezielen de toneelspeler bij het opvoeren van Shakespeare's drama's? Wat kunnen wij concluderen over het religieuze gevoel bij schilders uit de Middeleeuwen of de Renaissance wanneer wij een liefelijke Madonna met kind bekijken? Koestert een schrijver onzedelijke gevoelens wanneer hij zijn romanfiguren zich aan sexuele uitspattingen laat overgeven? Er zijn beroemde en beruchte historische voorbeelden te over om te illustreren dat er een enorme verwarring der geesten bestaat met betrekking tot dit vraagstuk. Het grote publiek, politici, juristen en moralisten, zijn geneigd de schepper de emoties toe te schrijven waarmee hij de figuren van zijn schepping heeft bedacht: zowel de goede als de slechte eigenschappen overigens. Hoeveel schrijvers zijn in de loop der eeuwen niet veroordeeld omdat zij werden vereenzelvigd met hun romanfiguren. Het is nog niet zo lang geleden dat Gerard Reve een proces wegens godslastering werd aangedaan vanwege een aantal passages in een van zijn boeken. James Joyce had de grootste moeite voor Ulysses een uitgever te vinden vanwege een aantal onzedelijke overpeinzingen van een van zijn hoofdfiguren. Het boek was in Engeland ook lang verboden. In het proces tegen Oscar Wilde werden enkele passages uit zijn werken geciteerd om de beschuldiging van homosexualiteit te staven.

Het verweer van de kunstenaar is bekend: men mag mij niet met mijn schepping vereenzelvigen. Ik draag daar geen verantwoordelijkheid voor. Het lijkt mij dat dit niet de gehele waarheid is. Ongetwijfeld is de kunstenaar in belangrijk grotere mate medeplichtige van de karakters die hij oproept dan hij tegenover een rechtbank zal toegeven, maar die relatie tot zijn personen is zeer complex. Hij heeft bepaalde emotionele mogelijkheden in zichzelf of bij anderen herkend en deze in zijn kunstwerk bewust gecultiveerd en daarmee tot ontplooiing gebracht. Hij is dus geen onschuldige buitenstaander van de door hem opgeroepen karakters en emoties. We mogen hem echter niet identificeren met die emoties omdat we, in het algemeen, niet weten welke houding hij ertegen aanneemt, welke distantie hij ervan genomen heeft, of hij sympathie of antipathie tegenover zijn helden koestert, in welke mate en op welke wijze hij die emoties nu zelf heeft beleefd.

De kunstenaar kan zich meer of minder met zijn scheppingen identificeren en ook dit is afhankelijk van plaats en tijd. Deze gedachte wordt duidelijk geïllustreerd in een beschouwing van de kunsthistoricus Gombrich (1974) naar aanleiding van de Laokoöngroep: 'Toen de groep van de Laokoön aan het licht kwam, waren de kunstenaars en de kunstliefhebbers letterlijk overweldigd door het effect van deze tragische groep. Zij stelt de verschrikkelijke scène voor, die ook in Virgilius' Aeneis is beschreven: De Trojaanse priester Laokoön heeft zijn landgenoten gewaarschuwd tegen het gevaar van het reusachtige paard, waarin de Griekse soldaten zich verborgen hadden, binnen de muren te halen. De goden, die zich in hun plannen Troje te vernietigen, gedwarsboomd zagen, zonden uit de zee twee reusachtige slangen, die de priester en zijn beide ongelukkige zonen grepen en in hun kronkelingen verstikten. Het is een van die tonelen van onzinnige wreedheid door de bewoners van de Olympus tegen de arme stervelingen bedreven, die zo veelvuldig voorkomen in de Griekse en Latijnse mythologie. Men zou graag willen weten hoe dit verhaal de Griekse kunstenaar, die deze indrukwekkende groep ontwierp, heeft getroffen. Wilde hij ons de afschuwelijkheid doen gevoelen van een toneel waar een onschuldig slachtoffer moet lijden, omdat het de waarheid heeft gesproken? Of wilde hij hoofdzakelijk pronken met zijn eigen vermogen om een verschrikkelijk en sensationeel gevecht tussen mens en dier af te beelden? Hij had alle reden om trots te zijn op zijn vaardigheid. De manier waarop de spieren van de romp en de armen de krachtsinspanning en het lijden in de hopeloze strijd weergeven, de uitdrukking van smart op het gezicht van de priester, dat hulpeloos zich in bochten wringen van de twee jongens en de wijze waarop al die verwarring en beweging tot een blijvende groep is gestold, hebben van die tijd af bewondering gewekt' (Gombrich, 1974, pg. 74) (fig. 2).

En Gombrich besluit: 'De rechtvaardigheid of onrechtvaardigheid van Laokoons lot is misschien helemaal geen punt van overweging voor de beeldhouwer geweest' (idem, pg. 75). De schepper van de Laokoongroep leefde in de Hellenistische periode, een tijd waarin zich volgens Gombrich een distantiëring voltrok tussen de kunstenaar en de inhoud van zijn werk.

Ook bij de religieuze kunst uit de Middeleeuwen en later, kan men zich de vraag stellen naar de gevoelsbetrokkenheid van de kunstenaar daarbij. Het is zeer waarschijnlijk dat de muurschilderingen van Fra Angelico in het klooster van San Marco te Florence, ondanks alle technische raffinement, geboren werden uit een directe en oprechte religieuze ontroering: hij was broeder in de orde van de Dominicanen. Wanneer een niet meer zo vrome kunstenaar uit de Renaissance of bijv. een atheïstisch kunstenaar uit de moderne tijd een Madonna met kind tekent die ons ontroert door de intimiteit tussen moeder en kind en de verhevenheid van de voorstelling, wanneer het werk een product is van een opdracht, moeten wij dan aannemen dat er geen persoonlijke gevoelsbetrokkenheid is geweest? Sandro Botticelli, die zich, zoals uit 'De geboorte van Venus' blijkt, in het bijzonder thuis voelde in vrijzinnige voorstellingen uit de Griekse mythologie, schakelde onder de dreiging van de predikingen van Savonarola over op het schilderen van liefelijke Madonnas. Waren de gevoelens die hij hierin legde onoprecht?

Een dergelijke conclusie zou een te eenvoudige voorstelling van zaken geven. Emoties in een kunstwerk zijn niet in die mate specifiek. Algemene gevoelens van eerbied, tederheid, sensitiviteit voor de bijzondere relatie van moeder en kind zijn niet persé gebonden aan een bepaalde religieuze, politieke of levensbeschouwelijke inhoud. Zo kon de protestante Bach voor de Rooms-Katholieke hofkerk van Dresden zeer goed een Hohe Messe schrijven waarin hij zijn religieuze gevoelens vertolkte.

Ook vandaag nog kan een kunstenaar een Griekse tragedie als uit-

Fig. 2. Laokoöngroep

gangspunt nemen en er zijn persoonlijke emoties in leggen, zoals Robert Auletta deed met Sophokles' Ajax (opgevoerd in het Holland Festival in 1987).

Dergelijke thema's zijn, om met Suzanne Langer te spreken, *symbolen* voor gevoelens. Er is geen één-op-één relatie tussen het symbool en de emotie. Het symbool is meerzinnig en kan een geheel van emotionele betekenissen dragen, waaruit zowel de kunstenaar als de beschouwer, ieder op hun eigen wijze, de betekenissen opneemt die binnen het eigen perspectief zinvol zijn.

Het menselijk gevoelsleven heeft een universeel karakter. De fundamentele emoties zijn een product van een lange evolutie en behoren tot het gemeenschappelijk erfgoed dat wij als mens hebben meegekregen. Dat betekent ook dat ieder van ons in principe het vermogen bezit het hele scala van emotionele ervaringen zelf te doorleven. Door dit gemeenschappelijk gedeelde potentieel aan gevoelens kunnen wij ons in gevoelens inleven, gevoelens bij ons oproepen en gevoelsschakeringen ons voor de geest brengen. In zijn behandeling van de stof die hij vorm geeft, roept de kunstenaar de emoties op die hij weergeeft. Het kán hier gaan om een actuele belevenis van hemzelf, zoals in 'Sur un sentier broussailleux' van Janácek zich het verdriet weerspiegelt van het verlies van zijn dochtertje Olga. De emotie kan ver terug liggen, zoals in jeugdherinneringen. Of het kan zijn dat de kunstenaar zich de bijzondere emotionele betekenis van een gebeurtenis voor de geest haalt ook al is hij daar niet rechtstreeks bij betrokken geweest, zoals in Picasso's Guernica. In dit laatste geval zijn de gevoelens van schrik, ontzetting en angst, verdriet en pijn, door de kunstenaar aangevoeld d.w.z. in de verbeelding opgeroepen, aanwezig geweest en hebben zij vorm gekregen. Hier valt, in de termen van Croce, intuïtie samen met uitdrukking. We kunnen hier spreken van emotionele verbeelding, daarmee aangevend dat gevoelsnuances worden opgeroepen en beleefd in functie van de creatieve arbeid. Een dergelijke emotionele verbeelding kan een graad van helderziendheid op emoties bereiken die de werkelijke beleving van emoties in de dagelijkse situatie verre overtreft. Op die wijze kan een kunstwerk de beschouwer tot een graad van reflectie op de eigen emoties brengen die tot zelfinzicht en tot zelfbevrijding leidt: de kathartische werking van het kunstwerk.

Binnen een dergelijk perspectief wordt het ook minder paradoxaal dat een kunstenaar een stralend en gelukkig kunstwerk kan scheppen in een tijd van diepe persoonlijke ellende, zoals Mozarts en Schuberts muziek zo overtuigend demonstreert.

2.5. *Kunstzinnige uitdrukkingsmiddelen*

In principe lenen alle kunstvormen zich ertoe persoonlijke gevoelens tot uitdrukking te brengen, zelfs een zo functionele kunst als architectuur. Een gebeurtenis uit het leven van Michelangelo kan deze stelling goed illustreren. Hij kreeg op hoge leeftijd de opdracht de koepel te bouwen van de St. Pieter, die door zijn vroegere rivaal Bramante was begonnen: 'Dit werk, aan de hoofdkerk der Christenheid, beschouwde de bejaarde kunstenaar als een dienst tot meerdere glorie Gods, een dienst die niet door werelds profijt mocht worden bezoedeld. Zoals de koepel oprijst boven de stad Rome, naar het schijnt gedragen door een krans van gedubbelde zuilen en, met zijn schone, majestueuze omtrek, als omhoog zwevend, dient zij als het waardig monument van de geest van deze unieke kunstenaar, die zijn tijdgenoten de 'goddelijke' hebben genoemd' (Gombrich, 1974, pg. 231). Michelangelo weigerde elke betaling voor deze opdracht!

Niettemin zijn er grote verschillen tussen de verschillende kunstvormen in de wijze waarop zij de mogelijkheid bieden menselijke emoties en de expressie daarvan te verbeelden. We zullen ons nu bezig houden met de vraag naar de technische middelen die de kunstenaar ter beschikking staan bij de uitbeelding van mensen en hun emoties. Daartoe zullen wij eerst een aantal kunstvormen op hun inherente mogelijkheden en beperkingen de revue laten passeren.

Het meest direct en realistisch kunnen mensen en hun emoties worden uitgebeeld door al die kunsten, waarbij het menselijk lichaam zelf het voorwerp van de artistieke creatie is. Het meest volledig en realistisch is dan ongetwijfeld het toneel: het laat levende mensen zien die kunnen handelen en spreken als in een natuurlijke situatie. De kunstenaar kan hier in principe gebruik maken van alle uitdrukkingsmiddelen die ook in het werkelijke leven gebruikt worden: de inhoud van de gesproken taal, de klank van de stem, gelaatsuitdrukking, gebaar enz.. Dicht bij het toneel staat de opera. Toch is hier een bepaalde graad van irrealiteit ingebouwd, die zowel nieuwe mogelijkheden als bepaalde beperkingen schept. Het muzikale elememt biedt de mogelijkheid emoties door middel van klank en melodie te onderstrepen. Daarmee accentueert de opera de dramatische gebeurtenissen en tilt de handeling zo uit boven de dagelijkse werkelijkheid.

Enigszins vergelijkbaar in dit opzicht zijn de dans en de mime. Hier zijn de nonverbale uitdrukkingsmiddelen -bewegingen, gebaren- de exclusieve dragers van de emotionele boodschap. Het verbale kanaal, dat in het dagelijkse leven zo sterk domineert, wordt hier doelbewust niet gebruikt. Daarmee wordt de aandacht van de beschouwer des te nadrukkelijker gericht op de bewegingen en de expressies van de uitvoerder. Bij de mime ligt daarbij de nadruk op de quasi-verbale expressie, bij de dans daarentegen op het muzische en ritmische.

In de beeldhouwkunst en de schilderkunst is de relatie tot de concrete werkelijkheid veel onrechtstreekser. De afbeelding van de menselijke figuur wordt gerealiseerd in levenloos materiaal. Desondanks kunnen zowel beeldhouwkunst als schilderkunst menselijke figuren vrijwel alle emotionele expressies meegeven. Een belangrijke beperking ligt daarbij in het moeten afzien van beweging en spraak. Beelden en schilderijen zijn als het ware bevroren in een bepaalde houding, een gebaar, een gelaatsuitdrukking. Dit legt de kunstenaar belangrijke beperkingen op. Het geeft hem echter ook de gelegenheid aan één bepaalde momentopname het volle gewicht van de uitdrukking te geven, de expressie te concentreren in één geprivilegieerd moment en ze daardoor present te stellen op een wijze die in de vluchtige dagelijkse werkelijkheid nooit bereikt kan worden. De beeldhouwkunst kan daarbij gebruik maken van de derde dimensie en daarmee de afbeelding een extra aan diepte en dynamiek meegeven. De schilderkunst kan alle emotionele betekenissen van de kleur uitbuiten en leent zich bovendien ook voor het uitbeelden van het grotere geheel: het landschap, de scène, de grotere groep.

Een tussenpositie neemt de filmkunst in. In veel opzichten lijkt zij op het toneel. Zij beeldt reële mensen uit die handelen en spreken als in het normale leven. De filmkunst is echter, evenals de schilderkunst, tweedimensioneel, hoewel dit de directe beleving en identificatie van de toeschouwer met de personen op het witte doek weinig schaadt. De suggestie te doen te hebben met reële mensen is daarvoor te sterk.

Een bijzondere plaats komt toe aan de literatuur. De romankunst is uitstekend in staat mensen te creëren en hun emoties en uitdrukkingen te beschrijven. Figuren als Don Quichote en Sancho Panza staan ons levendig voor de geest met hun uiterlijke verschijning en hun karakteristieke manier van optreden. Zij zijn ook vele malen door schilders uitgebeeld.

Toch kampt de schrijver met een bijzondere handicap wanneer hij expressies moet weergeven. Hij moet ons de menselijke gestalte, uitdrukkingen en bewegingen, kortom visuele impressies, present stellen in een niet-visueel medium. Hij moet verbaal niet-verbale uitdrukkingsmiddelen representeren en dat zo plastisch doen dat ze voor de lezer geloofwaardig zijn.

2.6. Realisme en herkenbaarheid van emotionele expressies

2.6.1. Herkenbaarheid van expressies
In al deze kunstvormen worden dus mensen uitgebeeld en worden menselijke emoties vorm gegeven. Zoals we zagen, leggen de meeste kunsten aanzienlijke beperkingen op aan de middelen die de kunstenaar ter beschikking staan bij het uitbeelden van emoties. In elke kunstvorm zijn bepaalde kanalen voor uitbeelding beschikbaar waarmee bepaalde uitdrukkingsvormen worden geaccentueerd. Welke bijzondere eisen worden aan de kunstzinnige uitbeelding van emotionele expressies gesteld en over welke hulpmiddelen beschikt de kunstenaar daarbij?

Moet de uitbeelding van menselijke emoties realistisch zijn? Wanneer wij een aantal kunstvormen onder de loep nemen, wordt duidelijk dat realisme als zodanig geen artistieke noodzaak is. Zelfs het toneel, de meest realistische kunst, streeft geen letterlijke uitbeelding van de werkelijkheid na. In de dans is de afstand tot de alledaagse werkelijkheid van de emotionele expressie nog veel groter. Dansvormen en ritme bepalen de wijze waarop emoties worden vorm gegeven. Het gaat niet om de uitbeelding van emoties als zodanig, maar om een uitbeelding die een bijzonder effect op de toeschouwer teweeg brengt. Niets is verder verwijderd van de doodsstrijd van een zwaan dan de wijze waaarop Anna Pavlova daaraan vorm gaf. De zwaan is hier slechts symbool van elegantie, smetteloosheid, trots en eenzaamheid. In volmaakte vormen en elegante bewegingen wordt ondergang gesymboliseerd, het verlangen naar het leven en de uiteindelijke berusting. Alle concrete details van een doodsstrijd ontbreken hieraan. De essentie van ondergang en berusting is vorm gegeven, getransformeerd door de esthetische eisen van de bijzondere kunstvorm.

Nogal wat opera's -Puccini's La Bohème, Wagner's Tristan und Isolde, Moessorgski's Boris Godounow- kennen langgerekte sterfscènes waarin de stervende uit volle borst geruime tijd in zangvorm aan zijn emoties uiting geeft. De dagelijkse werkelijkheid is ook hier ver te zoeken. Zij zijn belachelijk als we ze zien als een realistische opvatting van het werkelijke sterven. Ook hier gaat het om een symbolische uitbeelding. De feitelijke sterfscène is slechts een voorwendsel dat de componist de gelegenheid geeft heftige menselijke emoties als het ware gecondenseerd in één moment suprême weer te geven in kunstzinnige vorm. Essentiële elementen van de expressie worden geselecteerd en geaccentueerd en tenslotte in een kunstzinnig medium getransformeerd.

De expressie hoeft dus niet natuurgetrouw te zijn, zij moet echter wel *herkenbaar* zijn. Wat ik hiermee bedoel, is misschien het beste te illustreren met de werkwijze van de karikaturist. Een goede karikatuur is onmiddellijk herkenbaar. Hoe bereikt de karikaturist dit effect? De afbeelding is nauwelijks natuurgetrouw. De karikaturist heeft afgezien van alle irrelevante details en met grote trefzekerheid enkele kenmerken genomen die de geportretteerde figuur typeren. Met bepaalde technische middelen, zoals het accentueren of het overdrijven van die kenmerken, nagelt hij op een weinig flatteuze wijze zijn slachtoffers aan die kenmerken vast.

Dat de afbeelding van emoties niet realistisch hoeft te zijn, in de zin van overeenkomend met de dagelijkse werkelijkheid, zien wij ook in de schilderkunst en de beeldhouwkunst. Bepaalde normen voor de afbeelding van menselijke figuren en bepaalde stijlprincipes beheersen in elke cultuurperiode de uitbeelding van expressies. In de klassieke Egyptische kunst bijvoorbeeld, gelden strenge regels voor de afbeelding van emotionele expressies van afgebeelde koningen en hoogwaardigheidsbekleders. Zij zijn steeds toegerust met een verfijnde, onaardse glimlach, of kijken in een strakke, volmaakt symmetrische positie voor zich uit in een verre wereld die zich voorbij de grenzen van onze wereld ontrolt: 'De Egyptische stijl berust op een serie van zeer strenge wetten, die iedere kunstenaar van zijn jeugd af moet leren. Zittende beelden moeten hun handen op hun knieën houden; de huid van mannen moet donkerder geschilderd worden dan die van vrouwen ...' (Gombrich, 1974, pg. 41). 'Slechts één man heeft ooit aan de ijzeren tralies van de Egyptische stijl geschud... Deze koning, Amenophis IV, was een ketter... De schilderingen die hij bestelde, moeten de Egyptenaren van zijn tijd wel door hun nieuwe gedaante geschokt hebben. Er was niets van de plechtige en stijve waardigheid van de vroegere farao's in te vinden. Daarentegen liet hij zich afbeelden terwijl hij zijn dochtertje op zijn knie tilde of terwijl hij, op zijn stok geleund, met zijn vrouw in de tuin wandelde. Sommige van de portretten vertonen hem als een lelijke man - misschien wilde hij dat de kunstenaars hem in zijn ganse menselijke zwakheid zouden afbeelden' (Gombrich, idem, pg. 42).

Dat een dergelijk keurslijf voor de uitbeelding van emoties niet berustte op een onvermogen van de kunstenaar uit die tijd, zien wij uit de veel vrijere afbeeldingen van scènes uit het gewone leven van het lagere volk. Deze getuigen van een veel spontaner en directer weergave.

In elke cultuurperiode en in elke kunststijl hebben wetten gegolden voor de uitbeelding van de mens en zijn emoties. Deze wetten reflecteren algemene opvattingen die over de mens in een bepaalde periode golden, waaronder regels en normen voor de menselijke expressie. Deze wetten en normen golden zowel voor de mens in het maatschappelijk leven zelf als voor de uitbeelding. Niet zelden echter werd het menselijk ideaaltype slechts in de afbeelding bereikt en bleef het alledaagse leven ver verwijderd van dit ideaal. Deze uitspraak geldt niet alleen voor de menselijke afbeeldingen uit ver vervlogen cultuurperioden. Zij geldt ook voor de vele portretten, al of niet in opdracht geschilderd, van de Hollandse schilders uit de Gouden Eeuw. Zij geldt tenslotte ook voor de hedendaagse Westerse kunst. Wij zijn ons weliswaar niet bewust van enige beperking die de hedendaagse kunstenaar in zijn afbeelding van de menselijke figuur zou zijn opgelegd, of van enigerlei conventie waaraan hij gebonden zou zijn. Toch valt er niet aan te twijfelen dat de mens die over enige eeuwen naar de menselijke afbeeldingen van deze tijd zal kijken, zal worden getroffen door een bepaalde stijl en een bepaalde visie die deze afbeeldingen onherroepelijk dateert, ongeveer op de wijze waarop wij, naar de foto's van onze grootouders kijkend, worden getroffen door een bepaald uiterlijk en een bepaalde houding die we als ouderwets aanvoelen.

Dit alles neemt niet weg dat er grote verschillen zijn tussen stijlen en kunstperioden in de mate waarin men er naar streefde een uitbeelding te realiseren die overeen kwam met de geziene werkelijkheid. Historisch gezien wordt het merendeel der kunststijlen gekenmerkt door apodictische regels voor de afbeelding van de menselijke gestalte. Relatief laat zijn kunstenaars ernaar gaan streven de concrete mens uit te beelden. Deze ontwikkeling is naar mijn gevoel niet los te denken van de ontwikkeling van het individuele levensgevoel en het daarmee gepaard gaande gevoel van bevrijding. We zagen hoe strak de Egyptische kunst beheerst werd door conventies voor de afbeelding, in het bijzonder voor wat betreft de afbeelding van hoogwaardigheidsbekleders. Het is duidelijk dat het staatsbelang de kunstenaar geen enkele vrijheid gaf daar eigen wegen te gaan. Slechts bij tafereeltjes uit het dagelijkse leven van slaven, die toch niet meetelden, had hij enige speelruimte. De Griekse kunst heeft zich, aanvankelijk aarzelend maar dan met revolutionair geweld, van deze knellende banden bevrijd: 'De grote revolutie in de Griekse kunst, de ontdekking van de natuurlijke vormen en van het verkort, had plaats in de tijd, die tevens de meest verbazingwekkende periode is in de ganse geschiedenis der mensheid... Het was in de tijd toen de mensen in Griekenland zich begonnen af te vragen hoe het stond met de juistheid van de oude tradities en de oude legenden aangaande de goden en toen zij begonnnen een onderzoek in te stellen naar de natuur der dingen' (Gombrich, 1974, pg. 54). De Grieken hebben de individuele mens pas werkelijk ontdekt. Daardoor konden zij hem en zijn emoties uitbeelden, met alle grandeur of ellende, in beeldhouwkunst, schilderijen of tragedies. Ook bij de Grieken echter is sprake van een ideaaltype. Dit zien wij in de volmaakte lichamen, niet ontsierd door enige onregelmatigheid of door enig gebrek, waardoor ze toch zeer onpersoonlijk blijven en individualisme missen.

Eerst de Romeinen hebben menselijke figuren afgebeeld met gezichtsuitdrukkingen zo levendig, echt en soms onbarmhartig direct, dat we ze ons als hedendaagse gezichten op straat kunnen voorstellen. We kunnen ons afvragen waarom de Romeinen het menselijke gezicht ontdekt hebben en de Grieken nog niet. Het lijkt mij niet onwaarschijnlijk dat de eenvoudige en relatief democratische boerengemeenschap die de Romeinse staat lange tijd was en het aardse directe realisme daarmee verbonden, het sterke gevoel voor individualiteit dat de eerste zelfbewuste Romeinen bezeten moeten hebben, hen heeft begiftigd met die onverhulde blik op de andere mens. Zij hebben daarmee de Griekse kunst, waarvan ze de principes overnamen, verrijkt.

Een van de grootste raadsels in de geschiedenis van de afbeelding, is de overgang van die aardse en realistische Romeinse kunst naar de Christelijk Byzantijnse kunst zoals die zich na de val van het West-Romeinse rijk ontwikkelde. De mozaïeken van Ravenna uit de zesde eeuw geven een beeld van deze kunst: 'Er is niets meer overgebleven van het meesterschap over beweging en expressie, die trots van de Griekse kunst, die nog in Romeinse tijd had voortgeduurd' (Gombrich, 1974, pg.

81

96). Hier worden geen reële mensen uit het dagelijkse leven meer uitgebeeld, maar onpersoonlijke heiligenbeelden staren, in strakke symmetrie, ver over ons heen naar hemelse verten. De Byzantijnse kunst beeldt geen mensen uit het dagelijkse leven meer uit maar God en zijn heiligen zoals ze in de religieuze verbeelding in hun volle glorie in een hogere werkelijkheid aanwezig waren. Hoe realistisch is deze kunst? Steinberg (1979, pg. 252) zegt daarover: 'Maar het natuurlijke feit kan pas zuiver worden waargenomen wanneer de menselijke geest het eerst met de status van werkelijkheid heeft voorzien'. Wat betekende het begrip werkelijkheid voor de Byzantijnse kunstenaar? 'Vanaf Masaccio tot Cézanne zagen de mensen de natuur als de plaats van de werkelijkheid, en daarop richtten zij hun opvattingsvermogen. Maar wanneer wij een beschaving oproepen waarvoor de natuur slechts een bleke en onwerkelijke weerspiegeling was van een ideaal type, dan moeten wij een zekere zorgeloosheid verwachten voor de uiterlijke vorm der dingen. Haar kunst zal ernaar streven die vormen te maken die de eeuwige voorbeelden achter de stroom van de zintuiglijke ervaringen zijn. Dit nu is de richting die de Christelijke kunst genomen heeft na de val van het Romeinse rijk' (Steinberg, idem, pg. 252). Dat wat de zintuigen ons leren is slechts bedrog. De ideeën achter de zintuiglijke voorstellingen geven de echte werkelijkheid weer. We zien hier de invloed van het neo-platonisme. Zijn bekendste vertegenwoordiger uit deze tijd, Plotinus, heeft in zijn geschriften richtlijnen gegeven die grote invloed op de afbeelding hebben gehad. De zintuigen leren ons dat een voorwerp dat verder verwijderd is, ook kleiner is. De zintuigen misleiden ons hier dus. De schilder moet zich niet door dit gezichtsbedrog laten leiden. In de Byzantijnse kunst zijn alle figuren op hetzelfde plan uitgebeeld.Dergelijke religieuze en wijsgerige invloeden zijn er zeker geweest, Toch denk ik dat het verdwijnen van het aardse realisme en het individuele in de uitbeelding, tegelijk ook de reflectie is geweest van een ander levensgevoel. Het zelfbewuste individualisme van de Grieken en Romeinen was verdwenen en had plaats gemaakt voor een collectief levensgevoel dat tot aan het einde van de Middeleeuwen de Westerse cultuur zou beheersen. Strakke schablonen bepaalden hoe menselijke emoties moesten worden weergegeven.

2.6.2. De moeder-kind relatie in de Madonna-voorstellingen
Wij kunnen goed zien hoe de realistische uitbeelding van menselijke gevoelens in de late Middeleeuwen weer een doelstelling van de kunstenaar wordt aan de hand van de talloze Maria-en Kind afbeeldingen. Dit door alle eeuwen van de Christelijke kunst afgebeelde thema, in al zijn variaties, biedt natuurlijkerwijze een uitgezochte gelegenheid om gevoelens van tederheid en wederzijdse genegenheid tussen moeder en

Fig. 3. Maria-afbeelding uit het Catharinaklooster

Fig. 4. De Zwarte Maagd van Moulins

Fig. 5. Maria-afbeelding uit de Koptische invloedssfeer

Fig. 6. Duccio di Buonisegna: Madonna met kind en twee engelen

83

kind weer te geven.

De uit de zesde eeuw stammende Maria-afbeelding uit het Catharinaklooster op de berg Sinaï geeft een goed voorbeeld van een schema zoals dat in de Byzantijnse traditie en in de vroege Middeleeuwen gold (fig. 3).

Het is een sterk gestileerde afbeelding. De nadruk valt op het heilige karakter van de beide figuren, o.a. gesymboliseerd door het aureool. Er is echter niets van een persoonlijke relatie tussen beide figuren aangeduid. Maria en het Christuskind kijken ieder, onpersoonlijk, recht voor zich uit. Hoewel dergelijke portretten stoelen op de oude klassieke traditie van de mummieportretten, die in de klassieke tijd sterk realistisch konden zijn, is afgezien van een naturalistische uitbeelding. Het gaat de kunstenaar hier om de geestelijke uitstraling. Daarom ook is het gezicht tegenover het gehele lichaam vergroot weergegeven (Du Ry, 1975).

Eenzelfde onpersoonlijke en afstandelijke strengheid spreekt uit het beeld van de 'Zwarte Maagd' uit de kathedraal van Moulins, stammend uit de twaalfde eeuw. Er is niets kinderlijks in deze Christus die met de rechterhand een zegenend gebaar maakt, dat we op vrijwel alle afbeeldingen uit die tijd terugvinden (fig. 4).

Een op het eerste gezicht veel persoonlijker relatie zien wij in de volgende moeder-kind afbeelding uit de vroege Middeleeuwen en ontstaan in de Koptische invloedssfeer (fig. 5).

Vatte de kunstenaar deze relatie echter ook als een persoonlijke op? Hofstätter schrijft hierover: 'De schijnbaar menselijke betrekking, die in het tederheidsmotief tot uitdrukking komt, waarin zich het kind tegen de wang van de moeder vleit, is eveneens een in het Byzantijnse gebied ontstaan symbool. Het betekent de Goddelijke liefde in theologische zin, als de mystieke liefde van Christus tot zijn bruid, de kerk, als welker personificatie Maria opgevat wordt (Hofstätter, 1975, pg. 69). Deze voorstelling is in de Westerse kunst overgenomen en zal zich later (in de 15e eeuw) ontwikkelen tot de meer persoonlijke moeder-kind afbeeldingen van de vroege Renaissance.

De kunstenaar wilde ons dus met dit tederheidssymbool een theologische les leren. Toch moet dit symbool hem uit het gewone leven bekend zijn geweest. Deze tederheidsgevoelens moeten hem, misschien wel uit het eigen gezin, niet vreemd geweest zijn.

Aan het eind van de dertiende eeuw, begin veertiende eeuw, zien wij bij de Italiaanse schilders een aantal duidelijke veranderingen in de wijze waarop de Madonna-kind relatie wordt afgebeeld. De ontwikkeling van een meer persoonlijke relatie zien wij goed in het werk van Duccio di Buoninsegna (fig. 6).

Jaffé schrijft hierover: 'Deze Madonna heeft kwaliteiten die een grote artistieke persoonlijkheid doen vermoeden. In ieder geval is het niet een op zich zelf staand werk, maar één uit een lange reeks tronende Madonna's, niet meer van het frontale hiëratische type dat lang in Byzantijns-Italië de voorkeur genoot, maar een Maria die zich in trois-quarts profiel vooroverbuigt naar het kind' (Jaffé, pg. 129). In de vele Madonna's die Buoninsegna heeft geschilderd zien wij geleidelijk minder stijfheid in de houding van Maria en meer kinderlijkheid in de uitbeelding van de Christus-figuur.

Ook in de hier afgebeelde Madonna van Giotto (circa 1266-1337) zien wij een iets vrijere houding en een wat intiemer wijze waarop Maria het kind vasthoudt (fig. 7).

Het is interessant de volgende houtsculptuur uit het einde van de dertiende eeuw te vergelijken met de Zwarte Madonna uit Moulins hierboven. Hoewel het schema nog geheel hetzelfde is -het kind bijvoorbeeld maakt weer het geijkte gebaar- is de houding van Maria door de lichte neiging van het hoofd en de zijwaartse beweging van de benen veel vrijer en daarmee maakt zij een veel menselijker en toegankelijker indruk (fig. 8).

Bij Ambrogio Lorenzetti (1319-1348) uit Siena wordt de relatie tussen Maria en Kind veel persoonlijker, doordat Moeder en Kind elkaar aankijken (fig. 9).

De kinderlijkheid van Christus is benadrukt door de hechte windsels waarin het kind is ingebakerd. Toch zijn ook hier nog moeder en kind vrij statisch en haast onbeweeglijk afgebeeld.

In de Renaissance zien wij dat Maria en kind worden afgebeeld met gebaren, bewegingen en gezichtsuitdrukkingen die een nieuw realisme aan deze afbeelding geven, zoals in de Madonna met kind van Filippo Lippi (1406-1469) (fig. 10).

Jaffé merkt hierover op dat het naturalisme: 'leidde tot een nieuw gevoel voor het uitbeelden van natuurlijke gevoelens en de gebaren die de gevoelens uitdrukken.' (Jaffé, 1985, pg. 163). Het kind is hier afgebeeld, vol met beweging, in het spel met de engelen en zich actief richtend tot de moeder.

Fijnzinnige tederheid in de betrekkingen tussen moeder en kind komt tot uiting in de volgende afbeeldingen van Giovanni Bellini (circa 1430-1516), van Ambrogio da Fossano (bijgenaamd Il Bergognone, circa 1450-1523) en van Lucas Cranach de Oude (1472-1553). In het eerste geval treft de hulpeloze houding en de mistroostige blik van het kind en de wijze waarop de moeder bezorgd het kind omklemt, bij Da Fossano ontroert ons de wijze waarop Maria fijnzinnig over het zeer natuurlijk uitgebeelde slapende kind een sluier uitspreidt om het te beschermen en Lucas Cranach de Oude toont ons een Maria die aan het kind een druiventros geeft (een veel voorkomend symbool). (fig. 11, 12, 13).

Fig. 7. Giotto: Tronende Madonna

Fig. 8. Sedes Sapientiae (Zetel der Wijsheid)

Fig. 9. Ambrogio Lorenzetti: Madonna
en kind

Fig. 10. Filippo Lippi: Madonna met kind

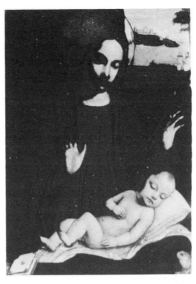

Fig. 11. Giovanni Bellini: Madonna met kind

Fig. 12. Ambrogio da Fossano: Madonna met kind

Fig. 13. Lucas Cranach de Oude: Madonna met kind

Fig. 14. Albrecht Dürer: Madonna met kind

Fig. 15. Jacob Cornelisz. van Oostzanen:
Maria met kind

Fig. 16. Cesare da Sesto: Madonna met
kind

Een intieme betrokkenheid bij het spelende kind vinden we ook in Dürer's Madonna met Kind uit 1512. De intimiteit wordt vooral veroorzaakt door de nabijheid van het gelaat van Maria tot het kind dat zij draagt (fig. 14).

Ongeveer in deze tijd (1515) schilderde Jacob Cornelisz. van Oostsanen deze Maria met Kind, omgeven door musicerende engelen. Het schilderij mist zeker de intieme tederheid van Dürer's werk, maar in dit gretig toekijkende knaapje dat zich met kracht aan moeders handen tracht te ontworstelen is de verwantschap met het latere Hollandse realisme van Jan Steen en Van Ostade al te herkennen (fig. 15).

Een geheel verwereldlijkte Maria die enigszins koket een spelend kind in de armen houdt, een romantisch tafereel dat in geen enkel opzicht religieuze associaties oproept, geeft deze Madonna col Bambino van Cesare da Sesto (fig. 16).

We zagen hoe, in de loop der tijden, de Maria-Christus afbeelding steeds meer vermenselijkte tot een intiem moeder-kind tafereel. Geleidelijk aan was het voor de schilder ook niet meer nodig een religieus thema als voorwendsel voor de uitbeelding van de moeder-kind relatie te nemen. Dit gaf hem de gelegenheid om in alle realisme misère et grandeur van die relatie af te beelden. Zeer echt, zeer aards en toch ook

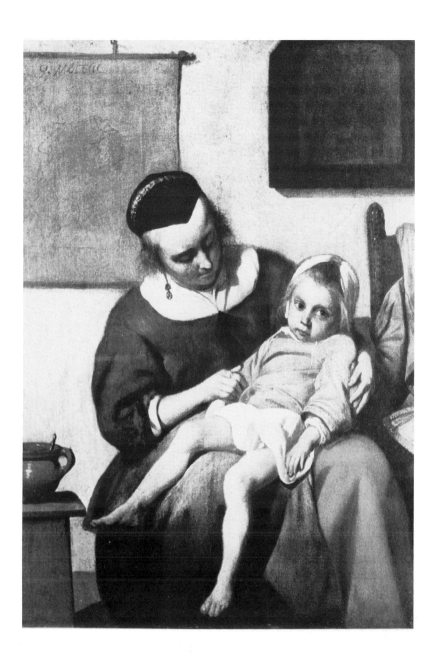

Fig. 17. Gabriel Metsu: Het zieke kind

zeer gevoelig, is dit gedaan door Gabriel Metsu (1629-1667) in 'Het zieke kind' (1660) (fig. 17).

De aandachtige, bezorgde blik van de moeder, de hangerige, uitgeputte houding van het kind, zijn fletse en toch nog nieuwsgierige ogen en de liefkozende ondersteuning van de moeder, zijn sober en trefzeker weergegeven.

We zagen hoe, van de Egyptische naar de klassieke Griekse kunst, van de Romeinse naar de Byzantijnse kunst, van de Middeleeuwse naar de Renaissance-kunst, de uitbeelding wisselde van conventioneel schema naar naturalisme of omgekeerd. Hieruit blijkt dat natuurgetrouwheid een ideaal is dat slechts voor bepaalde kunstperioden gold. Daarentegen is herkenbaarheid, zij het soms slechts voor een (ingewijde) elite, wel een universele eis. De uitdrukking moet voor het publiek herkenbaar en interpreteerbaar zijn. Een natuurlijke uitdrukking verhoogt de herkenbaarheid, we kunnen haar dan vergelijken met onze kennis uit het dagelijkse leven, maar ze is zeker niet het enige middel dat herkenbaarheid mogelijk maakt. Herkenbaarheid kan ook worden bereikt door de accentuering van bepaalde trekken, of zelfs door een overdrijving die de echtheid van de uitdrukking geweld aandoet, maar de herkennning bevordert. De reclame maakt hier bijvoorbeeld gebruik van. Een goed voorbeeld van zo'n overdrijving levert de reeds besproken Laokoon groep. Darwin (1872) heeft er al attent op gemaakt dat de groeven in het voorhoofd van de oude priester te ver uit elkaar staan voor een realistische uitdrukking van ontzetting en angst. Darwin vraagt zich dan af hoe een groot kunstenaar als de schepper van de Laokoon groep, die zo duidelijk blijk geeft het menselijk lichaam zorgvuldig bestudeerd te hebben, een dergelijke fout kan maken. Hij acht het waarschijnlijk dat de kunstenaar doelbewust deze afwijking heeft gerealiseerd om daarmee de ontzetting van de priester des te nadrukkelijker te doen uitkomen.

Ook de moderne beeldhouwkunst en schilderkunst, de dans en de opera *verhevigen* niet zelden de uitdrukkingen om daarmee een maximaal effect op de toeschouwer te maken. Daarbij worden allerlei technieken toegepast om dit verhevigd effect te bereiken. De filmkunst bijvoorbeeld maakt gebruik van begeleidende muziek om de stemmingen van de spelers weer te geven (bijv. angst in een bedreigende situatie) en deze maximaal op de toeschouwer te doen overkomen.

De emoties van de afgebeelde figuren kunnen ook aan de toeschouwer worden duidelijk gemaakt met behulp van aan het publiek bekende symbolen. In de religieuze kunst uit de Middeleeuwen wordt de maagdelijkheid van Maria gesymboliseerd door witte lelies, de afgunst door de aanwezigheid van een pad op het schilderij, list en bedrog door een slang. De schilderijen uit onze Gouden Eeuw zijn rijk aan emblemen, afbeeldingen die een vaste symbolische betekenis hebben en de beschouwer informatie verschaffen over de betekenis van het schilderij. Niet zelden geven die emblemen opheldering over de emotionele toestand van de afgebeelde figuren, zoals in het schilderij 'de muziekles' van Jan Steen. Een vrouw zit achter een clavecimbel en een man leunt vertrouwelijk over het muziekinstrument heen. Door de geopende deur aan het einde van de kamer zien wij nog juist een knaap die een luit bespeelt. Ter Kuile (1976) schrijft hierover: 'De voorstelling is doordrongen van een stilte en ademt een rust die we ook al op andere genre stukken aantroffen. Niettemin was het zijn bedoeling, emoties in het beeld te leggen. Het schilderij heeft een amoureuze betekenis. De jongen met de luit vindt in de embleemliteratuur zijn parallel in Cupido en de luit wordt daar met het devies 'Amor docet musicam' geïllustreerd' (pg. 133-134) (fig. 18).

2.6.3. *Culturele en historische invloeden bij de expressie van emoties*
Zeker wanneer wij te maken hebben met afbeeldingen uit een andere cultuurkring of uit een andere historische periode, is het niet eenvoudig te beslissen of er sprake is van een natuurlijke expressie van emoties, van overdrijving of van een vorm van stilering door de kunstenaar. Veel afbeeldingen van de Kruisafname tonen ons Maria Magdalena met de armen omhoog geheven van smart. Gaat het hier om een extreme en onnatuurlijke expressie of gaat het om zo'n hevig verdriet dat zo'n uitdrukking gerechtvaardigd is? Niet zelden immers beeldt de kunstenaar een tafereel uit dat een dramatisch ogenblik in beeld brengt, zoals bijv. het binnenbrengen van het afgehakte hoofd van Johannes de Doper aan het hof van Herodes. Donatello heeft deze scène afgebeeld op een doopvont: 'De koning deinst terug en heft van schrik beide handen. Kinderen schreeuwen en lopen hard weg' (Gombrich, 1974, pg. 168). De gasten wijken terug en een van hen bedekt het gelaat.

We kunnen ons ook de vraag stellen in welke mate uitdrukkingsbewegingen in de loop der tijd en onder de invloed van culturele factoren kunnen veranderen. In het eerste hoofdstuk is naar voren gebracht dat uitdrukkingsbewegingen aangeboren zijn en een grote mate van universaliteit bezitten. Toch bleken er display rules te bestaan die bepalen in welke mate aan emoties uiting mag worden gegeven. De omhoog geheven armen van Maria Magdalena doen ons denken aan de rouwbetuigingen zoals die ook vandaag nog door vrouwen uit het Midden-Oosten worden getoond.

Wanneer wij Couperus' werk lezen worden wij getroffen door de vele malen dat zijn heldinnen in tranen uitbarsten of het gemak waarmee zij in zwijm vallen. Dit alles doet ons theatraal en overdreven aan en wij verdenken de schrijver er licht van onnatuurlijke situaties te schilderen.

Fig. 18. Jan Steen: De muziekles

Maar wat waren de gebruiken en gewoonten voor het uiting geven aan emoties in de hogere Haagse kringen aan het begin van deze eeuw? In Freud's ziektegeschiedenissen komen wij bij herhaling patiënten tegen met hysterische klachten, die emotioneel extreem reageren en vaak het bewustzijn verliezen. Dergelijke hysterische beelden ontmoet de psychiater van vandaag zelden meer op zijn spreekuur: 'Regelmatig hoort men dat de dwang- en hysterische neurosen, die zo typerend waren voor de spreekkamers van Charcot, Breuer en Freud, thans bijna niet meer voorkomen... De hysterie zou met de dood van Charcot verdwenen zijn, terwijl Freud en Jung rond 1910 constateerden dat het aantal klinische gevallen van hysterie afneemt' (Hutschemaekers, 1986).

Niet alleen zijn er historische en culturele verschillen in de wijze waarop emoties tot uitdrukking worden gebracht, elke tijd heeft ook zijn geprivilegieerd levensgevoel gekend. We zouden kunnen spreken van een dominante emotie voor een bepaald levenstijdperk, die we ook in de kunst zullen terugvinden. Perioden van levenslust, zelfvertrouwen, overmoed, hebben afgewisseld met perioden waarin onzekerheid en angst de overhand voerden. De kunstenaar zal uitdrukking geven aan de dominante emoties die op een bepaalde cultuurperiode hun stempel drukken. De zelfbewuste, niet zelden ook zelfgenoegzame, koppen van de Hollandse regenten uit de zeventiende eeuw zijn door onze schilders zeer waarheidsgetrouw geschilderd. Zij steken schril af tegen de deemoedige, verpauperde aardappeleters in de negentiende eeuw, die Van Gogh in het Brabantse Nuenen schilderde.

Dat de analyse van kunstuitingen zich leent om een bepaalde historische levensstijl te achterhalen, is op een originele manier door Marianne Wex (1979) gedemonstreerd. Zij gaat ervan uit dat er in onze huidige samenleving zeer bepaalde normen zijn voor het gedrag van man en vrouw. De man zou een dominante positie innemen wat zich reflecteert in zijn gebruik van de ruimte. Hij kan zich vrijer bewegen, neemt meer ruimte in, kan nonchalant en met de benen wijd uit zitten. De vrouw daarentegen moet zich houden aan strakke regels, kan zich veel minder vrij bewegen, neemt minder plaats in, benen bijeen, armen tegen de borst en symmetrisch. De man kan wel zijn arm om het middel van de vrouw slaan of zijn arm op haar schouder leggen. Het omgekeerde echter zal zelden voorkomen. Dergelijke modellen van vrouwelijk en mannelijk gedrag worden met name ook door de reclame bevestigd. Marianne Wex ziet deze ongelijkheden als de reflectie van ongelijke machtsverhoudingen. Met een indrukwekkend aantal voorbeelden uit de kunsthistorie laat zij vervolgens zien dat dergelijke machtsongelijkheden niet in alle cultuurperiodes hebben gegolden. Bij de Egyptenaren bijvoorbeeld komt het niet zelden voor dat de vrouw de arm om de schouder van de man legt: zo zijn veel echtparen afgebeeld. De posities van man en vrouw, zoals ze blijken uit de Egyptische kunst, zijn veel meer gelijkwaardig. In de Griekse beeldhouwkunst verschijnt de vrouw geenszins als de passieve, afhankelijke figuur. Lichaamshoudingen van man en vrouw zijn veel meer evenwaardig. Mannen kunnen worden afgebeeld in poses die wij vandaag 'vrouwelijk' zouden noemen en vice versa. De gelijkwaardige uitbeelding van lichaamsposities van man en vrouw zou, volgens Wex, pas een einde hebben genomen in de negentiende eeuw.

Bij de historische interpretatie van uitdrukkingsbewegingen mogen wij er overigens niet zonder meer van uitgaan dat dezelfde uitdrukking in alle culturen ook dezelfde betekenis heeft gehad. Mogen wij de verfijnde glimlach die om de lippen van de Faraoh speelt, wel als een glimlach in onze zin interpreteren? Welke bijzondere betekenis kenden de kunstenaar en zijn opdrachtgever aan zo'n uitdrukking toe? Meer dan één duiding is daarbij mogelijk. Juist de universele symbolen die kunstenaars gebruikt hebben, symbolen die we steeds weer in andere cultuurkringen zien opduiken, hebben niet zelden een polyvalent karakter, dat gelegenheid geeft aan verschillende mensen het voor verschillende doeleinden te gebruiken. Dit kan goed gedemonstreerd worden aan het Orantengebaar, dat al in het eerste hoofdstuk werd genoemd: het gebaar waarbij de beide armen omhooggeheven zijn. Er zijn weinig gebaren die zo alomtegenwoordig zijn in de kunstprodukten van alle cultuurkringen en tijdperken. Demisch laat zien dat dit gebaar gebruikt is als typisch gebaar voor de godheid, de bidder, als een bezwerings- en onderwerpingsgebaar, als een gebaar bij schrik en vreugde, bij geboorte en sterven, voor rouw en klacht, kortom het heeft gefunctioneerd als een passend uitdrukkingsmiddel bij existentiële emoties van heel verschillende aard.

2.7. Esthetische eisen bij de afbeelding van uitdrukkingsbewegingen

2.7.1. De esthetische kwaliteit van uitdrukkingsbewegingen
Spontane -of geveinsde- expressies als zodanig zijn niet persé aantrekkelijk of zelfs maar boeiend om te zien. Natuurlijke expressies van emoties worden in verschillende mate mooi gevonden. Er is een duidelijke samenhang met de aard van de emotie. In het algemeen kunnen we zeggen dat de expressies van de positieve emoties, vreugde, sympathie, aanhankelijkheid, interesse, door ons als aantrekkelijk om waar te nemen worden ervaren. Daarentegen zijn de expressies van negatieve emoties, haat, afgunst, walging, angst en tot op zekere hoogte zelfs verdriet, onaantrekkelijk om waar te nemen. Uitdrukkingsbewegingen als zodanig bezitten dus inherente esthetische kwaliteiten in positieve of negatieve richting. De schoonheid en de waardigheid van het menselijke

gezicht komen meer tot hun recht bij de positieve emoties.

Een tweede criterium dat wij bij de beoordeling van menselijke expressies hanteren ligt in de intensiteit. De uitdrukking van zeer hevige emoties leidt tot een distorsie van gelaatstrekken die wij daarom in het algemeen als lelijk ervaren. Dit geldt niet alleen voor zeer heftige uitingen van negatieve emoties maar ook voor uitingen van positieve emoties. Extreme uitdrukkingen van vreugde of triomf doen het gelaat niet aantrekkelijk uitkomen. Iemand die wel eens als buitenstaander in het gezelschap heeft moeten verkeren van een groep die zich ongeremd aan zijn plezier overgeeft, zal dit beamen.

In de artistieke uitbeelding kunnen wij zeker ook deze beide criteria terug vinden. Portretschilders beelden hun subjecten bij voorkeur uit met mild positieve gelaatstrekken. Een duidelijk voorbeeld is Leonardo da Vinci's La Gioconda. De verfijnde subtiele glimlach geeft een bepaalde charme aan het gelaat, dat in belangrijke mate de bijzondere aantrekkingskracht van het schilderij verklaart. Een beheerste glimlach kenmerkt ook de beelden van de Egyptische koningen. Een vredige, verstilde, mild positieve gelaatsexpressie is karakteristiek voor de Boedda-beelden uit Zuid-Oost Azie. De Madonna's van Rafael, Leonardo da Vinci, Filippo Lippi en vele anderen tonen ons een zachte, rustige en aandachtige expressie van de Maria-figuur. Kennelijk is er in al deze gevallen veel zorg aan besteed een esthetisch bevredigende ervaring op te roepen door rust en evenwicht in het gelaat te leggen en ontegenzeggelijk wordt daarmee het menselijk gelaat het meest in zijn eigen bijzondere waardigheid weergegeven.

Die bijzondere esthetische kwaliteiten van evenwicht en licht positief gestemde emotionaliteit komen ook naar voren bij de uitbeelding van gezichten die op zich niet mooi zijn, zoals bijvoorbeeld de in zijn ouderdom gemaakte zelfportretten van Rembrandt (fig. 19). Dit zelfportret is een van zijn laatste. Het straalt een zekere waardigheid uit door de stille berusting die eruit spreekt.

2.7.2. De uitbeelding van negatieve emoties

Kunst kan echter niet worden geïdentificeerd met de afbeelding van wat mooi is en evenmin kunnen we zeggen dat de kunstenaar er altijd naar streeft mooie gelaatsexpressies af te beelden. Kunstenaars hebben zich niet minder aangetrokken gevoeld, en niet zelden bij voorliefde, tot de uitbeelding van het lelijke en afstotende in de menselijke expressie. Negatieve emoties -haat, afgunst en nijd- zijn met voorliefde uitgebeeld. Het door hevige innerlijke emoties heftig verwrongen gelaat is met graagte vorm gegeven. Ook hiertoe voelen wij ons op een bijzondere wijze aangetrokken. Wie is niet gefascineerd door de afschuwelijke gezichten die Hieronymus Bosch in 'De kruisdraging' op het doek heeft

Fig. 19. Rembrandt: Zelfportret als apostel

gezet (fig. 20).

De kunstenaar heeft werkelijk alles gedaan om de gezichten zo af-stotelijk mogelijk te maken. Niet alleen zijn de gelaatstrekken ver-wrongen door hevige en afzichtelijke emoties, maar de gezichten zelf zijn ook zo onaantrekkelijk mogelijk gemaakt (tandeloze monden, ver-vormde neuzen en kinnen etc). Wij voelen ons hier ingevoerd in een wereld waarin het demonische in de mens overheerst.

De religieuze thematiek bood alle mogelijkheden om ook het af-

Fig. 20. Hieronymus Bosch: De kruisdraging

stotende en het gruwzame af te beelden: Het laatste oordeel met de afbeelding van de verdoemden, de afbeelding van de duivel, Judas, de schijnheiligheid der farizeeërs. Ook voor de lijdende mens heeft de kunstenaar in het bijzonder belangstelling getoond. Er zijn Christusbeelden die met een huiveringwekkend realisme het verminkte lichaam van de Christusfiguur afbeelden, zoals de 'Christus aan het kruis' van Grünewald. De marteldood van heiligen is, met name in de Spaanse schilderkunst, met alle gruwelen afgebeeld.

Die belangstelling van kunstenaars voor de schildering van negatieve emoties in de mens, beperkt zich niet tot de beeldende kunsten alleen. Shakespeare's koningsdrama's zijn bloedgekleurd en voeren menselijke monsters ten tonele die voor geen misdaad terugschrikken. Dergelijke uitbeeldingen zijn niet in de eenvoudige zin van het woord mooi te noemen. Toch kunnen we van de vormkwaliteiten van een dergelijk

97

werk genieten. Daarbij wordt echter een zekere distantiëring van het onderwerp gevraagd die niet iedere beschouwer kan opbrengen. Bij kunstveilingen blijken schilderijen met negatieve onderwerpen belangrijk lagere prijzen op te brengen (Van Meel-Jansen, 1988). Niet weinig toeschouwers wenden zich met afgrijzen af van afbeeldingen die een marteldood te realistisch aanschouwelijk maken.

2.7.3. Persoonlijkheidsverschillen in de waardering van affectief geladen artistieke producten

Machotka (1979) heeft een klinisch onderzoek gedaan naar de persoonlijke achtergronden van esthetische voorkeuren voor dramatische en heftige afbeeldingen. Daarover kunnen twee tegengestelde theorieën geformuleerd worden. De klassieke Freudiaanse theorie stelt dat de beschouwer in het kunstwerk de bevrediging zoekt van verlangens en behoeften die in het gewone leven zijn onderdrukt. De tweede theorie stelt dat de beschouwer een voorkeur heeft voor die kunstwerken die hem helpen zijn defensies te verstevigen en de verdringing te handhaven.

In het onderzoek werden schilderijen, tekeningen en beeldhouwwerken van naaktfiguren getoond waarvoor een voorkeur moest worden uitgesproken. Een bepaalde groep van deelnemers die een extreme voorkeur had voor naaktfiguren in een rustige, weinig emotionele pose, werd vergeleken met personen die een extreme voorkeur hadden voor gepassioneerde naaktfiguren waarin agressie, lijden of extase was afgebeeld. De groep die een voorkeur had voor de weinig emotionele figuren, vertoonde een specifiek persoonlijkheidsbeeld. Zij waren zeer gecontroleerd in de uiting van hun emoties en driften en zeer beheerst in uitingen van agressie, sexualiteit en alcoholgebruik. Zij hadden een strenge opvoeding gehad, waren zeer gesteld op orde en misten intieme relaties met anderen.

De groep die juist een extreme voorkeur vertoonde voor de uitbeelding van heftige emoties had veel trekken met de voorgaande groep gemeen. Ook deze mensen vertoonden een strakke controle van begeerten en misten intieme relaties. Er was echter één groot verschil. De tweede groep had een positieve waardering voor de beleving van emoties en kon ervan genieten. Zij waren dus niet op de vlucht voor gepassioneerde emoties maar misten ze juist in het werkelijke leven.

Beide theorieën hebben dus een zekere waarde. Bij de eerste groep speelt de esthetische keuze een rol in de totstandkoming en versterking van de defensies tegen het driftleven. Bij de tweede groep speelt kunst een rol in de beleving van emoties die in het gewone leven niet aan bod komen.

Een van de afbeeldingen was 'Het martelaarschap van de H. Barthelomeus' van de hand van Ribera. Veel proefpersonen uit de eerste groep hadden een grote afkeer van dit schilderij. Een van deze proefpersonen interpreteerde het schilderij zelfs in een richting die het een veel onschuldiger karakter gaf en ontkende dus eenvoudig de marteling. Het onderzoek toont aan dat een kunstwerk tegemoet komt aan complexe wensen en behoeften van mensen en dat de bijzondere persoonlijkheidsstructuur van de beschouwer een belangrijke determinant is van de esthetische appreciatie. Dit verklaart de zeer tegenstrijdige reacties van mensen op hetzelfde kunstwerk. Het meest opvallend komen deze verschillen aan het licht bij de introductie van een nieuwe stijl. Omdat er nog geen communis opinio gevormd is waaraan men zich moeilijk durft te onttrekken, komen de persoonlijke reacties des te geprononceerder naar voren. Toen Nijinsky in Parijs voor het eerst 'L'après-midi d'un Faune' opvoerde, een opvoering die sterk brak met de esthetische codes die tot dan voor het Franse ballet hadden gegolden, schreef de kunstcriticus van de Figaro: 'Zij die spreken van kunst en poëzie met betrekking tot dit spektakel, drijven de spot met ons. We zagen een faun, incontinent, met gemene bewegingen van erotische bestialiteit en gebaren van ongeremde schaamteloosheid.'. De beeldhouwer Rodin echter kwam naar Nijinsky toe, met tranen in de ogen, omhelsde hem en zei: 'De vervulling van mijn dromen. Je hebt het tot leven gebracht. Duizendmaal dank' (Geciteerd uit Spiegel en Machotka, 1974).

Ook de interpretatie en waardering van literaire teksten hangen nauw samen met de persoonlijkheidsstructuur en de persoonlijke levensgeschiedenis van de lezer. De psychoanalytisch georiënteerde literatuurcriticus Norman Holland (1968, 1975) stelt dat we ons met de karakters van het verhaal trachten te identificeren. In de mate waarin dit lukt zouden we ervan kunnen genieten. We zouden proberen onze eigen defensiemechanismen terug te vinden in de personen van het verhaal en we zouden onze eigen behoeften en onbewuste wensen in hen projecteren. Na dit alles pas zouden we toekomen aan een literaire interpretatie, waar dan weer onze persoonlijke stijl in meespeelt. Holland analyseerde de verschillende reacties van lezers op een verhaal van Faulkner, 'A rose for Emily'. Met de heel verschillende interpretaties en waarderingen en hun relatie met de persoonlijke levensgeschiedenis, maakte hij zijn gedachten aannemelijk (uit Winner, 1982).

2.8. De rol van het kunstwerk bij de oplossing van psychische spanningen
Een belangrijke reden waarom kunstwerken ons aantrekken, ligt dus in het feit dat ze ons de gelegenheid geven iets van ons zelf, onze onbewuste wensen en behoeften dan wel onze defensiemechanismen ertegen, erin terug te vinden. Dit is in het bijzonder het geval voor die

werken waarin menselijke emoties direct worden uitgebeeld. Psychologen hebben een antwoord proberen te geven op de vraag welke bijzondere eigenschappen een kunstwerk nu bezit, waardoor het in de menselijke beleving in zo'n aparte categorie geplaatst wordt en aan welke behoeften in de mens het kunstwerk tegemoet komt. Kreitler en Kreitler (1972) hebben geprobeerd, uitgaande van bestaande kunstpsychologieën zoals die van Freud, de Gestaltpsychologie en de informatietheoretische visie, een meer omvattende, geïntegreerde theorie te ontwerpen. Ik wil daarvan speciaal noemen hun opvatting over wat de kunstbeleving *motiveert*. Hun belangrijkste stelling daarbij is de volgende: 'de belangrijkste motivering voor kunst zijn spanningen die bestaan in de beschouwer van kunst, al voorafgaande aan zijn confrontatie met het kunstwerk. Het kunstwerk schept de mogelijkheid tot verlossing van die vooraf bestaande spanningen door nieuwe spanningen te creëren die meer specifiek zijn' (pg. 39). Een korte toelichting hierbij is wenselijk. Het menselijk leven roept voortdurend spanningen op, op allerlei niveau's en van allerlei aard, die niet geheel tot ontlading kunnen komen. Spanningen worden al opgeroepen op perceptueel niveau. Onze waarneming van de wereld om ons heen, kleuren, lijnen, vlakken, prikkels van allerlei aard, overlaadt ons en schept verwachtingen en onevenwichtigheden die niet tot een oplossing komen. Dit geldt temeer voor het emotionele leven: onopgeloste frustraties, niet geheel verwerkte agressies, alle mogelijke gevoelens, wensen, angsten, die als diffuse spanningen in ons blijven bestaan. Het kunstwerk, roept door zijn bijzondere vorm en inhoud nieuwe spanningen op, spanningen die echter meer gericht en specifiek zijn. Door hun bijzondere aard geven deze spanningen de bestaande diffuse spanningen op de achtergrond de gelegenheid in deze nieuwe gerichte spanning op te gaan. Hierin ligt, naar de mening van de Kreitlers, de bevrijdende werking van de kunstbeleving. De oplossing van de diffuse spanningen zou gepaard gaan met lustgevoelens: de esthetische beleving.

Deze theorie van de Kreitlers raakt zeker een belangrijk aspect van elke kunstbeleving en dit geldt wel in het bijzonder voor alle kunst waarin menselijke thema's worden behandeld en menselijke emoties uitgebeeld. In het licht van deze theorie wordt het begrijpelijker waarom kunstenaars en kunstbeschouwers niet alleen gezocht hebben naar de uitbeelding van de harmonische, lichte zijde van het menselijk bestaan. De oplossing van onverwerkte spanningen in het leven zal ook en in het bijzonder vragen om een zinvol betrekken van de schaduwzijden van menselijke emoties in het kunstwerk. In de realiteit van onze ervaringen is die schaduwzijde -haat, angst, wanhoop, wreedheid, lijden- ruimschoots vertegenwoordigd. De kwaliteit van het kunstwerk houdt nauw samen met de mate waarin het erin slaagt die ongerichte spanningen die in de mens leven in een gerichte vorm gestalte te geven. De kunstenaar heeft daartoe vele middelen beschikbaar. Door de vertaling in symbolen die op verschillende niveau's interpreteerbaar zijn, slaagt hij erin de bevrijdende werking te realiseren voor grote groepen van mensen en op verschillende belevingsniveau's.

Ongetwijfeld heeft Jeroen Bosch gestalte gegeven aan verschrikkingen die de verbeelding van de Middeleeuwse mens in beslag namen, de angsten en nachtmerries die bij niet weinigen onder hen zullen hebben geleefd. Ook de beklemming die ons bevangt bij het lezen van Kafka's roman 'het Proces', wanneer K. op een morgen wakker wordt en in plaats van dat hem het ontbijt door zijn hospita gebracht wordt, hij door een aantal bewakers met een mengsel van gemoedelijkheid en bureaucratische onwrikbaarheid wordt gearresteerd, komt ons niet vreemd voor. De moderne mens leeft in een wereld waarin een dergelijke ervaring realiteit zou kunnen worden. Als een vage vrees leeft in ons onderbewustzijn de mogelijkheid dat er plotseling iets fundamenteel mis zal gaan in de vanzelfsprekende en geruststellende afwikkeling der zaken.

2.9. *Kunst als herschepping*

De theorie van de Kreitlers laat echter onverklaard waarom de mens gebruik maakt van het middel 'kunst' om deze doeleinden te realiseren. Hoe kan kunst interne, vage, half bewuste spanningen in zich opnemen en ons zo bevrijden? Wat zegt kunst over de menselijke mogelijkheden? Mij lijkt het belangrijk toe het *uniek menselijke* van kunst te onderstrepen. Kunst *beeldt af* in kleur en vorm, beweging of klank. Ze beeldt iets af van de uiterlijke zichtbare wereld of van de onzichtbare wereld van fantasieën, wensen of angsten die leven in het bewustzijn van de kunstenaar. De beschouwer *herkent* in de afbeelding zijn uiterlijke wereld, de mensen om hem heen, zijn eigen binnenwereld. De mens heeft kennelijk een onuitroeibare, fundamentele behoefte zichzelf en zijn wereld te *herscheppen* in een herkenbare maar geheel eigen vorm. Deze behoefte kan, naar mijn mening, niet los gezien worden van de gespletenheid van het menselijk bewustzijn. De mens gaat niet distantieloos in de onmiddellijke omgang met de dingen op, maar hij is in staat zijn eigen waarnemingen en gevoelens als object van beschouwing te nemen. Dit kan leiden tot wijsgerige reflectie (zoals bij Descartes) maar het kan ook aanleiding geven tot nieuwe waarnemingen en nieuwe gevoelens. Deze nieuwe ervaringen die door het transformatieproces van de zelfbeschouwing zijn gegaan, drukken een nieuwe werkelijkheid uit: het kunstwerk.

Er is dus naar mijn mening een wezenlijk verband tussen het menselijk vermogen tot zelfreflectie en onze behoefte aan zelfpresentatie. Ik denk daarbij overigens niet aan een individualistische interpretatie van het begrip zelfpresentatie. Hieronder kan ook worden verstaan de uitdrukking van een gemeenschap, zoals de Middeleeuwse religieuze kunst de religieuze ervaringen van een hele samenleving verbeeldde.

In kunst beeldt de mens zichzelf en zijn wereld uit. We kunnen haar vergelijken met een spiegel die de mens zichzelf voorhoudt. Er zijn echter heel verschillende soorten spiegels. Sommige zullen de dagelijkse werkelijkheid zo getrouw mogelijk reflecteren, andere zullen die werkelijkheid vervormen zodat ze bijvoorbeeld onze angsten gigantisch vergroot weergeven. Er zijn spiegels die de mens afbeelden zoals hij zichzelf zou willen zien of die een Arcadisch verleden reflecteren, een verleden waarnaar wij terug verlangen.

Kunst beeldt de mens dus af zoals hij is, zoals hij zou willen zijn, zoals hij gezien zou willen worden door de anderen. Zij vooronderstelt een distantie nemen en deze distantie is onder verschillende namen door denkers over kunst benadrukt. De Kreitlers leggen de nadruk op de terugneming van de persoonlijke betrokkenheid en de remming van directe actie. Zij spreken van de esthetische distantie. Kant hanteerde de term belangeloos om de gedistantieerde, niet functionele betrokkenheid bij het kunstwerk te typeren. Dit belangeloze beschouwen berust op de uniek menselijke eigenschap van zelfreflectie. De ontwikkelingspsycholoog Werner (1963) heeft uitvoerig beschreven hoe bij het jonge kind op een bepaald moment in de ontwikkeling (rondom de leeftijd van anderhalf jaar) een nieuwe attitude ten opzichte van de dingen om hem heen doorbreekt. Het kind gaat niet meer geheel op in de functionele manipulatie maar kan de dingen nu op zichzelf, in hun eigenheid gaan beschouwen. Werner spreekt hier van het verwerven van de contemplatieve attitude. Hiermee is een nieuwe houding tegenover de wereld ontstaan, waarop de artistieke beleving een beroep doet.

Door deze nieuwe vorm van beleven van zichzelf en de eigen wereld, kan de mens nu de wereld transformeren, ze veranderen en dwingen naar zijn eigen hand. Zo kan hij een nieuwe greep op de wereld verkrijgen, ze herscheppen naar zijn eigen wensen. Zo wordt het begrijpelijk dat de eerste kunst nauw verbonden was met magie. Met tekeningen in grotten, beelden, dans en klanken maakte hij zich los van de gegeven wereld, bevrijdde zichzelf en wierp het net van de verbeelding over de wereld uit.

3. De dans als middel tot uitbeelding en expressie

J.M. van Meel en M. de Meijer

3.1. *Het lichaam als kunstzinnig uitdrukkingsmiddel*

Door alle tijden heeft de mens gedanst. Hij danste uit vreugde, uit verdriet. Hij danste om zich te verzoenen met de machten in de natuur die zijn bestaan in handen hadden. Hij danste om de doden te herdenken, om huwelijken te sluiten, om zich op jacht, de oorlog voor te bereiden.

Reeds de oudste culturen kenden min of meer hoog ontwikkelde dansvormen. Men heeft rotstekeningen gevonden, daterend uit het paleolithicum waarop dansende mensen zijn afgebeeld. Grottekeningen in Cogul (Spanje) geven vrouwen weer, dansend om een man. In de grot van Teyjat (Frankrijk) zijn dansers afgebeeld die dierenmaskers dragen. Ook in Afrika heeft men prehistorische afbeeldingen van dansers aangetroffen, zoals in Tanzoumaitak (Algerije) met verfijnd weergegeven, gemaskerde dansers.

In de Egyptische cultuur, duizenden jaren voor onze jaartelling, stond de dans in hoog aanzien en dansende mensen zijn op de Egyptische hiërogliefen veelvuldig afgebeeld. Men heeft in El Amrej een vaas gevonden, geschilderd omstreeks 2500 voor Christus, waarop een meisje is afgebeeld dansend met haar armen boven het hoofd in een positie zoals vandaag nog in het klassieke ballet gebruikt wordt (Bland, 1976). Ook in het oude India had de dans een vooraanstaande positie zoals o.a. blijkt uit tempelafbeeldingen op Hindoeïstische en Boeddhistische tempels. Goden als Siva werden dansend uitgebeeld.

Veel dansvoorstellingen komen voor op Griekse vazen. Dans nam een centrale plaats in de Griekse cultuur in, met name bij de eredienst van de God Dionysos en zij vormt de bakermat van het Griekse drama. (fig. 1)

Niet te verwaarlozen is de rol van de dans in onze moderne maatschappij. Niet alleen is de dans een geïnstitutionaliseerde en gerespecteerde kunstvorm, maar zij speelt ook een rol in het sociale leven in de omgang tussen sexen, vanaf de conventionele ballroom-dancing voor echtparen tot aan de disco-dans.

Fig. 1. Dansvoorstelling op Griekse vaas

De dans is dus een universele en alom tegenwoordige menselijke gedragsvorm. Des te merkwaardiger is het dat de wetenschappen en in het bijzonder de psychologie zo weinig aandacht aan de dans besteed hebben. Dit gebrek aan belangstelling van de zijde van de wetenschap is geen nieuw gegeven. Reeds in 1712 schreef John Weaver, de grondlegger van het 'ballet d'action' het volgende: 'Het is een onderwerp dat slechts zelden eerder volledig werd besproken in enige taal waarvan ik weet, want terwijl andere kunsten en wetenschappen geleerde beschermheren vonden om hen aan de wereld aan te prijzen, door hun voortreffelijkheid, nut en ouderdom te tonen, is de dans in het algemeen genegeerd, of oppervlakkig behandeld door de meeste auteurs, misschien omdat ze een te gering onderwerp gevonden werd voor de vernuftige arbeid van geleerden.' (geciteerd uit Spiegel en Machotka, 1974, pg. 29).

104

Spiegel en Machotka komen tot de conclusie dat sinds de dagen van John Weaver niet veel veranderd is in de attitude van de wetenschap tegenover de dans. Men zou nu verwachten dat de opkomst van de belangstelling voor nonverbaal gedrag aan deze situatie van desinteresse snel een einde had gemaakt, maar niets is minder waar. De dans wordt nauwelijks of in het geheel niet genoemd. De studie van het nonverbale gedrag heeft zich vrijwel uitsluitend geconcentreerd op conversatie-situaties en verraadt daarmee misschien de intellectualistische achtergrond van zijn onderzoekers.

Toch is de dans juist voor de onderzoekers van nonverbaal gedrag een uiterst fascinerend onderwerp. De dans is een unieke kunstvorm. Het menselijk lichaam en de menselijke beweging is haar medium. Zij komt tot stand door het in tijd en ruimte bewegende lichaam dat vorm na vorm doet ontstaan en weer oplost in de voortgaande stroom van de tijd.

De dans heeft een bijzondere betekenis voor de dansende. Zij beantwoordt aan onze natuurlijke behoefte aan expressie, die ons onze gevoelens doet uiten via houding en beweging. Horst en Russell (1972) schrijven hierover: 'We hebben allen een instinct om beweging te gebruiken als een uitlaatklep voor diepe gevoelens van voldoening ('ik kon wel dansen van vreugde') en frustratie (Engels: 'I was hopping mad', to hop betekent: huppelen, of hinken). Haar elementaire natuur blijkt duidelijk in de inpuls om te dansen, die zo duidelijk aanwezig is in ieder kind.' (pg. 13).

De kunstcriticus John Martin (1972) schrijft in zijn boek 'Introduction to the Dance': 'In het dagelijkse leven is onze eerste reactie op ieder ding of gebeurtenis in termen van beweging (---). Het is daarom begrijpelijk dat de oudste impulsen tot schepping van kunst die in de geschiedenis van de mens zijn verschenen dit meest elementaire van alle media als haar materiaal gebruikt.' (pg. 32).

Ook dansers zelf hebben geprobeerd hun ervaringen met de dans te verwoorden. We zullen daarvan enkele voorbeelden geven, ontleend aan Ruth Foster (1976). Zij leggen de nadruk op de dans als middel tot expressie. Kurt Jooss, de bekende choreograaf, zegt het als volgt: 'Iedere lichaamsbeweging wordt voorafgegaan door innerlijke beweging, en iedere psychische beweging is op de een of andere manier gebonden aan een lichamelijke spanning of beweging. Expressieve dans is (---) beweging in harmonie met de innerlijke beweging en de innerlijke beweging door de lichaamsbeweging naar buiten laten brengen.' (Foster, 1976, pg. 30).

Een element dat in die uitspraken steeds terugkeert is het beroep op de expressie van de elementaire, vitale levenservaringen. De danser probeert in de dans het wezenlijke uit te drukken van wat hem innerlijk beweegt. Hij probeert het essentiële van het menselijk leven in de dans te geven: 'Een dans is een gebaar van dank voor wat we als leven ervaren; het is een soort feestelijke concentratie van de mogelijkheden en omstandigheden van het leven.' (Jooss, geciteerd in: Foster, 1976, pg. 28).

De choreograaf Merce Cunningham zegt het als volgt: 'de emotie van een beweging zal tevoorschijn komen wanneer die beweging gedanst wordt, want dat is waar het leven is. Het leven ligt niet buiten het dansen ...' (geciteerd in: Mazo, 1977, pg. 204).

Dans is echter niet slechts de expressie van diep gevoelde emoties. Dans vraagt een heel bepaalde vorm. Zodra dans meer is dan een spontane uitbarsting, zoals een vreugdedans bij het horen van een gunstig bericht, vraagt het een *techniek*. Zeker wanneer dans een kunstvorm wordt, maar ook in alle situaties waarin dans een geïnstitutionaliseerd medium is geworden in een bepaald maatschappelijk bestel, zien wij voorschriften ontstaan die de vormen van de dans aan strakke regels binden. Het klassieke ballet, de dans uit India, maar ook de volksdansen zijn, ieder voor zich, gebonden aan strenge regels.

De danser wil innerlijke gevoelens met niet-verbale middelen uitdrukken. De dans is dus expressie van wat in ons leeft. Tegelijkertijd zijn daar conventies, de regels waaraan de danser moet voldoen. Hoe slaagt de danser erin, binnen dit geheel van regels, zijn boodschap over te brengen? In elke culturele traditie zijn conventionele regels vastgelegd hoe gevoelens, voorstellingen, ideeën, in beweging vorm kunnen krijgen. Als leden van een bepaalde cultuur kennen we die conventies en kunnen we de boodschap begrijpen die de danser ons wil brengen.

Vanuit ons gezichtspunt rijst nu de vraag, hoe in de verschillende danstradities de regels voor uitbeelding eruit zien. Gaat het om een 'code', die we als taal moeten kennen, om de dans te verstaan?

Dienen we in een bepaalde cultuur opgegroeid te zijn, of zelfs -nog beperkter- in een bepaalde danstraditie, om de dans te begrijpen?

Door een zwerftocht te ondernemen door het gebied van de dans en verschillende dansvormen op hun expressiemiddelen te analyseren, kunnen we die uitbeeldingstechnieken op het spoor komen. De dans, als alomtegenwoordig fenomeen in menselijke culturen, vastgelegd en beschreven door anthropologen en choreografen, dan wel in handboeken met voorschriften (zoals in het geval van de klassieke dansen in India), geeft ons de mogelijkheid expressie-technieken voor menselijke emoties over culturen en stromingen heen te vergelijken.

Wanneer we nu van dansvorm tot dansvorm en van culturele traditie tot culturele traditie, steeds weer andere expressietechnieken zien verschijnen, dan is er kennelijk sprake van een arbitraire code. We kunnen dan de dans vergelijken met een taal. Het is echter ook mogelijk dat dansbewegingen en hun interpretatie niet berusten op arbitraire, cultureel bepaalde afspraken en conventies, maar dat dans een beroep doet op universele interpretatie-mogelijkheden. Het kan zijn dat we de dansbeweging niet moeten zien als een teken maar als een symbool, dat een veelvuldige interpretatie toelaat. Het kan zijn dat een dansbeweging een geheel van associaties bij ons wakker roept, waar algemeen-menselijke ervaringen aan ten grondslag liggen. Het nonverbale onderzoek heeft ons geleerd dat uitdrukkingen voor emoties een universeel karakter hebben (zie de discussie hierover in hoofdstuk 1). Liefde, haat, vreugde, verdriet worden over de gehele wereld op dezelfde wijze in gelaatsuitdrukkingen uitgebeeld. Zou dit dan ook niet kunnen gelden voor de dans als expressie-middel van het lichaam als geheel?

De dans is geen pure expressie. Evenals de toneelspeler moet de danser emoties 'spelen'. Hij kiest daarbij de vorm die naar zijn oordeel daarbij past. Dans is dus geen natuurlijke expressie maar *gereflecteerde expressie*. Zal het universele karakter van expressies in dit reflectieproces nog bewaard blijven?

Ook om een tweede reden zijn dansexpressies geen natuurlijke uitingen. De dans is een *kunstvorm*. Zij drukt emoties uit in gestileerde vorm. Eisen van esthetica, ritme, ruimte en tijd, de verwachtingen van het publiek, leggen beperkingen op.

Het is dus zelfs niet de *bedoeling* dat de danser een rechtstreekse uitbeelding van emoties geeft. Ongeduld, woede, zal hij niet uitbeelden door als een driftig kind onbeheerst op de grond te stampen.

Deze overwegingen brengen ons tot de volgende conclusie: Dans als expressie, is *gereflecteerde, gestileerde expressie*. Ondanks het feit echter, dat de dans geen primaire expressie is, blijft de mogelijkheid van universele uitdrukkingsmiddelen toch aanwezig. Ieder van ons, maar zeker de danser, kent de uitdrukkingen van liefde, haat, en dergelijke. In de grote danstradities mogen we een geschoolde en deskundige interpretatie van expressies verwachten, waarin de essentie der emoties, ontdaan van alle toevalligheden en bijkomstigheden, gestalte wordt gegeven. Grote dansers weten hun publiek te boeien en te ontroeren, omdat het lichaam zijn zwaarte verliest en zuiver instrument wordt in dienst van de uitbeelding.

De reflectie op expressievormen kan dus een zuiveringspoces inhouden, waarin alleen het wezenlijke van de emotionele uitbeelding behouden blijft, zoals de beeldhouwer, die 'verdriet' uitbeeldt, niet een concrete man of vrouw uitbeeldt, maar het universele en wezenlijke van verdriet in zijn beeld probeert te leggen (denk aan Rodin's 'Burgers van Calais').

De dans is ook *gestileerde* expressie. Eisen van ritme en esthetica transformeren de directe expressievormen. We kunnen hier misschien de vergelijking trekken met muziek. Een oorspronkelijk thema wordt in allerlei variaties gebracht. Ook in de dans wordt een motief in vele vormen getransformeerd. Culturele normen en de esthetische waarden binnen een bepaalde gemeenschap zullen aan die stilering bijdragen. De stilering verwijdert dus de dansexpressie nog verder van de oorspronkelijke, primaire uitdrukking. Maar zoals we ook in de muziek het onderliggende thema kunnen herkennen in de variaties, is ook het emotionele thema in de gestileerde expressie terug te vinden.

Hoe complex die relatie tussen een thema en de symbolische uitbeelding ervan kan zijn en welke merkwaardige zwerftochten in de loop der eeuwen een thema kan maken, kan wellicht een voorbeeld verduidelijken:

In het oude Egypte speelden dodendansen een belangrijke rol. Daarin kwam een thema voor dat de symboliek van leven en dood, de terugkeer van de geest het circulaire ritme van de natuur uitbeeldde. Dit gebeurde door een salto naar achteren. We komen deze sprong naar achteren op veel oude Egyptische voorstellingen tegen. In de loop der geschiedenis verloor deze acrobatische sprong geleidelijk zijn symbolische connotaties en diende ze louter tot amusement. We vinden dezelfde salto naar achteren weer terug in de Minoïsche cultuur op Kreta, die sterk door Egypte is beïnvloed. Ze verschijnt nu als buiteling van jonge acrobaten over een aanstormende stier.

Eenzelfde thema heeft dus in een bepaalde gemeenschap een duidelijke, diepzinnige betekenis; verschijnt later als een puur versieringselement; wordt overgenomen in een andere cultuur en krijgt daar wellicht nieuwe connotaties. De gedurfde en zeer gevaarlijke sprong over de stier had misschien oorspronkelijk een religieuze betekenis (aanvankelijk was de stier op Kreta een heilig dier; het offer-karakter zou men kunnen afleiden uit de Theseus-mythe, de jongelingen die Athene jaarlijks moest leveren, werden waarschijnlijk gebruikt voor dit atletische spel met de stier).

Dansthema's en dansvormen zijn van cultuur tot cultuur overgedragen, geassimileerd en getransformeerd. De oude Egyptische dansen hebben omstreeks 1500 voor Christus de invloed ondergaan van de kennismaking met dansen uit India. De Egyptische dansen op hun beurt hebben een sterke invloed uitgeoefend op de Minoïsche danscultuur. Deze heeft de klassieke Griekse dans beïnvloed. De Europese lyrische dans vindt zijn oorsprong in de Dionysische religieuze feesten in het oude Griekenland. Het Europese ballet reikt terug tot de Romeinse Pantomime (zie Bland, 1976).

Het voorbeeld van de Egyptische dodendans maakt nog iets duidelijk over dansexpressie. De uitbeelding van rouw en verdriet geeft niet zozeer het verdriet weer van de danser die haar uitvoert, maar is de vertolking van gevoelens die *in de gemeenschap* leven. De dans wordt gebruikt als middel om gemeenschapsfuncties te vervullen. De individuele gevoelens van de danser doen hier weinig ter zake. Waar het om gaat is dat de gemeenschap in de uitbeelding haar gevoelens kan herkennen.

Er is kennelijk een geheel scala van dansvormen te onderscheiden dat varieert van directe expressie van individuele emoties tot geïnstitutionaliseerde uitbeelding van thema's die in een gemeenschap leven. We zouden de dans tekort doen door haar uitsluitend te beschrijven als een expressie van emoties. Naast de lyrische dans kennen we ook de epische dans, de dans met een verhalend karakter, waarin de uitbeelding van de uiterlijke werkelijkheid op de voorgrond staat.

Een bijzonder kenmerk van de dans is zijn aanstekelijk karakter. De dans sleept de toeschouwer mee. Hij zal de neiging voelen zich aan te sluiten bij de dansenden. De dans doet een sterk beroep op onze *empathie*.

De dans beeldt niet alleen emoties uit, ze roept ook emoties op. Door te participeren in de dans gaat men de gevoelens die worden uitgebeeld, ook ervaren. Hiervan wordt in allerlei dansvormen bewust gebruik gemaakt om de deelnemers in een bepaalde stemming te brengen. Krijgsdansen bereiden de strijders voor op het gevecht en verhogen agressie en moed. Jachtdansen bereiden de jager voor op zijn taak. Erotische dansen brengen de partners in de juiste stemming voor sexueel contact. Dansen kunnen dienen om de danser in een extatische toestand te doen geraken, zoals de Voedoe-dansen op Haïti, in trance zoals bepaalde dansen op Bali, in een roestoestand, zoals de dans van de Derwischen in Turkije.

Zo kan de dans ook gebruikt worden om politieke en ideologische doeleinden te dienen. In de tijd van het Mao-communisme in China werd in balletten de strijd van de moedige revolutionairen tegen de laaghartige kapitalisten verheerlijkt. Het is veelzeggend, dat in het huidige Rusland het ballet sterk bepaald wordt door nostalgische thema's die terugreiken naar voor de revolutie.

De dans is tenslotte niet in het minst een spel van de mens met zijn lichaam. Ze deelt met de acrobatiek het zoeken naar de limieten van het lichamelijk kunnen. De complexiteit en de moeilijkheidsgraad van de bewegingen zijn belangrijke elementen in de waardering der toeschouwers. De dans heeft ook altijd het gevaar gelopen te vervallen in acrobatiek en amusement.

In dit hoofdstuk willen we de dans niet alleen onderzoeken naar zijn expressiemiddelen en uitbeeldingsvormen, maar ook vragen naar de functies, die de dans vervult. Wanneer de dans in alle culturen zo'n belangrijke rol gespeeld heeft, dan moet zij kennelijk waardevolle functies vervullen. Deze kunnen misschien van cultuur tot cultuur verschillen, maar wellicht ligt aan alle dezelfde fundamentele biologische functie ten grondslag.

Voordat we aan onze zoektocht gaan beginnen, willen we een definitie van de dans bespreken, die door Judith Hanna (1979) is gegeven. Zij ziet de dans uitdrukkelijk als een vorm van nonverbaal gedrag, maar een zeer speciale vorm. Zij noemt de dans: 'Menselijk gedrag bestaande uit doelgerichte, opzettelijk ritmische en cultureel gevormde sequenties van niet-verbale lichaamsbewegingen, anders dan gewone motorische activiteiten, omdat de beweging inherente en esthetische kwaliteiten heeft' (pg. 57).

Hanna legt in deze definitie de nadruk op de culturele gevormdheid en zij ziet de dans als een doelgerichte activiteit. Door deze elementen te benadrukken, beperken we de dans tot de menselijke samenlevingen.

Toch kan de vraag gesteld worden of we ook in het dierenrijk geen vormen van dans zien. Bij een aantal diersoorten zien we rituele paringsbewegingen die onwillekeurig aan dans doen denken. Bekend is de 'dans' van de kraanvogels: een grote groep kraanvogels loopt om elkaar heen met korte pasjes en uitgespreide vleugels, soms buigend of zich geheel strekkend. Het tempo neemt toe en dan springen ze in de lucht, soms opvliegend tot 5 meter hoogte, waarna ze langzaam weer neerdalen. Soms gooien ze dan takjes of bladeren in de lucht met hun snavel en pikken er naar als ze weer naar beneden komen.

Ondanks de oppervlakkige gelijkenis met de menselijke dans, zijn dergelijke baltsbewegingen toch geheel anders van structuur. Ze vertonen starre sequenties van bewegingen, die kennelijk genetisch geprogrammeerd zijn. Van individuele vrijheid en creatieve uitbeelding is hier geen sprake.

Opmerkelijker is het verslag van Köhler over 'dansende chimpanzees' (de episode wordt vermeld bij Sachs, 1969, pg. 16-17). 'In gefingeerd gevecht trekken twee chimpanzees elkaar over de grond tot ze bij een paal komen. Hun gedartel en gestoei bedaart als zij beginnen rond te cirkelen waarbij de paal als spil wordt gebruikt. De één na de ander komen de overige dieren tevoorschijn, voegen zich in de kring en tenslotte marcheert de hele groep -de één achter de ander- op ordelijke wijze rondom de paal. Hun bewegingen veranderen nu snel. Zij lopen niet meer, maar draven. Door met de ene voet te stampen en de andere licht neer te zetten, brengen ze iets tot stand dat een duidelijk ritme nabij komt waarbij elk dier zijn best doet met de anderen in de pas te blijven. Soms betrekken zij er hun kop bij die zij -met open kaken- op en neer bewegen in de maat met hun voetgestamp. Alle dieren blijken bepaald verrukt van deze primitieve rondedans te zijn'.

Toch mogen we ook dit gedrag niet anders karakteriseren dan als een primitieve rondedans, nog ver verwijderd van de beeldende dans bij de

110

mens. De antropoloog Lange (1975) komt tot de conclusie, dat dans in de dierenwereld al aanwezig is, maar bij de mens nieuwe functies kan gaan vervullen: 'Dans, veel voorkomend in de dierenwereld als een biologisch expressie- en communicatiemiddel, krijgt een nieuwe functie met de opkomst van de mens: het uitdrukken van abstracte ideeën.' (pg. 55).

De mens is in staat bewegingen bewust symbolisch te gebruiken. Hij kan kiezen uit een grote verscheidenheid van vormen, waarin hij datgene wat in hem leeft tot uitdrukking kan brengen. De enorme rijkdom en verscheidenheid van de menselijke dans maken duidelijk dat de menselijke dans een uniek fenomeen is.

De dans kan, evenals de spraak, de lach, het instrument-gebruik, als typisch menselijk worden gekwalificeerd.

We zullen in het hierna volgende verschillende danstradities de revue laten passeren en ze op hun psychologische inhoud onderzoeken. Achtereenvolgens zullen daarin aan de orde komen:

- de etnische dans,
- de dans uit India,
- het klassieke ballet,
- de moderne dans.

We besluiten dit hoofdstuk met een nabeschouwing over functie en uitdrukkingsmiddelen in de dans.

3.2. *De etnische dans*

Onder de etnische dans verstaan we de dans zoals die in de pre-industriële samenlevingen (in het bijzonder de niet-Westerse) voorkomt. Deze dansen zijn uitgebreid door antropologen bestudeerd en beschreven. Eén van de oudste en nog steeds één van de meest diepgaande werken over de verschillende dansvormen in de wereld is 'World History of the Dance' uit 1937, van Curt Sachs (Nederlandse vertaling, 1969).

Sachs onderscheidt twee *typen* van dans, die hij in verband brengt met het *dans-talent* van een groep. Mensen met een gering danstalent zouden dansvormen ontwikkelen die zich kenmerken door compulsieve bewegingen, die dicht bij het lichaam blijven. Zij zijn uiterst doeltreffend om in een roes te komen. Meestal zijn het *cirkeldansen*. De andere groep ontwikkelt uitgewerkte pantomimische dansen, die in detail alle gebeurtenissen waarop de dans betrekking heeft, dramatiseren. Sachs verwijst hier kennelijk naar twee psychische processen: 'Het ene danstype is door observatie van de buitenwereld ontstaan. Hoe ziet een dier er uit? Hoe beweegt het zich? Hoe schudt het met de kop of slaat het met de veren? --- De niet beeldende dans daarentegen is volkomen non-sensorisch qua origine en religieuze doelstellingen. Deze dans spruit niet uit de waarneming voort; er wordt vorm noch beweging in nagebootst'

(Sachs, 1969, pg. 67). Sachs deelt nu culturen in naar twee polen. De ene pool noemt hij de patriarchale extraverte pool. Bij deze culturen zien wij een groot danstalent, mimische uitbeelding, meer dierendansen en overwegend koordansen. De andere pool noemt hij matriarchaal, introvert. Hier zien wij dansen gekenmerkt door het compulsieve, abstracte en extatische. Er is weinig dierendans en overwegend solodans.

Sachs (en ook Lange, 1975) onderscheidt nu een aantal typen van niet beeldende dansen, waaronder:

1. *Vruchtbaarheids- en huwelijksdansen.* In de gehele wereld komt het dansen rondom een boom voor: in Europa de Meiboom. De boom is drager van de boomgeest die levenskrachten schenkt. Reeds op een neolitische grotschildering in Spanje zien we een groep van negen vrouwen afgebeeld die om een man heen dansen. Dit is een veelvuldig voorkomende dans, geassociëerd met vruchtbaarheid, huwelijk en initiatie-riten.

2. *Begrafenisdansen.* Ook hier rondedansen, nu rondom de opgebaarde dode.

3. *Krijgsdansen.* Op een kopergravure uit 1593 uit de 'Historia Navigationis in Brasiliam' worden Braziliaanse krijgers zonder wapens afgebeeld die in een naar links draaiende krijgsdans rondom hun opperhoofden bewegen.

Het algemene patroon van de niet-beeldende dans is dus de cirkeldans rondom een centraal punt, van waaruit magische kracht overgaat op de dansers. Anderzijds brengen de dansers zichzelf in een extase die overgaat in een bewustzijnsverruiming, resp. -vernauwing. Hierdoor wordt communicatie met geesten of overleden zielen mogelijk gemaakt.

Als voorbeelden van beeldende dansen bespreken Sachs en Lange o.a. de volgende typen dansen:

1. *Dierendansen.* De dierendansen vormen wel het meest populaire onderwerp van de beeldende dans. Met name voor de jagersvolken is ze van groot belang en daar is ze tot een grote verfijning gebracht. Vier denkbeelden vormen volgens Sachs het motief voor de dierendans: (a) de 'jachtbetovering', het nadoen van eetbare dieren met de gang en het karakter die deze kenmerken, betekent macht over hen krijgen; (b) de ziel van het verslagen dier moet gunstig gestemd worden; (c) bepaalde dieren bezitten zelf magische kracht. Hen imiteren betekent kracht overnemen; (d) de dans veroorzaakt toenemende vruchtbaarheid van de dieren, dus een toename van voedsel.

We geven enkele voorbeelden: de Yagans uit Vuurland kennen de 'zeehondendans'; de mannen wiegen in gebukte houding heen en weer. Ze snuiven naar links en naar rechts, krabben zich op de borst en onder de armen en grommen.

De Bosjesmannen uit de Kalahari geven een niet te overtreffen uit-

112

beelding van de antilopebok, die de meest komische sprongen voor de geit uitvoert.

2. *Vruchtbaarheids- en huwelijksdansen*. Universeel voorkomend is het motief van het springen om groei en vruchtbaarheid te bevorderen. Rond Warschau sprongen vrouwen hoog in de velden na het hennep gezaaid te hebben. In Zuidoost Australië houden leden van de Kurnai stam hun kinderen hoog onder het dansen, zodat ze lang zullen leven. Het motief van de hofmakerij komt in vele dansen voor. Het oudste motief is waarschijnlijk een rij mannen en vrouwen die zich naar elkaar toe bewegen zonder samen te komen. Door individualisme en mimische versterking kan er een dans ontstaan, waarbij het motief door groeps-hofmakerij of het wegstelen van de partner wordt gevormd. Tenslotte zijn er de echte paardansen. Het meest gebruikelijke motief hierbij is dat de minnaar om het meisje heen danst.

3. *Begrafenisdansen*. In de extraverte culturen wordt de betovering van het leven tegenover de dood gesteld. Een voorbeeld zijn de dodendan-sen van de oude Egyptenaren die we reeds in de inleiding noemden. In Straat Torres bootst elke gemaskerde danser het uiterlijk en de bewe-ging na van iemand die in de loop van het jaar is gestorven. Bij Hongaar-se begrafenissen in de 17e eeuw moest één van de aanwezigen als dood op de grond vallen; de mannen en vrouwen dansten zingend om hem heen. Aan het einde staat hij op uit de dood. Bij de Dogon moet de ziel van de gestorvene, die nog rondwaart, door het opvoeren van een compleet drama dat de kosmische schepping weergeeft, met name ook met behulp van maskers, naar een plaats gestuurd worden waar hij kan verblijven.

4. *Astrale dansen*. Tal van volkeren kennen dansen waarin de bewegin-gen van de hemel-lichamen, de zon, de maan of meerdere sterren worden nagebootst. Sachs rekent de astrale dansen tot de mengvormen van beeldend en niet-beeldend: de dansen hebben n.l. een sterk geredu-ceerd symbolisch karakter en voeren vanuit de ronddraaiende beweging snel tot vervoering. Voorbeeld van dit laatste zijn de dansende Derwis-hen, volgelingen van de Middeleeuwse Islamitische mysticus Jelaloudin Roumi. Ook in de Europese dans is een lunair thema bewaard gebleven: omstreeks 1400 werd in Berlijn door mannen en vrouwen samen een rondedans uitgevoerd die de Zwölfmondentanz werd genoemd.

Het boeiende van de beschouwing van Sachs is dat hij twee elementen van de dans duidelijk heeft belicht: de drang tot ritmische beweging en de behoefte tot uitbeelding. Hij legt een interessant verband tussen de aard van een cultuur en zijn relatie tot de hem omgevende wereld enerzijds en de keuze van één van beide danstypen anderzijds.

De meer uitbeeldende dans is karakteristiek voor jagersculturen. De niet-beeldende dans komt relatief meer voor bij agrarische culturen. Nu heeft een aantal onderzoekers gewezen op de verschillen in psychologische structuur tussen leden van jagersgroepen en leden van agrarische samenlevingen en verbanden gelegd met de verschillende ecologische eisen. Jagers moeten individueler kunnen optreden en moeten kunnen vertrouwen op hun observatie. Agrarische samenlevingen benadrukken de collectiviteit en de onderlinge afhankelijkheid. Berry (1976) meent dat als gevolg van deze verschillende ecologische eisen er verschillen optreden in cognitieve stijl. Jagers zouden een betere analytische waarneming bezitten en individualistischer zijn ingesteld. Het onderscheid dat Sachs maakt tussen patriarchale, extroverte tegenover matriarchale, introverte culturen lijkt hier nauw mee verwant.

Een andere sleutel tot een modern begrip voor de dans van groepen, gemeenschappen of volkeren, is het onderzoek gedaan door Lomax et al. (1968). Dit vond plaats in het kader van een groots opgezette studie naar de correlatie tussen kenmerken van de zang van groepen en hun sociale activiteiten. Het bleek noodzakelijk hierbij de dans te betrekken: 'Het kwam Lomax voor dat de ritmische of metrische aspecten van zang afgeleid kunnen worden van dans (---). Zang kan gedefinieerd worden als 'gedanste spraak" (Lomax et al., 1968, pg. 122).

Lomax en medewerkers zien in dans een reflectie van de geprivilegieerde dynamische patronen van de activiteit van een volk in het gewone dagelijkse leven.

Ook Lomax en medewerkers onderscheiden dansstijlen. Zo'n dansstijl wordt gekenmerkt door bepaalde *bewegingskwaliteiten*. Die bewegingskwaliteiten worden bepaald door een viertal parameters:

1. *Lichaamshouding*. In eenvoudige culturen zouden de meeste mensen bij al h:n activiteiten een bepaalde kenmerkende grondhouding hebben. Twee basisvormen worden onderscheiden:

a. bewegingen, waarbij de romp als één geheel wordt gebruikt;

b. bewegingen, waarbij de romp als twee-delig wordt behandeld.

De eerste vorm domineert in Amerikaans-Indiaanse en Euro-Aziatische culturen. De tweede vindt men voornamelijk in Negro-Afrikaanse culturen; verder in Azië en Arabië, over India, tot in Polynesië. Een voorbeeld van deze laatste zijn de Arabische buikdansen, maar ook de negerdansen. Zij hebben vaak een sensueel karakter. Als karakteristiek voor deze samenlevingen noemt Lomax de centrale rol van de vrouw, hoge geboortencijfers, polygame gezinnen.

Daar tegenover stelt hij jagersculturen als van de Amerikaanse Indianen. Een solide stevige romp ondersteunt snelle doelgerichte bewegingen, zoals die bijvoorbeeld voor de Eskimo-jager een zaak van overleven zijn: 'Op deze manier zijn de dagelijkse activiteiten van jagers en vissers, die bestaan uit de agressieve doordringing van de ruimte voor hen, opgebouwd rond één eenheid' (pg. 237).

114

Als andere parameters noemen Lomax et al. nog:

2. *Type van verandering of overgang*: wijze waarop richtingverandering tot stand komt.

3. *Aantal betrokken lichaamsdelen.*

4. *Complexiteit van dynamische kwaliteiten.* Zij maken hier gebruik van het 'Effort-Shape' model uit de dansnotatie van Laban.

De algemene conclusie van Lomax et al. is, dat in meer complexe samenlevingen, met complexer technologieën, een groter arsenaal aan bewegingsmodaliteiten gebruikt wordt, zowel in de dans als bij het uitvoeren van andere taken.

Complexe culturen zouden dus gekenmerkt worden door: toename van gebogen bewegingen en afname van simpele heen en weer gaande, het gebruik van meer verschillende delen van het lichaam en het gebruik van het gehele scala van effort-shape combinaties.

Hun benadering van de dans wordt door Lomax et al. (1968) 'choreo-metrics' genoemd. De functie van de dans is naar hun mening: 'de consensus vernieuwen op momenten dat een gemeenschap, zonder verdere discussie of uitleg, bereid is als eenheid te handelen' (pg. 224). De dans zou hiertoe in staat zijn, doordat zij een vorm van lichaamscommunicatie is, die door kenmerken als herhaling, redundantie en de formele organisatie van het systeem een diepgaande indruk kan uitoefenen.

De antropoloog Lange bouwt in zijn 'The Nature of Dance' (1975) voort op het werk van Sachs. Hij legt er de nadruk op dat de mens in staat is geestelijke ideeën in bewegingen tot uitdrukking te brengen. Wij kunnen dat bovendien met bewegingen efficiënter doen dan met woorden: 'beweging brengt verfijnde betekenissen op een compactere en snellere manier over dan spraak' (Lange, 1975, pg. 55). Dans als zodanig is volgens Lange een universeel menselijk fenomeen, maar het belang van de dans varieert per cultuur. Dans heeft naar zijn mening een functie in het onderhouden van sociale relaties en zou vooral daar ontwikkeld zijn, waar men in relatieve isolatie van de buitenwereld leeft. Daarnaast heeft de dans ook magische functies. De sociale functies hebben te maken met het versterken van het groepsbewustzijn, het accentueren van functieverschillen, het begeleiden van veranderingen die zich tijdens de levensloop voordoen (huwelijk, sterven, enz.). Magische functies hebben vooral te maken met het welzijn van de groep, zoals bevordering van de vruchtbaarheid, het winnen van een oorlog of een succesvolle jacht.

Een belangrijke recente antropologische studie op het gebied van het dansonderzoek is het werk van Judith Hanna 'To Dance is Human' (1979). Zij probeert expliciet de dans te plaatsen binnen een theorie van nonverbale communicatie. Wij hebben in het voorgaande haar definitie van de dans al besproken. Zij legt de nadruk op de dans als een middel tot symbolisatie.

Hanna onderscheidt nu zes wijzen waarop in de dans representatie kan plaatsvinden en wel:

1. *'concretisering'*: een weergave van de uiterlijke kenmerken van een voorwerp of wezen, bijvoorbeeld de nabootsing van een dier;
2. *'ikonisch'*: ook hier een nabootsing van uiterlijk of formele eigenschappen: de representatie wordt echter tegelijkertijd als het 'origineel' behandeld: bijvoorbeeld wanneer de danser wordt beschouwd als de incarnatie van een demon of voorouder;
3. *'stylisering'*: conventionele of arbitraire bewegingspatronen hebben een bepaalde betekenis: bijvoorbeeld het grijpen naar het hoofd bij paniek, of het houden van de hand op het hart bij het zweren van trouw;
4. *'metonymisch'*: een zaak wordt hier gerepresenteerd door de uitbeelding van iets dat ermee geassocieerd is en hetzelfde referentiekader bezit;
5. *'metaforisch'*: een weergave van een gedachte, idee of ervaring d.m.v. analogie, bijvoorbeeld wanneer de dood gesymboliseerd wordt door een luipaard, d.w.z. een machtig, verslindend wezen;
6. *'actualisering'*: wanneer uitbeelding en wezen samenvallen. Dit geschiedt bijvoorbeeld wanneer de medicijnman in zijn eigen rol de dans uitvoert: het bevestigt iemands rol en functie in een groep.

Hoewel de zes door Hanna onderscheiden representatievormen onderling niet alle even helder zijn afgegrensd, geeft haar indeling wel een goede kijk op de verscheidenheid van uitbeeldingsmogelijkheden zoals ze in de dans gebruikt worden.

Hanna legt de nadruk op het *ritmische* karakter van de dans. Dit reflecteert natuurlijke biologische processen van activiteit en rust, van het zoeken naar nieuwheid, afgewisseld met de behoefte naar zekerheid.

Voor Hanna ligt de betekenis van de dans in zijn communicatieve functie. Zij demonstreert de effectiviteit van de dans op het gebied van sociale veranderingen, religieus bewustzijn, politiek en oorlogsvoering.

Het zijn vooral een drietal eigenschappen die de dans tot zo'n effectief communicatiemiddel maken en wel:

1. *terugkoppeling*, (tussen dansers onderling, tussen dansers en toeschouwers en via een van beide met anderen in de samenleving omtrent de boodschap van de dans;
2. *zijn 'talige' eigenschappen*, Hanna geeft een systematisch overzicht van de kenmerken waarin de dans met de taal overeenkomt en waarin ze ervan verschilt;
3. *de multisensorische overdracht van informatie*, dans appelleert aan meerdere zintuigkanalen tegelijk.

116

Als laatste van de studies over etnische dans willen we nog noemen de visie van J. Laude, hoogleraar kunstgeschiedenis aan de Sorbonne, die een inleiding schreef bij het prachtige fotoboek van Michel Huet over dans en ritueel in Afrika (Huet, 1978). Laude ziet in de dans de synthese van 'natuur' en 'cultuur'. Natuurlijke impulsen worden in een kunstzinnige vorm toegelaten. De gevaren van de omringende natuur worden ingekapseld en zo bezworen.

Alle antropologen die we hier besproken hebben, en die de dans in pre-industriële samenlevingen hebben bestudeerd, leggen, zoals we zagen, sterk de nadruk op de belangrijke gemeenschapsfuncties die de dans vervult. Zij is daartoe in staat door haar grote symbolisatievermogen en haar indringende boodschap. Door een aantal van hen wordt de nadruk gelegd op de nauwe samenhang tussen levenswijze in het dagelijk leven en de expressievormen van de dans.

3.3. De dans uit India
Een bijzonder boeiend fenomeen vanuit ons gezichtspunt is de cultuurdans uit India. Hier zien we namelijk een vér doorgevoerde symbolisering, door alle delen van het lichaam, in dienst van de overdracht van het verhaal. Er is een aantal groepen van dansen te onderscheiden, waarvan de belangrijkste zijn: Dasi Attam (of Bharata Natyam) in Zuid-Oost India, Kathakali uit Zuid-West India (rond Calcutta) en Kathak uit het gebied rond Delhi in het noorden. Onderling verschillen deze traties weliswaar zeer, maar wat hen verbindt, is de oude Indische dansfilosofie die waarschijnlijk teruggaat tot ver voor onze jaartelling.

Het oudste bekende werk waarin deze filosofie over dans en drama in India is neergelegd, is de Bharata Natya Shastra, die vermoedelijk dateert van rond 500 voor Christus (Ghosh, 1975).

In de Indische dansdrama's ligt de nadruk op het *visuele* aspect en het gaat daarbij meer om het *suggereren* van emoties dan om de *afbeelding* ervan.

De Bharata Natya Shastra onderscheidt drie aspecten van de dans: natya, nritta en nritya. Natya komt overeen met het Griekse tragediebegrip. Het betreft het inspiratiemateriaal: oude mythen over Krishna en andere goddelijke wezens, liefdesverhalen, enz.. Nritta is de ritmische beweging van het lichaam in de dans. Het wil niet onmiddellijk stemming of emoties uitdrukken, maar moet veeleer gezien worden als een pure schone beweging. Nritya is het aspect van de dans dat expliciet probeert ras (emotie) en bhava (stemming) uit te drukken. In al deze gevallen gaat het meer om het oproepen van een suggestie dan om een natuurgetrouwe uitbeelding.

De techniek van uitbeelding wordt abhinaya genoemd, hetgeen letterlijk 'naar het publiek dragen' betekent. De dichter Tagore schreef over deze dansspelen: 'De gebeurtenissen van het leven worden, in hun uiterlijke aspect, allemaal in beweging getoond. Dus, wanneer een gebeurtenis met een uitzonderlijke betekenis moet worden uitgebeeld, is het natuurlijk dat haar beweging een corresponderende waardigheid wordt gegeven door de toevoeging van ritmische gratie (...). Hun tong is stil, maar het hele lichaam praat met tekens zowel als met bewegingen' (Tagore, 1928).

De techniek van abhinaya is in een aantal werken neergelegd. Onze voornaamste bron is de 'Abhinayadarpanam' van Nandikesvara. Het moment van ontstaan is hier onbekend, wellicht de derde eeuw na Christus. De kunst van uitbeelding wordt nog onderverdeeld in een aantal gebieden. Voor ons van belang zijn Angik (gebaren van het lichaam, van hoofd, nek, handen) en Sattvik (de uitdrukking van bepaalde basisemoties). Angik behelst nu de representatie van uiterlijke dingen (voorwerpen, gebeurtenissen, enz.) en Sattvik meer de expressie van wat in het innerlijk omgaat. Sattvik is gebaseerd op acht basisstemmingen: liefde, humor, pathos, woede, heldhaftigheid, paniek, afkeer, verwondering.

Wat het Angik-aspect betreft: het meest in het oog springend daarbij zijn de voorschriften voor de handbewegingen: de *mudra's*. De Bharata Natya Shastra geeft er zeven-en-zestig, n.l. 24 voor één hand, 13 voor twee handen en 30 nritta hasta's voor de pure dans. De Abhinayadarpanam is iets zuiniger en geeft slechts één-en-vijftig handgebaren.

Elk der verschillende mudra's, die ieder ook een eigen naam hebben, staan als symbool voor een aantal betekenissen. We geven enkele voorbeelden van mudra's die in de Abhinayadarpanam en de Bharata Natya Shastra met dezelfde betekenissen voorkomen:

Tripataka: kan staan voor kroon, boon, de ketali-boom, een lamp, oprijzende vlammen, een duif, patronen getekend op de borst of in het gezicht, een pijl, ronddraaien.

Ardhacandra: kan staan voor de fase van de maan op de achtste dag na nieuwe maan, een hand die in een keel grijpt, een speer, een bord waarvan men eet, oorsprong, middel, over zichzelf peinzen, meditatie, gebed, ledematen aanraken, groeten door gewone mensen.

Arala: kan staan voor vergif drinken, of ook nectar drinken, hevige wind. (fig. 2)

Dergelijke gebaren hebben dus een oppervlakkige gelijkenis met woorden in de taal: elk gebaar heeft een aantal specifieke betekenissen en men moet die betekenissen geleerd hebben om die gebaren te kunnen begrijpen. Toch lijkt het mij zelfs hier geheel onjuist om van een *danstaal* te spreken. Het aantal tekens is toch betrekkelijk beperkt en valt in het niet bij de hoeveelheid tekens in een werkelijke taal - ook vergeleken met de tekentaal van de doven.

| Tripatāka | Ardhacandra | Arāla |

Fig. 2. Drie mudra's

Een ander belangrijk verschil met de taal is dat het aantal betekenissen per mudra zo groot is, dat een grote mate van ambiguïteit blijft bestaan. Deze moet vanuit de context worden opgehelderd. Dit geldt voor de taal in veel mindere mate. Het belangrijkste verschil met een taal is echter het ontbreken van iets wat op een grammatica lijkt: de mudra's kennen geen vaste regels voor de opeenvolging en zijn ingebed in een geheel van bewegingen waarin ze hun bepaalde interpretatie krijgen.

Kunnen we de mudra's zien als betrekkelijk arbitraire tekens, zij zijn ondergeschikt aan een geheel van uitbeeldingstechnieken die een beroep doen op expressievormen, die direct aanvoelbaar zijn. Wanneer een danser de maan wil uitbeelden, toont hij niet alleen de bijbehorende mudra (bijvoorbeeld Ardhacandra), maar hij buigt bovendien het lichaam als een halve maan. De pijn, veroorzaakt door een onbeantwoorde liefde, wordt gesymboliseerd door de vlucht van een eenzame vogel, wiekend in de richting van de maan. Dit wordt gesuggereerd door een nerveus trekken van de vingers in de bijbehorende mudra en door het afwisselend omhoog en omlaag brengen van de wenkbrauwen als beeld voor de fladderende vleugels.

De Indische dans kan niet losgemaakt worden van de gehele context waarin ze optreedt. Het gaat om het zichtbaar maken van het geestelijk erfgoed van een volk en wel in een heel bepaalde vorm. We zien dit ook in andere Zuid-Oost Aziatische danstradities, zoals die van Cambodja, Thailand en Indonesië. (fig. 3)

Ritme, poëzie, muzikaliteit, zijn sleutelbegrippen, veel meer dan echte uitbeelding, dialoog, handeling. Hier ligt een belangrijk onderscheid met de Griekse en daarmee met de gehele Westerse danskunst.

119

Fig. 3. Hofdans uit Djokjakarta

3.4. Het klassiek ballet

In 1653 werd aan het Franse hof met veel pracht en praal het 'Ballet de la Nuit' opgevoerd. De vijftienjarige sterdanser daarin was gekleed in een weelderig kostuum en pronkte met een enorme hoofdtooi met grote veren versierd. Hij beeldde de zon uit waaromheen de gehele beschaafde wereld zich bewoog. Deze sterdanser was Lodewijk de Veertiende, die hieraan zijn bijnaam van 'Zonnekoning' dankt (Bland, 1976).

In 1661 stichtte Lodewijk, zoals ook uit deze anecdote blijkt zelf een groot dansliefhebber, de Académie Royale de la Danse. Dit werd later de Académie de la Musique, waar voor het eerst een professionele dansopleiding gegeven werd. Deze gebeurtenis betekende het einde van het ballet als exclusieve vrijetijds-besteding voor hofkringen. Tot die periode waren grote thematische dansuitvoeringen beperkt gebleven tot de adellijke elite en gericht op verheerlijking van de regerende kaste.

Frankrijk gaf sindsdien de toon aan en dit reflecteert zich nog heden in het feit dat alle technische ballettermen Frans zijn.

Fig. 4. Dansnotitie voor de passacaille

Van het begin af aan, heeft de hofetiquette strenge eisen gesteld aan de houding en beweging van de dansers. Reeds aan het einde van de 16e en 17e eeuw verschijnen er gedetailleerde teksten over danstechniek. (fig. 4).

Beroemd is Arbeau's 'Orchésographie' uit 1859: de eerste beschrijving van wat later de vijf basisposities van de voeten zouden worden.

Belangrijk is dat tot het midden van de 17e eeuw het publiek van *bovenaf* toezag. Dit had tot gevolg dat de nadruk gelegd werd op de patronen die op de vloer gelopen moesten worden. In de 18e eeuw kwam het publiek op gelijke hoogte met de dansers te zitten. Dit leidde tot verfijning van de techniek, waarbij met name meer aandacht geschonken werd aan bewegingen in het verticale vlak. De nadruk blijft liggen op het gracieuze, sierlijke, lichte als norm voor een goede beweging.

De achttiende eeuw, de eeuw van de Verlichting, brengt een nieuwe visie op de betekenis van de dans. Het zoeken naar de waarheid met behulp van de Rede komt op de voorgrond te staan en dit streven beïnvloedt ook de dans. Er verschijnen teksten van o.a. Ménestrier (1682), John Weaver (1712) en Noverre (1760), die allen benadrukken dat het gebaar zijn eigen taal spreekt, die in de dans moet worden uitgewerkt. Een grote invloed heeft het werk van John Weaver 'Essay Towards an History of Dancing' (1712). Hij benadrukt dat bewegingen in de dans niet alleen een *schone vorm* moeten hebben, maar dat het even belangrijk is dat de bewegingen iets *betekenen*. Hij pleit voor duidelijke, expressieve gebaren, die voor zichzelf spreken, zodat masker, kostuum, tekst, op de tweede plaats komen. In 1717 produceerde Weaver zijn 'The Loves of Mars and Venus'; waarschijnlijk het eerste ballet d'action in de moderne betekenis. Voor dit ballet gaf hij een uitgewerkte lijst van voorschriften voor de spelers, waarvoor hij zich beroept op de oude Griekse pantomime-kunst. We geven hier enkele voorschriften weer:

* *Bewondering*. Bewondering wordt getoond door het opheffen van de rechter hand, de palm omhoog gedraaid, de vingers gesloten; en in een beweging de pols rond-gedraaid en de vingers gespreid; terwijl het lichaam naar achter leunt en de ogen op het object blijven gericht.
* *Bedreiging*. Bedreiging wordt uitgedrukt door het opheffen van de hand en het schudden van de gebalde vuist; fronsen van de wenkbrauw, bijten van de nagels en inhouden van de adem.
* *Triomf*. De open hand schudden, boven het hoofd gestrekt, is een jubelende uitdrukking van triomf. In de tijd waarin Weaver schreef, oogstte de oorspronkelijk uit Italië en Frankrijk afkomstige traditie van de Commedia dell'Arte groot succes in Engeland. Zeer populair was met name de Arlequino-figuur. Weaver's rivaal Rich ontwierp waarschijnlijk de vijf basisposities van Arlequino, die ieder staan voor een bepaalde emotie. (fig. 5)

De techniek van de Commedia dell'Arte vertoont veel overeenkomst met die van de oude Griekse pantomime-spelers. De Commedia dell' Arte op haar beurt, heeft weer rechtstreeks het ballet beïnvloed.

Ontsteltenis *Uitdaging*

Geëmotioneerdheid

Bewondering *Vastbeslotenheid*

Fig. 5. De vijf basisposities van Arlequino

123

In de tijd van de Verlichting zien we dus dat het dramatische, verhalende element in de dans belangrijker wordt dan voorheen en dat naar middelen gezocht wordt om dit uit te drukken. In de 19e eeuw vindt, in de geest van de romantiek, een verdere synthese plaats van dans- esthetiek en pantomime. Toch lijkt het alsof er steeds een zekere mate van onverenigbaarheid blijft bestaan tussen de voor de klassieke ballettechniek kenmerkende basisbewegingen, zoals de attitudes en arabesques en de pantomimische en expressieve bewegingen.

Het ballet maakt namelijk ook gebruik van expressieve bewegingen, die een meer universeel karakter bezitten. Joan Lawson (1957), zelf danseres uit de klassieke school, bespreekt in haar boek 'Mime' enkele basisbewegingen die tot de natuurlijke emotionele expressie behoren.

Wij geven enkele voorbeelden van haar bespreking van deze basisrichtingen: (Lawson, 1957, pg. 16-22)

* *Voorwaarts*: bij groeten, bij bevestigen (ja-zeggen, gehoorzamen), bij vragen (de vragensteller heeft de neiging het hoofd naar voren te steken, in het bijzonder wanneer hij een abrupt 'waarom', 'wanneer' en 'waar' zegt), bij verbazing (om datgene wat verbazing wekt nader te bekijken).
* *Achterwaarts*: bij ontkennen of weigeren (vanaf een licht terugtrekken van het hoofd tot een daadwerkelijk wegrennen), bij afkeer of haat, bij angst (gepaard gaande met beschermende bewegingen).
* *Omhoog en naar buiten*: bij alle blijde emoties.
* *Omlaag en naar binnen*: bij alle emoties van verdriet: bij het overmand worden door verdrietige emoties begint het lichaam omlaag en naar binnen te zakken, naar zichzelf toe. Het hoofd hangt zwaarder en zwaarder op de schouders, die inzakken naar de borst toe. Het wordt moeilijk de voeten van de grond te lichten, de armen worden een last, en het is mogelijk dat de persoon die door verdriet overmand wordt, volslagen inklapt.
* *Draaien*: kan vergeleken worden met de punt aan het einde van een zin. Het kan ook de betekenis krijgen van een besluit nemen, of veranderen van voornemen of stemming.

Naast de beschouwingen die dansers zelf over het ballet hebben gegeven, verdient een aantal geschriften de aandacht dat door anderen over de dans is gepubliceerd. Het psychologen-echtpaar Kreitler & Kreitler (1972) heeft geprobeerd de verschillende kunsten te begrijpen vanuit een algemene psychologische theorie. Zij wijden in hun werk daarover ook een beschouwing aan de danskunst. Voor de dans vinden zij een aantal aspecten belangrijk dat de esthetische kwaliteit ervan bepaalt en wel:

1. *De balans*. De aantrekkingskracht van het ballet zou vooral schuilen in het omgaan met de zwaartekracht. Het klassieke ballet kenmerkt

124

zich vooral door het opwaartse streven, het zich losmaken van de aarde. Dit kan men interpreteren als een vlucht, als een zich afkeren van dagelijkse zorgen.

2. *De dynamiek.* Deze hangt samen met de ontplooiing van motieven in de *tijd*: vormen gaan in elkaar over, spanning en ontspanning, vlugge en langzame bewegingen wisselen elkaar af. De dynamiek ontstaat in het spel van deze bewegingsmotieven.

3. *Expressiviteit.* Bewegingen van het menselijk lichaam kunnen een betekenis dragen.

Naar de mening van de Kreitlers maakt de dans gebruik van een aantal basisbewegingen voor de uitdrukking van emoties die universeel zijn. Daarnaast onderscheiden zij ook aangeleerde cultuur-specifieke elementen. Naar hun mening zijn met name bewegingen langs de *verticale as* universeel en worden ze in alle culturen op gelijksoortige wijze gewaardeerd: 'Mensen over de gehele wereld beschouwen de omhoog gaande richting als uitdrukking van een energetisch streven en opgetogenheid, en de omlaag gerichte bewegingen als expressie van zwaarte, verloochening, verslagenheid, en beëindiging.' (pg. 181).

De visie van de Kreitlers over de universele connotaties van bewegingen langs de verticale as lijkt ons zeer belangrijk, maar naar onze mening is de beperking tot de verticale as alleen ongewenst. Terecht heeft Lawson gewezen op de connotaties die we natuurlijkerwijze hebben bij een aantal primaire bewegingsoriëntaties van het lichaam: naar voren en naar achteren, naar buiten en naar binnen. Wat hier geldt voor het lichaam in zijn totaliteit, geldt overigens ook voor de ledematen afzonderlijk: in handen die zich van het lichaam af strekken, komt een element van expansie te voorschijn, handen die zich om het lichaam vouwen, reflecteren een zich naar binnen keren. We zien dan ook in alle dansvormen dat een beroep gedaan wordt op de primaire psychologische bijbetekenissen, die deze bewegingen bij de toeschouwer oproepen.

We willen tenslotte nog een laatste studie bespreken over het klassieke ballet, waarin gepoogd is met behulp van de fenomenologie een aantal verschijnselen karakteristiek voor het ballet, te interpreteren. Het is het werk van G. Zacharias: 'Ballet, Gestalt und Wesen' (1962, Nederlandse vertaling: Ballet, Symboliek en Mysterie, 1964).

Zacharias probeert klassieke elementen van het ballet in verband te brengen met symbolen uit de oude mythologieën, riten, alchemistische symbolen, etc. Hij vat daarbij het woord symbool oftewel *zinne-beeld* in zijn letterlijke betekenis op namelijk als een beeld dat niet slechts verwijst doch dat zelf zin, cq. betekenis draagt. Een opvallend voorbeeld van zo'n zinnebeeld volgt hier:

Het 'en dehors' als zelfoffer. Onder het 'en dehors' wordt het uitdraaien van de benen vanuit de heupgewrichten verstaan. De reikwijdte en -hoogte, die het been kan bereiken, wordt er aanzienlijk mee vergroot. Het heeft echter ook een kwalitatieve betekenis. De grote dansestheticus Wolynski heeft gewezen op de kwalitatieve betekenis van het 'buitenwaarts' principe, bijvoorbeeld de binnenkant van de hand heeft een geheel andere betekenis dan de buitenkant. Zodra de handpalm bij het spreken getoond wordt, verschijnt: 'terstond een nieuwe, warme, zachte speelse stroom. Alles begint plotseling van binnen uit te stromen in een tot dusver onbekend licht.' (Wolynski, uit Zacharias, 1964, pg. 21-22). We zien dat effect bijvoorbeeld in de opgeheven hand van Christus op het 'Laatste Avondmaal' van Leonardo Da Vinci. Steeds gaat het buitenwaarts gericht zijn samen met connotaties van licht, warmte, uit de beslotenheid treden. Zacharias ziet daarom in het 'en dehors' een symbool voor het zelfoffer. De danser 'offert' daarmee het eigen ik. Het is tevens een offer aan de wereld, speciaal aan het publiek, dat daardoor zelf ook gebracht wordt tot een 'buitenwaarts' keren en zich open stellen voor de dansvertolking.

Op soortgelijke wijze geeft Zacharias interpretaties van het 'Equilibre' in de dans, van de voetposities, en van bepaalde danshoudingen. Om van dit laatste een voorbeeld te geven: Zacharias plaatst tegenover elkaar de attitude en de arabesque. De attitude is in zichzelf besloten, begrensd, eindig. Het is de houding van Shiva en Mercurius. Zij zijn symbolen voor het streven naar evenwicht tussen verschillende polen. De arabesque daarentegen is gericht op de verte, op de oneindigheid. (fig. 6)

Om Zacharias te citeren: 'De mens is een wandelaar tussen beide werelden; hij is evenzeer aan het immanente als aan het transcendente gebonden. Ook de attitude en de arabesque horen onverbrekelijk bijeen: steeds weer ontstaat uit de dans de ene uit de andere en omgekeerd.' (pg. 9).

Tot zover enkele auteurs over het ballet. Wij karakteriseerden in de inleiding dans als gestileerde expressie. Het ballet is daar een uitgezocht voorbeeld van. Het is uitbeelding en daarin maakt het gebruik van betekenissen die wij in het dagelijks leven ook toekennen aan fundamentele bewegingsdimensies (zoals boven-onder, naar voren-naar achteren, naar buiten-naar binnen). Het is ook een kunstvorm die strenge technische eisen stelt. Deze wortelen vaak in een oude traditie en zijn, zoals de bespreking van Zacharias suggereerde, ook niet van symbolische betekenissen ontbloot.

Zowel de technische eisen als bepaalde uitbeeldingsvormen hebben een complexe, historische voorgeschiedenis. De klassiek Griekse pantomime heeft, via de Commedia dell'Arte, zijn invloed doen gelden. Dit

Fig. 6. Attitude en Arabesque

alles maakt de vraag of we te maken hebben met 'natuurlijke' uitdrukkingsbewegingen dan wel met cultureel bepaalde, niet eenvoudig te
ontraadselen. Misschien hebben zich juist die uitdrukkingsmiddelen in
de loop der historie en door alle culturele omwentelingen heen bewaard,
die een direct appèl doen op ons natuurlijk inlevingsvermogen.

Het ballet heeft zich in de loop der tijd kunnen emanciperen van
hofdans, ter meerdere verheerlijking der regerende kaste, tot een autonome danskunst voor het gehele volk. Toch behield het in thematiek
zowel als in de techniek een voorkeur voor het niet-alledaagse (fig. 7a +
b).

Het koos voor het esoterische en romantische en gaf daarmee de
burger de mogelijkheid te ontsnappen in een droomwereld en zo de
alledaagse werkelijkheid achter zich te laten. We zien dit gesymboliseerd in het karakteristieke streven van het ballet aan de zwaartekracht
te ontsnappen, zoals in het dansen op de spitsen, waarin de aarde nog
nauwelijks geraakt wordt. In de loop der tijd werd het ballet steeds meer
ingesnoerd in een eng keurslijf van technische en thematische beperkingen. De tijd voor nieuwe dansvormen was aangebroken.

3.5. *De moderne dans*

3.5.1. *Inleiding*
Aan het begin van onze eeuw zien we pogingen ontstaan om de dans te
bevrijden uit de vastgeroeste vormen van het Academisch Ballet. Men

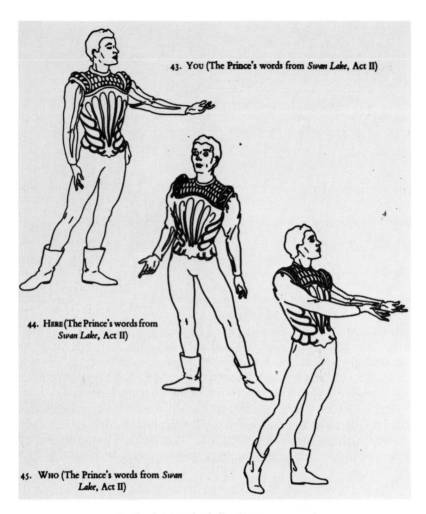

43. You (The Prince's words from *Swan Lake*, Act II)

44. Here (The Prince's words from *Swan Lake*, Act II)

45. Who (The Prince's words from *Swan Lake*, Act II)

Fig. 7a. Prins uit het ballet 'Het Zwanenmeer'

zocht naar een nieuwe 'taal' voor de beweging die beter paste bij een tijd van grote omwentelingen, zoals het begin van de 20e eeuw zeker was. We zullen in deze paragraaf een aantal pioniers van de moderne dans bespreken voor zover die duidelijk uitgesproken opvattingen hadden over de relatie tussen beweging en betekenis.

Er bestaat geen twijfel over het feit dat deze pioniers zijn: Isadora Duncan, Ruth Saint Denis, Ted Shawn, Martha Graham, Doris

128

46. SEE (The Princess's speech from *Swan Lake*, Act II)

47. THERE (The Princess's speech from *Swan Lake*, Act II)

48. The LAKE of (The Princess's speech from *Swan Lake*, Act II)

49. My MOTHER's (The Princess's speech from *Swan Lake*, Act II)

50. TEARS (The Princess's speech from *Swan Lake*, Act II)

Fig. 7b. Prinses uit het ballet 'Het Zwanenmeer'

129

Humphrey en Mary Wigman. Twee theoretici hebben eveneens een grote rol gespeeld: François Delsarte en Rudolf von Laban.

Het is karakteristiek voor onze tijd dat de moderne dans zo veel verschillende stromingen kent, zoals dat overigens ook geldt voor andere moderne kunstvormen als de schilderkunst en de muziek. Hierin weerspiegelt zich het moderne Westerse individualisme. De Westerse mens heeft zijn vaste zekerheden en zijn collectieve waarden verloren en hij moet ze in een persoonlijke worsteling voor zichzelf heroveren. In de moderne dans zien we dit weerspiegeld in de nadruk op de directe, persoonlijke expressie. Het uitvoerende individu probeert zijn persoonlijke emoties uit te drukken en kiest daarvoor een persoonlijke vorm.

3.5.2. *Isadora Duncan (1878-1927)*
Duncan, hoewel Amerikaanse van geboorte, vertrok spoedig naar Europa, waar zij haar verdere leven besteedde aan ontwikkeling van haar eigen unieke danskunst. Het ging er haar om op zo spontaan mogelijke manier emoties, stemmingen, maar ook muziek en gedichten of thema's ontleend aan de natuur, uit te drukken via haar lichaam. Zij werd daarbij o.a. geïnspireerd door de Griekse vazen in het Louvre, waarop verschillende dansposes zijn afgebeeld. Zij zocht geen revival van de Griekse danskunst, wel was ze ervan overtuigd dat de oude Grieken het menselijk lichaam beter hadden begrepen dan wij.

Het ging Duncan om de abstracte relatie tussen bewegingen en de betekenissen die zij vorm moesten geven: 'Ieder vers, iedere ervaring, ieder gevoel laat zich door een lijn voorstellen, en iedere lijn moet zich laten dansen.' (geciteerd in: Niehaus, 1981, pg. 24).

Duncan zocht naar de sleutelbewegingen of oerbewegingen waaruit alle andere als vanzelf zouden kunnen ontstaan. In urenlange meditaties in haar studio in Parijs ontdekte zij dat wanneer zij muziek hoorde, het geluid leek te stromen naar een bepaald punt waar zich de 'plexus solaris' bevindt: bij de maagstreek. Zij zag hierin 'het centrum van het lichaam'. In dit opzicht kunnen haar opvattingen vergeleken worden met tal van occulte en religieuze overleveringen, zoals de Yoga en de Chinese Chi-leer. De plexus solaris is daarbij één van de punten waar de onzichtbare levensstroom is geconcentreerd.

Ondanks haar ambitieuze idealen is Duncan niet boven een persoonlijke uitdrukkingskunst uitgekomen. Haar dansen kenmerkten zich door eenvoud. Zij was gekleed in een Griekse tunica en danste op blote voeten. Dit alleen al maakte op haar publiek een grote indruk. Haar bewegingsmateriaal was eenvoudig (zij het rijk geschakeerd): kleine en grote sprongen, stilstaan en vervolgens met grote schreden, half rennend naar voren komen en weer overgaan in een even vastgehouden pose, enz.. (fig. 8)

130

Fig. 8. Isadora Duncan

3.5.3. Denishawn-Delsarte

'Denishawn' was de naam van een dansgezelschap in de twintiger jaren; het is een samenvoegsel van de namen van Ruth Saint Denis en Ted Shawn, die het gezelschap leidden. Hun dansen waren gebaseerd op allerlei etnisch, folkloristisch en religieus materiaal met name ook met elementen uit Oosterse dansen. Voor ons onderwerp vooral belangrijk is de betekenis die zij toekenden aan het systeem van François Delsarte. Delsarte (1811-1871) was een Franse ex-toneelspeler die zijn leven geheel besteedde aan de bestudering (in natura) van het menselijk gebaar en zijn betekenis als expressiemiddel. Ted Shawn gebruikte dit systeem als theoretische basis voor zijn danskunst en schreef er een boek over: 'Every Little Movement' (1963).

Aan dit boek ontlenen wij de volgende gegevens: Delsarte formuleerde een aantal wetten en principes omtrent de relatie tussen beweging en betekenis. Het meest fundamentele principe is de *drievoudigheid*. Deze drievoudigheid komt men in vele religieuze overleveringen tegen (in India de Trimurti: Brahma, Shiva en Vishnu; in Egypte: Ra, Osiris en Horus; in het Christendom: de Vader, de Zoon en de Heilige Geest). Ook in filosofie en psychologie komt men vele drie-eenheden tegen (bijvoorbeeld in de psychoanalyse: Es, Ich en Uber-ich; in de filosofie: These, Anti-these en Synthese). In muziek en dans worden ook dergelijke drie-delingen aangetroffen. Delsarte onderscheidde nu drie essentiële richtingen, die voor het bestuderen van bewegingen vruchtbaar bleken:
1. van het lichaam uitgaande bewegingen die de mens in verbinding met de wereld brengen;
2. naar het lichaam toe gerichte bewegingen, en
3. een actief streven naar evenwicht tussen deze twee uitersten.

Delsarte sprak resp. van *excentrische*, *concentrische* en *normale* bewegingen.

Zijn tweede wet was *de wet der overeenkomst*: aan elke geestelijke functie beantwoordt een lichamelijke en vice versa. Excentrische bewegingen corresponderen met activiteiten als op de wereld gericht zijn, vreugde, handelingsbehoefte, en behoefte aan communicatie. Concentrische bewegingen corresponderen met bezinning, meditatie, in zichzelf gekeerd zijn, verdriet. Tenslotte is er steeds weer een zoeken naar evenwicht tussen die twee polen, leidend tot een harmonieuze, serene innerlijke toestand. Deze indeling trekt Delsarte nu ook door naar de bewegingen der afzonderlijke ledematen: hoofd, armen, handen, borst en romp.

We zullen nog één bewegingswet noemen, die verwantschap vertoont met gedachten die wij ook bij andere schrijvers hebben ontmoet: de *law of altitude*: het goede, positieve, constructieve, mooie, ware beweegt omhoog, naar voren, naar buiten; het destructieve, negatieve, lelijke, valse beweegt naar beneden, naar binnen, naar achteren.

De invloed van Delsarte op de ontwikkeling van de moderne dans berust volgens Garaudy (1974) en Shawn op de volgende punten:

1. de benadrukking van de romp tegenover de ledematen (dit laatste gebeurde in het klassieke ballet);
2. het inzicht dat iedere beweging iets uitdrukt: bewust of onbewust;
3. het begrip 'spanning-ontspanning' als basis voor de expressie van emoties (in het klassieke ballet lag de nadruk op de volgehouden spanning);
4. de betekenis van de val, de beweging naar de aarde toe als even belangrijk als de sprong, de vlucht naar het bovenaardse.

3.5.4. Martha Graham

De hierboven geschetste principes van Delsarte hebben hun invloed op de moderne dans langs allerlei sluipwegen uitgeoefend. Eén zo'n sluipweg en wellicht de belangrijkste, was Martha Graham. Zelf afkomstig uit de 'kwekerij' van Saint-Denis en Shawn, rebelleerde zij al spoedig tegen de al te theatrale en zoetige danscreaties van dit gezelschap. Graham werd sterk geïnspireerd door de grote omwentelingen (zoals bijvoorbeeld de opkomst van de psychoanalyse), die zich aan het begin van deze eeuw in de Westerse wereld voltrokken en zij zocht een danstaal die de geest van déze tijd adequaat zou uitdrukken. De toeschouwer moet, de dans meebelevend, tot een herkenning en een katharsis gebracht kunnen worden.

Graham legde de nadruk op het *ademhalingsproces*: dat wordt als het ware over het gehele lichaam uitgebreid. Het belangrijkste principe in haar techniek is daarom dat van *spanning versus ontspanning* - hetgeen zich uit in tegenstellingen als uitbreiden en inkrimpen, van het lichaam af en naar het lichaam toe gaan, zich openen-zich sluiten. Deze bewegingsmotieven vormen de belichaming (in de letterlijke zin van het woord) van psychologische tegenstellingen.

Ook zij benadrukte de relatie tot de *zwaartekracht*: niet langer wordt de grond als minderwaardig beschouwd; zij behoort integendeel tot de psychologie van de ruimte. Mazo (1977) merkt op dat Graham gebruik maakte van beelden en metaforen, die verwezen naar emotionele betekenissen: 'een wervelende beweging van het been, dat naar voren wordt gebogen ten hoogte van de heup en omlaag naar binnen bij de knie, roept een wervelende beweging van de geest op (---). Grote, vegende trappen opzij worden gebruikt in momenten van overweldigende emotie van hetzij extase of wanhoop, alsof de bronnen van gevoel overvloeiden en de ledematen in grote, krachtige bewegingen brachten.' (pg. 189-190) (fig. 9).

Fig. 9. Martha Graham

Martha Graham zocht dus naar een abstracte uitbeelding van betekenissen, ontdaan van alle overbodige franje en gereduceerd tot het meest
expressieve, zinvolle minimum. Het proces van de ademhaling was
daarbij voor haar het leidende principe.

3.5.5. *Doris Humphrey*
Doris Humphrey verliet, net als Graham, in de jaren dertig de Denis-
hawn-groep om een eigen danstaal te ontwikkelen. Waar bij Graham
echter de romantische, heftig emotionele kant op de voorgrond staat,
ligt bij Humphrey het accent op de uitgebalanceerde techniek.

Graham's stijl was sterk subjectief, gebonden aan haar eigen emoties
en belevingen. Humphrey daarentegen streefde bewust naar een objectieve dansstijl, die door een ieder gedanst zou kunnen worden. Mede
daarom had zij ook een duidelijk uitgekristalliseerde theorie over de
dans, neergelegd in haar boek 'The Art of Making Dances' (1959).
Humphrey onderscheidt vier basisingrediënten van de dans: het motief
of thema, het ritme, de dynamiek en de vormgeving. Voor ons interessant hierin is wat zij zegt over het *motief*; dit vindt men, om zo te zeggen,

134

Fig. 10. Doris Humphrey

op straat. Alles wat in de wereld gebeurt, is te beschrijven in termen van beweging, alles is zelf in beweging.

Humphrey onderscheidt een viertal soorten van gebaren in het dagelijkse leven, die in de dans getransformeerd worden:

1. *sociale gebaren*: drukken direct of symbolisch de betrekkingen tussen mensen onderling uit. De danser moet uit de geconventionaliseerde vormen, het oorspronkelijk gebaar weer zien terug te vinden;
2. *functionele gebaren*: zijn voornamelijk de gebaren bij het werk; zij uiten de betrekking tussen mens en natuur. De meest prozaïsche handelingen uit het dagelijkse leven kunnen een zinvolle plaats in de

135

choreografie vinden na, wat Humphrey noemt, een 'magisch bad van stilering';

3. *rituele gebaren*: zijn vooral te vinden in godsdienstige rituelen; zij verbeelden de betrekkingen tussen de mens en het bovennatuurlijke;

4. *emotionele gebaren*: zijn de belangrijkste bron voor de danser; het zijn de gebaren die spontaan door onze innerlijke toestand worden teweeggebracht.

Bij de vormgeving van emotionele gebaren stond bij Humphrey vooral de strijd met de zwaarte, zich uitend in 'val en herstel', centraal. (fig. 10).

3.5.6. *Rudolf von Laban: de ontwikkeling van een dansnotatie*

Met Laban (1879-1959) komen we in de geschiedenis van de Europese moderne dans terecht. Laban heeft zijn leven gewijd aan de analyse van de menselijke beweging. Zijn systeem, dat men een *technologie* van de dans kan noemen, vormt de basis voor de educatieve dans (*educational dance*), die zich met name vanaf 1946 in Engeland ontwikkelde, voor diverse dansexpressie-therapieën en voor de *Ausdruckstanz*, de Europese pendant van de Amerikaanse *modern dance*.

Laban maakt onderscheid tussen shape en effort. De vorm (shape) van de beweging wordt langs vier hoofdassen beschreven:
* rijzen en zinken;
* naar het lichaam toe en van het lichaam af;
* naar voren-naar achteren;
* naar binnen-naar buiten.

Daarnaast onderscheidt Laban een viertal effort qualities. Deze bepalen de manier waarop de danser met de spankracht en energie in zijn lichaam omgaat. Als dynamische bewegingskwaliteiten onderscheidt hij:
* *kracht*: stevig versus licht;
* *tijd*: versneld versus vertraagd;
* *ruimte*: rechtstreeks, doelgericht versus vrij in de ruimte bewegend;
* *flow*: vloeiend, ongebonden versus hoekig, bonkig, compulsief.

Door de eerste drie zojuist genoemde variabelen te combineren, ontstaan de 'basic effort qualities' (zie V. Preston-Dunlop, 1980).

Met behulp van deze onderscheidingen kan nu aan iedere beweging een groot aantal omschrijvingen gegeven worden. Hieronder volgt een voorbeeld (ontleend aan Preston-Dunlop). Het gaat om de karakterisering van *duwen*.

Duwen: 'het hele lichaam duwt zichzelf naar buiten of trekt zichzelf naar binnen. De palmen kunnen verschillende richtingen tegelijk opgaan en de benen nemen een stevige en wijde positie in als een goede basis. Het lichaam voelt zich onder controle en vol kracht; stevig, stoer, trekken, uitpersen, massief, machtig, zwaarwichtig, beslist.' (pg. 74).

Het door Laban uitgewerkte systeem put zijn kracht vooral uit het feit, dat het enerzijds een uitgebreide inventarisering van de beweging behelst, anderzijds de danser niets voorschrijft. Deze kan vanuit zijn eigen fantasie omgaan met deze gegevens. (Voor een kritische beschouwing van Laban's systeem: zie Redfern, 1982.)

3.5.7. Mary Wigman: Ausdruckstanz

Eén van de pioniers die Laban's theorie in praktijk brachten, is Mary Wigman (1886-1973). Zij kan de Europese pendant van Martha Graham en meer nog van Doris Humphrey genoemd worden. Net als bij Humphrey ging het haar er om het lichaam als een instrument voor emotionele expressie te gebruiken, anderzijds niet terecht te komen in een oeverloos zwemmen in emoties. Het systeem van Laban bood haar een goed omlijnde techniek.

Bij Graham was het uitgangspunt de ademhaling, symbolisch voor de innerlijke strijd van de mens. Bij Humphrey werd de basis gegeven in de relatie met de aarde: val en opstanding. Bij Wigman is de basistegenstelling die tussen mens en omringende wereld, gesymboliseerd door de ruimte.

Een helder overzicht van de danstheorie van Laban-Wigman geeft Corrie Hartong in 'Danskunst' (1948). Hartong was een directe leerlinge van Wigman en heeft daarna de moderne dans in Nederland tot ontwikkeling gebracht. Ze omschrijft dans als 'rhytmisch gevormde beweging van het lichaam in de ruimte', daarbij drie basiselementen benadrukkend: ritme, lichaam en ruimte (met zijn organisatie in lagen en richtingen).

Met name interessant is haar beschouwing over de ruimte en haar uitwerking van de psychologische connotaties van de ruimtelijke *lagen*:
laag: het beneden-menselijke, sterke verbinding met de aarde, de duisternis, het driftleven;
midden: het menselijk gevoel, verstand en wil treden afwisselend op de voorgrond;
hoog: het boven-menselijke, het verlangen, het streven, het vergeestelijkte, het etherische.
Naast de lagen zijn er ook *richtingen* met bepaalde connotaties:
vooruit: doelbewust, naar iets toe getrokken;
achteruit: overgegeven, meegenomen;
zijwaarts: onpersoonlijk, iets gedrevens, maar zonder doel, dreigend;
diagonaal: doelbewust, heersend;
boog: zich bewust voegend in een gedreven worden (door het middelpunt van de cirkel).
Zoals we zagen is de ruimte voor Laban, Wigman en Hartong en hun

school in de eerste plaats een psychologische ruimte, gekoppeld aan het lichaamsplan. De danser treedt deze ruimte op een kunstzinnige wijze binnen.

3.5.8. *Merce Cunningham: de dansbeweging als pure vorm*

De verdere ontwikkelingen van de dans, met name vanaf de jaren vijftig, kunnen hier alleen in het kort besproken worden. Het valt op, dat er grosso modo een verschuiving te zien is in het *uitgangspunt* van de dans. In het klassieke ballet waren er twee uitgangspunten: enerzijds moest het geheel er gracieus, sierlijk, licht uitzien; anderzijds moest er een verhaal een plot in het ballet zijn.

In een tweede fase (Isadora Duncan, Graham, etc.) komt de nadruk te liggen op *expressie*, namelijk van wat in het innerlijk, het onbewuste leeft. De techniek zelf werd aanvankelijk veel minder belangrijk gevonden.

In een derde fase, ingeluid door vooral Merce Cunningham, wordt het medium, m.a.w. *de beweging zelf*, als uitgangspunt genomen. De dans wordt daardoor over het algemeen meer abstract. Dat moet overigens letterlijk genomen worden: bewegingsmotieven worden geabstraheerd uit het verband waarin ze in het dagelijks leven voorkomen. Alledaagse bewegingen (staan, lopen, hollen, vallen, struikelen, springen) zijn uitgangspunten van choreografieën, vaak zonder onderlinge samenhang. Tegelijkertijd is het opvallend dat er steeds meer aandacht voor technische verfijning komt.

Een voorbeeld van deze benadering is het werk van Merce Cunningham, de rebel uit de jaren vijftig. Cunningham's dansen staan bekend om de grote mate van technische perfectie, die hij van zijn dansers vergt. Over de boodschap in zijn dansen zegt hij echter: 'Ik wil zelfs niet eens dat een danser begint te denken, dat een beweging iets betekent.' (geciteerd uit Mazo, 1977, pg. 204). De zin van de beweging wordt al gegeven door het feit dat de danser mens is, zoals de toeschouwer: 'Ik denk dat alles wat een mens doet op een of andere manier een expressie van hem is' (ibid., pg. 204).

Cunningham is er in zijn choreografie niet op uit een bepaalde boodschap over te brengen, maar om een reeks indrukken te verstrekken. Iedere toeschouwer zal daar op zijn eigen, unieke manier op reageren. 'Dans geeft een veelheid van betekenissen voor een diversiteit van mensen' (ibid., pg. 207).

Cunningham is hierin consequent geweest. Hij heeft de gewoonte zijn dansen op te bouwen uit afzonderlijke stukken. Door het werpen van een bepaalde munt bepaalt hij vóór aanvang van de uitvoering in welke volgorde de stukken worden gespeeld.

3.5.9. *De moderne dans en de hedendaagse Westerse mens*

Zoals we zagen, voelden de exponenten van de moderne dans zich gedwongen hun opvattingen en ideeën over de dans expliciet te maken. Zij moesten hun rebellie tegenover een gevestigde en vanzelfsprekend geworden traditie rechtvaardigen en hadden zich dus uit te spreken over wat zij met de dans wilden bereiken en hoe zij de dans vorm wilden geven. Dit bracht hen tot een diepgaande reflectie op het wezen van de dans en de eigen danskunst. Opvallend daarbij is dat een aantal van de belangrijkste vertegenwoordigers geprobeerd heeft het wezen van de dans te beschrijven vanuit een fundamenteel thema: bij Graham de tegenstelling tussen spanning en ontspanning, als symbolisch voor de innerlijke strijd van de mens; bij Humphrey de tegenstelling tussen val en opstanding en bij Wigman de relatie van de mens tot de ruimte. Het is alsof deze dansers heben gepoogd, dat wat zij als het wezenlijke van de menselijke existentie en strijd zagen, in hun dans tot uitdrukking te brengen. Het loslaten van de oude traditie van het klassiek ballet dwong hen opnieuw de zin en het wezen van de dans te formuleren. Tenslotte leidde dit ook tot een opvatting waarin welbewust werd afgezien van elke aanduiding of interpretatie en beweging op zich genomen en geapprecieerd werd zoals een abstract schilderij uitsluitend om zijn esthetische kwaliteiten kan worden gesavoureerd.

De moderne dans is zijn wortels in een homogene cultuur kwijt. In onze Westerse samenleving heeft de dans zijn vanzelfsprekende plaats verloren, zoals dat ook met andere kunstvormen is gegaan. De moderne danser is daarom op zichzelf teruggeworpen en gedwongen te zoeken naar de functie en vorm van zijn activiteit. In deze zin reflecteert de moderne dans juist ook weer de positie van de Westerse mens die, losgeraakt van zijn vaste bindingen -gezin, religie, vaste zekerheden en waarden- voor zichzelf experimenterend, zoekt naar de zin en de vormgeving van zijn bestaan. We zien in de moderne dans veelvuldig thema's voorkomen die de problematiek van het moderne leven tot onderwerp hebben: thema's van vervreemding, en dreiging van de massa tegenover de enkeling, relatieproblemen, angst.

3.6. *Nabeschouwing: Waarom danst de mens?*

We hebben nu uiteenlopende dansvormen de revue laten passeren en we kunnen ons nu, met deze kennis gewapend, opnieuw de vraag stellen: Waarom kiest de mens de dans voor het bereiken van bepaalde doeleinden? Welke middelen wendt hij aan om die doeleinden te bereiken?

Waarom danst de mens? Onze zwerftocht langs uiteenlopende dansvormen heeft laten zien, dat de mens met de dans vele doeleinden kan nastreven, die op verschillende niveaus liggen en onderling complex verweven zijn.

We kunnen voor een eerste benadering over deze vraag het beste kijken naar die relatief homogene, pre-industriële culturen, waar de dans een erkende, vaste plaats in de gemeenschap inneemt. De antropologen die de etnische dans in deze culturen hebben bestudeerd, onderstrepen de belangrijke *gemeenschapsfuncties* die de dans vervult. De dans staat in dienst van de groepscohesie; zij functioneert als een middel tot versteviging van de bestaande *groepsstructuur*. De dans accentueert wie tot de leden van een groep behoren; zij illustreert de onderlinge relaties en bevestigt de gezagsverhoudingen. We zagen dit element zelfs nog bij hofdansen in het 17e eeuwse Europa, waar bijvoorbeeld Lodewijk XIV de dans gebruikt om zijn rol als absoluut monarch te demonstreren.

Dit *samenbindend* element van de dans zien we ook in de uitbeelding van oude mythen, die de gemeenschappelijke geestelijke erfenis van een culturele groep, de geschiedenis van een stam, symboliseren. Dergelijke thema's spelen nog een rol in de Indiase dans, zoals in de uitbeelding van het Ramayana-epos, en in andere Zuid-Oost Aziatische dansvormen, maar ook in moderne balletten die de revolutie verheerlijken (zoals in het China van Mao).

Met name in volksdansen zien we vaak de uitbeelding van de eigen werkzaamheden: oogstdansen, weversdansen, vissersdansen. In Griekenland kent men de 'Dans van de Slagers'. Dergelijke dansen hebben naast andere doeleinden: het accentueren van de identiteit van de groep. Hierin komt ook een nieuw element te voorschijn: deze dansen zijn een symbolische weergave van de dagelijkse bezigheden. Ze geven daarmee de mens de mogelijkheid zichzelf bewust te worden van zijn bestaan. 'Door die activiteiten vrij in symbolische vorm weer te geven, verwerft hij een zekere distantie ten opzichte van zijn 'situatie' die hem tot op zekere hoogte ook ervan bevrijdt.' (Van Meel, 1979; pg. 17).

In de homogene culturen zien we de dans ook als instrument voor *magische en religieuze doeleinden*. De relatie van de groep tot de omringende, onzichtbare machten wordt in de dans bevestigd. De dans kan dienen om geesten, voorouders gunstig te stemmen, om boze geesten af te weren, om van bovenzinnelijke machten bepaalde gunsten af te smeken, of om een bijzondere verbinding met de geesten aan te gaan. In de Haïtiaanse Voedoe dansen bijvoorbeeld kunnen geesten -de loa- tijdens de dans bezit nemen van de dansende. Het karakter en de eigenschappen van de geest worden door de dansende uitgebeeld. Het gaat hier, in de regel althans, niet om simulatie - zowel danser als omstanders zijn overtuigd van het 'bezeten' zijn.

We zien de dans ook aangewend worden als middel om de mens *in een bepaalde toestand* te *brengen en* hem daarmee *voor* te *bereiden op bepaalde handelingen*. De krijgsdansen zijn een voorbereiding op de strijd en stimuleren moed en agressiviteit. De jachtdansen, die jager en prooidier uitbeelden, proberen door imitatie van het dier en de jacht de kansen op succes te verhogen.

De dans is een bijzonder effectief middel om bij de mens *emoties op te wekken*. Door zijn meeslependheid en aanstekelijk karakter is de dans in staat de mens in bepaalde gemoedstoestanden te brengen. In de gemeenschap wordt daarvan gebruik gemaakt door bij bijzondere aangelegenheden of grote gebeurtenissen (zoals overwinning, dood van de koning), maar ook in het leven van individuen (geboorte, initiatie, huwelijk) te dansen en gemoedstoestanden van vreugde en verdriet op te roepen.

Een belangrijke biologische functie van de dans die we nog in alle culturen zien, is de *sexueel-erotische*. In vele etnische dansen spelen man-vrouw relaties een rol waarin thema's als het uitdagen, verlokken en veroveren op de voorgrond staan. De dans heeft als instrument het menselijk lichaam. Dansbewegingen lenen zich bij uitstek om het menselijk lichaam als aantrekkelijk en verleidelijk voor te stellen. Een voorbeeld zijn de Arabische buikdansen. Het element van erotische stimulering speelt nog een heel duidelijke rol in de moderne amusementsdansen. De disco-wereld is hiervan een goede illustratie. De grote pionier van het onbevangen wetenschappelijk onderzoek van de sexualiteit bij de mens, Havelock Ellis, publiceerde in 1923 een boek met de veelzeggende titel 'The Dance of Life'. Het tweede hoofdstuk van dit werk is speciaal gewijd aan de dans. Daarin benadrukt Havelock Ellis het gelijktijdig voorkomen van religieuze en sexuele thema's in de dans. De dans zou een biologische betekenis hebben en in dienst staan van de sexuele functie.

In onze moderne samenleving heeft de dans zijn vaste, door ieder gekende rol in dienst van de gemeenschap, voor een groot deel verloren, hoewel in onze Westerse wereld bijvoorbeeld de volksdansen nog iets laten zien van die oorspronkelijke functionele verbanden.

Bepaalde functies van de dans, die ook in de homogene culturen al aanwezig waren, maar ingebed in een breder cultureel patroon, worden nu in sterke mate verzelfstandigd, nl. *uitbeelding* en *expressie*. In onze Westerse samenleving zien wij de dans optreden als autonome kunstvorm, erop gericht om zowel bij danser als bij toeschouwer emoties op te roepen.

De dans geeft de dansende en de toeschouwer die empatisch meebeleeft de mogelijkheid uiting te geven aan wat in hem leeft; vorm te geven aan wat hem inspireert of wat hem bedrukt en beklemt. De dans kan dus een belangrijke *kathartische waarde* hebben. Van deze genezende functie van de dans werd al gebruik gemaakt in de pre-industriële culturen. De danser die door een geest bezeten is, kan dit bijvoorbeeld uiten in een uitbarsting van agressie. De priester zal de dansende begeleiden en diens emoties geleidelijk laten afvloeien en kanaliseren. Ook in onze moderne samenleving wordt de dans gebruikt als therapeutisch medium. De patiënt kan zijn emotionele conflicten in de dans tot expressie brengen en de dans verschaft hem zo de mogelijkheid tot een emotionele zuivering te komen (voor nadere literatuur over danstherapie, zie: H. Cammaer, 1982 en B. ter Braak, 1972).

Een dergelijke kathartische functie vinden we ook in de dans uit India. Singha en Massey (1967) wijzen er op dat het Indiase dansdrama dramatische conflicten kan behandelen, maar dat ook het meest gruwelijke dansdrama eindigt in een scène, waarin de god vergeving schenkt en zij merken naar aanleiding daarvan op: 'Voor enige uren hebben de mensen de essentie van de elementaire passies beleefd in een ongebruikelijke en onaardse atmosfeer. Met zonsopgang gaan ze naar huis, gezuiverd en opgeheven, na gewandeld te hebben met de goden.' (pg. 113).

Van oudsher zijn dans en drama nauw verbonden geweest. Het Griekse drama is ontstaan uit de Dithyrambische dansen ter ere van de god Dionysos. In vele culturen ziet men dramatische elementen in de dans. De dans kan dus een *verhalend, thematisch karakter* aannemen. Met de bewegingen en gebaren van het lichaam is de mens in staat tot uitbeelding van gebeurtenissen. Hij gebruikt daarbij imitatie en analogie om verschijnselen uit de uitwendige wereld weer te geven. We zien dat bijvoorbeeld in de jachtdansen waarin het prooidier wordt uitgebeeld, maar ook in de uitbeelding van kosmische verschijnselen, overleden personen, bepaalde karakters, goden en geesten.

In de traditionele en de grote klassieke culturen is het verhalend element in de dans gebruikt in dienst van die gemeenschapsfuncties die we hiervoor opsomden (zoals het verhalen van de gemeenschappelijke tradities en oude mythen). In de moderne samenleving zien we dat ook dit verhalende element verzelfstandigt. Het klassieke ballet is gebouwd rondom romantische thema's die in een onwerkelijke wereld spelen. In de moderne dans (en ook in het moderne ballet) zien we pogingen het verhalende element in dienst te stellen van de existentiële thema's die de moderne mens beheersen: eenzaamheid, contactproblemen, de enkeling tegenover de massa, etc.

In onze beschouwing tot hiertoe hebben we de nadruk gelegd op de vele en belangrijke functies die de dans in de pre-industriële culturen en -minder direct herkenbaar- in onze moderne samenleving vervult. Waarom is nu de dans zo'n bij uitstek geschikt medium om deze functies op zich te nemen? Het lijkt ons dat een aantal elementen daarvoor verantwoordelijk is:

Het instrument van de danser is *het eigen lichaam*. Daarmee is de dans het meest directe en meest persoonlijke expressiemiddel. Er is geen distantie tussen de danser en zijn medium: de lichamelijke beweging. Hij *is* direct dat wat hij uitbeeldt en vorm geeft. Dit heeft ook zijn directe weerslag bij de toeschouwer. Deze wordt onwillekeurig gedwongen de dansbewegingen mee te beleven; empathie dwingt hem zich te voegen naar de bewegingen van de danser. De sterke impressie die de dans op de toeschouwer maakt, wordt nog geaccentueerd door tatouage, schildering, kostuums, maskers, muziek.

De dans is *ritmische beweging*. Ze beantwoordt daarmee aan een fundamentele wetmatigheid van onze biologische structuur, waarin de afwisseling van spanning en ontspanning in allerlei levensprocessen steeds is terug te vinden. Ritme heeft een sterke zuigkracht. Het is in staat massa's mee te slepen en in zijn ban te krijgen. Het kan daardoor zeer sterk samenbindend werken en in extreme gevallen zelfs individualiteit en kritische zin uitschakelen.

Tenslotte maakt de dans gebruik van *gebaren en bewegingen* voor expressie en uitbeelding. De symbolische betekenis hiervan is zeer direct en onmiddellijk aansprekend.

Het menselijk lichaam en elk der menselijke ledematen is beladen met een zeer gevarieerde rijkdom aan connotaties en betekenissen. In vele culturen zien we bijvoorbeeld het hoofd als symbool voor het geestelijke, het verstandelijke, de borst als symbool voor gevoelens en passie en de buikstreek als symbool voor (lagere) driften. Op een dergelijk onderscheid berust al Plato's indeling in drie maatschappelijke klassen: filosofen, strijders en boeren.

Ook de fundamentele ruimtelijke dimensies, zoals we die vanuit het lichaam ervaren, zijn beladen met betekenissen: het hogere en het lagere met al hun symboliek, naar voren en naar achteren als symbolen voor o.a. toekomst en verleden, aanvaarding en verwerping, aanval tegenover vlucht.

Het lichaam en de ruimte waarin het lichaam zich beweegt, bezitten dus een natuurlijke symboliek die vermoedelijk universeel is en zo verspreid dat ze in alle dansvormen terug te vinden is. Het gaat hier om een symboliek die aan de toeschouwer direct vertrouwd is en voor hem onmiddellijk transparant.

De dans ontleent vervolgens zijn uitdrukkingsmiddelen aan een abstrahering uit de dagelijkse omgang van de mens met de dingen om hem heen en met de personen uit zijn omgeving. De uitbeelding van activiteiten die sociale relaties weergeven, doet een beroep op een onmiddellijke kennis die wij allen, vanaf onze vroege kinderjaren, bezitten: omhelzen, wegduwen, overmeesteren, zich trachten te ontworstelen, toenadering, afweer, nieuwsgierigheid, schrik, enz. Weliswaar worden deze handelingen in de dans gestileerd en geabstraheerd weergegeven, maar ze blijven toch herkenbaar.

Ook in deze middelen is er een grote universaliteit over een brede groep van culturen. De basiservaringen met dingen en mensen zijn immers over de gehele wereld gelijk. Als sensitief toeschouwer kunnen we daarom ook dansen uit vreemde culturen toch meebeleven. Zo schrijft Raymond Cogniat (1932) naar aanleiding van de dans uit Cambodja: 'Het zijn zaken die gemeenschappelijk zijn voor heel de mensheid, met dezelfde betekenis, met dezelfde kracht en met ongeveer dezelfde uitdrukkingsmogelijkheden in alle delen van de wereld.' (pg. 6).

Onze conclusie kan dus zijn, dat over de gehele wereld en in verschillende dansvormen gebruik gemaakt wordt van een rijk repertoire aan expressie- en uitbeeldingstechnieken, dat berust op aangeboren dan wel vroeg verworven kennis van omgangsvormen met mensen en dingen.

Dit alles wil echter nog geenszins zeggen, dat de bedoeling, het thema, de 'plot' of het verhaal, ook zonder nadere toelichting begrijpelijk is. Eerst wanneer we de culturele traditie, de bijzondere gelegenheid, de bepaalde intentie, kortom de context kennen, dan kan de dans voor ons het thema zichtbaar maken. De dans, zouden we kunnen zeggen, *reconstitueert* binnen een vertrouwde context het thema, de mythe, de religieuze of historische wereld.

In meer geavanceerde danstradities zien we specifieke uitdrukkingsmiddelen ontwikkeld worden, wier betekenis slechts op conventionele afspraken berust. Bepaalde passen, bepaalde bewegingen van handen en vingers (het meest geperfectioneerde voorbeeld dat wij bespraken, waren de Indiase mudra's) worden specifieke betekenissen toegekend, die men slechts als ingewijde in een traditie kan interpreteren. Hoewel de dans hier het arbitraire, conventionele karakter van zijn tekens deelt met de taal, mogen we zelfs hier niet van een *danstaal* spreken, zoals we in de bespreking van de mudra's hebben uiteengezet. Dergelijke geconventionaliseerde tekens zijn echter altijd ingebouwd in het geheel van meer fundamentele houdingen en bewegingen die op onze directe ervaringen berusten en geen specifiek leerproces behoeven.

Ook die conventionele tekens hebben wellicht een niet geheel arbitraire geschiedenis, zoals bijvoorbeeld het volgende citaat van Cogniat (1932) voor de Cambodjaanse dans suggereert! 'Het gebaar werd een conventionele taal, een vorm van pantomime die, in haar details, niet kon worden begrepen door de niet-ingewijden, en die ondertussen voor iedereen, zelfs buiten de kennis van de eigenlijke auteurs om een suggestieve macht bezat door haar wortels in de realiteit.' (pg. 6).

De speciale bekoring en bijzondere aantrekkingskracht van de dans is misschien niet geheel in de nuchtere taal van de wetenschap te vangen.

Daarom laten we, hier aan het einde van deze bespreking gekomen, graag een meer dichterlijk schrijver aan het woord.

'Dans', zegt Garaudy in zijn boek 'Leven is Dansen', 'is een manier van bestaan. Het is een viering meer dan een spel, een deelname, meer dan een schouwspel; het is verwant aan toverkunst of godsdienst, aan werk en feest, aan liefde en dood.' (1974; pg. 11).

De dans heeft de mens van de oudste tijden af in staat gesteld zich te bevrijden van de directe last van het bestaan, een nieuwe wereld binnen te treden waarin de dagelijkse werkelijkheid wordt getransformeerd in een bevrijdend spel, waarin emoties kunnen worden uitgeleefd en tot harmonie gebracht, een spel met de zwaartekracht waarin de mens als 'homo ludens' aan de zwaarte van het bestaan, zowel letterlijk als figuurlijk, ontsnapt.

4. Beweging en gebaar in de beeldende kunst

A.Th. van Meel-Jansen

Een goede schilder moet vooral twee dingen schilderen, namelijk de mens en de werking van de menselijke geest. Het eerste is makkelijk, het tweede moeilijk, want dat moet men voorstellen door de gebaren en bewegingen van de ledematen.

Leonardo da Vinci

4.1. Inleiding

Eén van de onopvallende, maar essentiële kenmerken van de meeste werken uit de beeldende kunst is, dat ze niet bewegen. Een schilderij of beeldhouwwerk kan beweging afbeelden, maar zelf zijn ze doorgaans volmaakt stil. Bewegende beeldende kunstwerken (mobiles, kinetische kunst, fantastische machines) zijn een relatief recente ontwikkeling binnen de beeldende kunst (zie Kepes, 1965). In deze kunst wordt trouwens maar zelden de illusie van menselijke beweging of menselijke gebaren gewekt. In de film, het marionettenspel of de wajangopvoering is dat wel het geval, maar dan hebben we het gebied van de beeldende kunst al bijna verlaten, en belanden we bij de overgang naar de theater-kunsten.

Zo stuiten we op een bijzonder probleem: hoe kan de beeldende kunst, zelf doorgaans onbeweeglijk, beweging in het algemeen, en gebaren in het bijzonder weergeven? Dit is een vraag naar de middelen, die in het *beeld zelf* gegeven zijn om de suggestie van beweging te wekken. Willen die middelen effectief zijn, dan moeten ze ook door de *beschouwer* begrepen worden. De *kunstenaar* die het werk maakt, neemt daarin die aanwijzingen voor beweging op, die hij of zij zelf kent en toepasselijk acht. Bij die middelen is er één typisch gebonden aan de persoon van de maker. Dat is het 'handschrift' van de kunstenaar, de toetsen en vegen waarmee het werk werd uitgevoerd. Dit noemt men ook wel het 'gebaar' van de kunstenaar. Het draagt bij tot de indruk van beweeglijkheid.

146

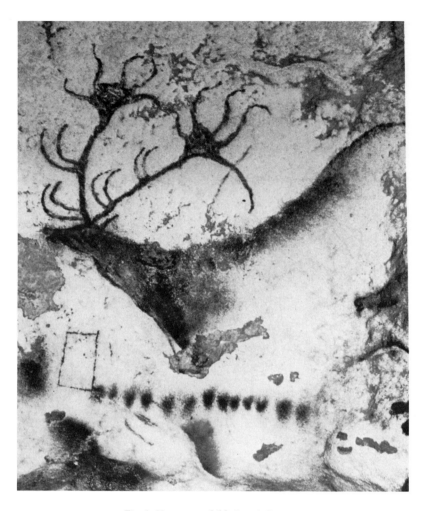

Fig. 1. Hert - grotschildering uit Lascaux

Beweging en gebaar in de beeldende kunst zullen in het hiernavolgende dan ook vanuit drie perspectieven bekeken worden. Het eerste is dat van de informatie over beweging en gebaar, die in het werk zelf gelegen is. Vanuit de tweede gezichtshoek wordt bekeken hoe de kunstenaar door zijn gebaar aan de suggestie van beweging bijdraagt. Vanuit het derde gezichtspunt wordt beschreven hoe de beschouwer informatie over beweging en gebaar verwerkt.

4.2. De suggestie van beweging en gebaar in het kunstwerk

4.2.1. Het afbeelden van bewegingen

De alleroudste afbeeldingen die wij kennen, zijn van meet af aan beweeglijk. De schilderingen van paarden, herten en bisons, zoals die in de grot van Lascaux -15.000 tot 13.000 jaar oud- tonen dieren die lopen, rennen, de kop oprichten, of juist dreigend neerbuigen (fig. 1).

De bloeitijd van deze grotkunst wordt gesteld op een periode van 25.000 jaar, dat wil zeggen van ongeveer 35.000 tot ongeveer 10.000 jaar geleden (Collins, 1976). Om te kunnen schilderen of graveren op rotswanden, moet de prehistorische mens éérst het gebruik van werktuigen en kleurstoffen hebben ontwikkeld. Wat kunnen deze schilderingen ons vertellen over de bewegingsweergave in het algemeen?

Beweging lijkt in deze alleroudste kunstuitingen van meer fundamenteel belang te zijn dan ruimte. Van de ruimteweergave zegt Collins, dat zowel op draagbare objecten, die in iedere stand gehouden kunnen worden, als op de plafonds en wanden van de grotten, de dieren in allerlei hoeken ten opzichte van elkaar zijn afgebeeld. Het vertikale en horizontale bestaat er nauwelijks. Met instemming citeert hij Giedion, die schreef: 'Het is geen chaos. Het benadert eerder de orde van de sterren die zich bewegen in een eindeloze ruimte, onbeperkt en alzijdig in hun relaties. Bruuske naast-elkaar plaatsingen zowel in maat als tijd werden geaccepteerd als vanzelfsprekend. Alles werd getoond binnen een eeuwigdurend heden, het voortdurend samenvloeien van vandaag, gisteren en morgen.' (Collins, pg. 150).

Een ander aspect van de grot-schilderingen, dat veel aandacht heeft getrokken, is hun onschematische aard. Hauser (1975) zegt hierover: 'Wij geraken te meer in verlegenheid door wellicht het vreemdste verschijnsel in de kunstgeschiedenis, namelijk, dat er in het geheel geen parallellen bestaan tussen deze prehistorische kunst en kindertekeningen of de kunst van de meeste der meer recente primitieve volken. Kindertekeningen en de kunstvoortbrengselen van hedendaagse primitieve volken zijn rationalistisch, niet sensorisch ... zij geven een theoretisch synthetisch, geen optisch organisch beeld van het voorwerp ... Het eigenaardige bij de naturalistische tekeningen van het Oude Steentijdperk, hiertegenover, is, dat zij de visuele impressie in zo'n onmiddellijke, onvermengde vorm weergeven, zo vrij van alle verstandelijke bijvoegsels en beperkingen ...' (pg. 10).

Waarom zijn de grottekeningen wel beweeglijk maar niet ruimtelijk verankerd, en niet schematisch? Om te beginnen weten we niet precies of er nog stadia zijn geweest, voorafgaand aan de werken die we nu kennen. Het is mogelijk dat zulke vroegere werken er wel geweest zijn. Zelfs is het denkbaar, dat zij ontstaan zijn vóór er sprake was van

148

werktuiggebruik, of verfstoffen. Is het niet mogelijk een figuur met de vinger in het zand te trekken? Over het al of niet aanwezig zijn van een schematische voor-fase kunnen we dus weinig zeggen. De aanwezigheid van beweging en de afwezigheid van ruimteweergave is misschien te verklaren vanuit het jagersbestaan dat de prehistorische mens leidde. Zich bewegend over kronkelige paden, soms stijgend, soms dalend in een bergachtig landschap trachtte de jager zijn prooi in het oog te houden. Een strak referentiekader van horizontalen en vertikalen dat de ruimtelijke oriëntatie kan ondersteunen, bestond hierbij niet. Het beweeglijke dier stond centraal in het visuele veld, en als het wegschoot, bleef de jager het fixeren, met als gevolg dat nu delen van het onbeweeglijke landschap uit het gezichtsveld verdwenen. Het volgen met de blik van een bewegend object zou dus zowel de aanwezigheid van beweging in de afbeelding als de afwezigheid van aanduidingen over de locatie ervan kunnen verklaren.

Even verrassend als de grotkunst zijn de tekeningen van het autistische meisje Nadia (zie het uitnemend geïllustreerde werk van Selfe, 1977). Dit meisje was in haar taalontwikkeling en sociale ontwikkeling ernstig achtergebleven. Op 3-jarige leeftijd openbaarde ze echter plotseling een zeer opmerkelijke tekenvaardigheid, die zich in enkele jaren zelfs nog iets verder ontwikkelde (fig. 2).

Nadia tekende vooral dieren, net als grotkunstenaars. Maar ze tekende ze meestal naar aanleiding van prentenboeken, dit in tegenstelling tot haar prehistorische voorgangers, die het prentenboek nog niet hadden uitgevonden. Ook haar tekeningen leken van meet af aan onschematisch, perceptueel en zeer beweeglijk te zijn. Ze tekende geen directe copieën, maar geheugenbeelden. De enkele keren dat zij iets niet-afgebeelds tekende, bleven de kwaliteiten van beweeglijkheid en perceptuele getrouwheid bestaan. In deze gevallen betrof het vooral benen en geschoeide voeten.

Nadia's opmerkelijke vermogen bleek een echte puzzle voor psychologen te zijn. Waaruit kon de bijzondere aard van haar tekeningen verklaard worden? Men onderzocht haar cognitieve ontwikkeling, haar taalschat, haar hersen-activiteit en andere fysiologische gegevens. Men vergeleek haar met normale kinderen, en ook met gehandicapte kinderen, doven, autisten, subnormalen, supernormalen, subnormalen met bijzondere gaven, zelfs 'idiots savants'. Verklaringen leverden deze tests en vergelijkingen niet op. Wel is de hypothese naar voren gekomen, dat Nadia's achterblijvende conceptuele ontwikkeling de weg vrijmaakte voor haar zeer sterke perceptuele gevoeligheid. Karl Bühler heeft er reeds in 1930 op gewezen, dat het kind wanneer het op 3- of 4-jarige leeftijd begint te tekenen, al een goed-gevormde conceptuele kennis bezit, die vastgelegd is in de taal. Dit zou de kindertekening gewoonlijk

Fig. 2. Paard - getekend door Nadia

zo schematisch maken. 'Taal heeft eerst het tekenen bedorven en het vervolgens volledig opgeslokt.' (zie Selfe, pg. 104).

Men heeft tekeningen van Nadia wel vergeleken met de grotschilderingen. De wonderlijke beweeglijkheid van beide typen tekeningen heeft men getracht te verklaren vanuit het ontbreken van de taal met zijn vaste begrippen. Nadia's tekeningen zouden nog niet door de taal zijn 'opgeslokt'. De tekeningen uit het Oude Steentijdperk noemt Hauser (1975) 'vrij van alle verstandelijke bijvoegsels en beperkingen'. Hij meent, dat zij dat tegen de tijd van het Nieuwe Steentijdperk al niet meer zijn, 'want toen was de directheid van de zintuiglijke waarnemingen tot op zekere hoogte vervangen door de starheid en stabiliteit van de begrippen' (pg. 10).

Tegen deze linguïstische interpretatie van de beweeglijkheid in zowel Nadia's tekeningen als de grotschilderingen zijn echter nogal wat bezwaren in te brengen. Zoals hiervoor gezegd, kunnen we er niet zeker van zijn, dat aan de beweeglijke, onschematische tekeningen van de prehistorische mens -èn van Nadia- geen schematische fasen zijn voorafgegaan. Het ontbreken van taal is ook geen garantie dat tekeningen aan perceptuele kwaliteiten winnen, zoals Gardner (1982) heeft beargumenteerd met het oog op Nadia's werk. Andere autistische kinderen tekenen zo mooi niet. En tenslotte wordt voor de prehistorische mens van verschillende zijden naar voren gebracht dat de taalontwikkeling 40.000 tot 30.000 jaar geleden op gang moet zijn gekomen. Het is dus niet onmogelijk, dat de grotkunstenaars wel degelijk over taal en begrippen beschikten.

Overigens hebben verschillende theoretici erop gewezen, dat juist het waarnemen en afbeelden van beweeglijke objecten cognitieve processen moet inhouden. De befaamde kunsthistoricus Sir Ernst Gombrich heeft in zijn opstel 'Moment and movement in art' (1964, herdr. 1982a) gesteld, dat zowel het waarnemen als het weergeven van beweging een beroep doen op temporele integratie. Dit moeten we niet zó opvatten, als zou het waarnemen van beweging berusten op het zien en samenvoegen van een serie onbeweeglijke momentopnamen. Een enkel punt in de tijd (een punctum temporis) waarop de wereld even stilstaat is er niet. Zodra we aannemen dat er een fractie van de tijd is, waarop er geen beweging is, wordt beweging als zodanig onverklaarbaar, meent Gombrich. Temporele integratie duidt er volgens hem dan ook op, dat men in een uitgestrekte tijdspanne herinneringen en verwachtingen samenbundelt. Successieve impressies blijven zo gezamenlijk bestaan. Zelfs bij het bekijken van een afbeelding speelt dit een rol, want men 'leest' een beeld en ook dit is een complex proces in de tijd.

Vanuit een ander theoretisch kader, namelijk een ecologische benadering van de perceptie, heeft de waarnemingspsycholoog J.J. Gibson (1979) verdedigd dat perceptie inhoudt, dat men zich bewust is van het duurzame in de omgeving. Waarnemen definieert Gibson ruimer dan de meeste theoretici. Volgens Gibson omvat waarnemen namelijk ook geheugen, verwachtingen en kennis van de betekenis van het waargenomene. Bij het waarnemen van beweging extraheert de waarnemer invarianten uit de stroom van informatie, terwijl hij of zij tevens de stroom (d.w.z. de verandering) opmerkt. De visies van Gombrich en Gibson verschillen sterk, maar beiden zijn het erover eens, dat men de meer traditionele theorie over de perceptie van beweging verwerpen moet. Die gangbare theorie gaat uit van beweging als een optelsom van momentopnamen.

Wanneer we nu niet van het waarnemen, maar van het afbeelden van een bewegend tafereel uitgaan (wat verdere transformaties van het waargenomene inhoudt), moeten we wel tot de conclusie komen, dat het afbeeldingsproces berust op de *observatie van een geheel bewegingspatroon*. Hierin worden kenmerkende momenten onderscheiden, die in de afbeelding weer worden gereconstrueerd. De eerste fotografische bewegingsstudies aan het einde van de vorige eeuw van Edward Muybridge hebben duidelijk gemaakt, dat zulke ogenschijnlijk eenvoudige bewegingen als lopen in feite tamelijk gecompliceerd zijn. Wil een kunstenaar het lopen weergeven, dan construeert hij of zij daartoe een pose, die informatief is voor het gehele bewegingspatroon. Bewegingsweergave impliceert dus observatie over-de-tijd.

De tekening die Nadia maakte van een galopperend paard (fig. 2) is naar alle waarschijnlijk niet naar het leven, maar naar een afbeelding gemaakt. Zij hoefde daarvoor dus niet een over de tijd veranderlijk beeld te vangen. De tekenaar, die de afbeelding in haar prentenboek maakte, moest dat wel (tenzij ook hij een foto of andere afbeelding natekende). In ieder geval kan hij nooit een paard gecommandeerd hebben tegen de zwaartekracht in zo een poosje in de lucht te hangen. Hij of zijn voorganger moeten dit moment geobserveerd en gereconstrueerd hebben uit een reeks van bewegingen. Kijken we beter naar de grotschilderingen, dan komt dit selectieve en constructieve aspect ook daar naar voren.

Bij het hert uit Lascaux (fig. 1) heeft de grotkunstenaar twee verschillende posities in zijn schildering verwerkt; het dier is van opzij getekend, maar het gewei is enigszins van voren of van achteren weergegeven, zodat beide delen ervan goed zichtbaar zijn. Uit alle mogelijke posities wordt de meest informatieve verkozen, meestal die van opzij.

De grotkunstenaars hadden het levende, beweeglijke model waarschijnlijk ook niet voor ogen, wanneer zij hun schilderingen maakten in hun zeer afgelegen, lichtloze grotten. Uit experimenten blijkt, dat wanneer mensen een constant voor hun ogen ronddraaiend 3-dimensioneel object moeten afbeelden, ze ook de meest informatie zijde (de 'frontale') verkiezen (zie het experiment van D. Katz, 1950, gerapporteerd in Kreitler & Kreitler, 1972). Eigenlijk heeft pas de ontwikkeling van de fotografie de echte momentopname mogelijk gemaakt. Pas ná die ontdekking begonnen schilders bijvoorbeeld paarden te schilderen, zoals ze in werkelijkheid galoppeerden. 'En toch', zegt Gombrich (1974, pg. 10), 'toen de schilders begonnen deze nieuwe ontdekking toe te passen en paarden schilderden, die zich voortbewogen zoals zij dat werkelijk doen, klaagde iedereen erover, dat hun schilderijen er helemaal verkeerd uitzagen'.

Wanneer we nu aannemen dat bewegingsafbeelding noodzakelijkerwijs toch een conceptueel element in zich draagt, waaruit bestaat dan het verschil tussen diegenen, die excelleren in de uitbeelding van de levendige beweging en het expressieve gebaar, en diegenen die meer statische en schematische beelden produceren? We kunnen speculeren dat de eersten zich niet zozeer op de ding-achtigheid van de natuur hebben gericht, maar eerder de kenmerkende bewegingen en veranderingen ervan in het geheugen hebben opgenomen. De basis hiervan kan gelegen hebben in een sterke empathische binding met de buitenwereld. We kunnen denken aan de jager die in de ban is van zijn prooi. Voor deze gedachte pleit, dat jagersvolken niet alleen het bewegende dier zeer goed in een afbeelding kunnen weergeven, maar dat zij ook in de dans sterk gericht zijn op de imitatie van de karakteristieke beweging van dieren (zie het hoofdstuk over de dans). Kortom, zij hebben de beweging zelf geïncorporeerd.

4.2.2. Indicatoren voor beweging

De Romeinse dichter Ovidius heeft ons in zijn 'Metamorfosen' het verhaal nagelaten van de beeldhouwer Pygmalion, die eens voor zichzelf het beeld maakte van een vrouw, zó mooi, dat hij er zelf verliefd op werd. Het gezicht was zo echt en het leek bijna te bewegen. Geen wonder dat Pygmalion het beeld zo af en toe een kus gaf, of ertegen sprak. Venus kwam de verliefde beeldhouwer te hulp en veranderde voor hem het beeld in een levend meisje. Inderdaad, sommige kunstwerken geven zo'n sterke illusie van realiteit, dat het vreemd lijkt om ze als afbeelding of representatie te bestempelen. Sommige portretten kunnen de indruk geven, dat er iemand present is in het schilderij, iemand die ons zeer levendig aankijkt en die een zelfstandig bestaan leidt.

Schilderijen suggereren meer dan beeldhouwwerken zulke fundamentele visuele eigenschappen als ruimte, grootte en licht. Ze zijn zelf vlak, maar ze kunnen een zeer knappe illusie opwekken van driedimensionaliteit. Ze kunnen onafhankelijk van hun eigen maat kleine objecten of wijdse vergezichten opleveren. Er is licht in het schilderij, onafhankelijk van de belichting van het werk. Het beeldhouwwerk daarentegen is meer nadrukkelijk een object, waarin de maat en de drie-dimensionaliteit al gegeven zijn, terwijl het de belichting van de omgeving aanneemt. De bewegingsillusie echter treedt zowel in schilderijen als in sculpturen op. Er is de tussenkomst van een Godin voor nodig om geschilderde wezens en beelden, zoals Pygmalion's meisje, tot leven te wekken. Laten we zien, welke menselijke middelen er gebruikt kunnen worden om beweging te suggereren.

Volkmann (1908) schreef, dat een bewegingsindruk kan worden opgeroepen zowel door de toeschouwer associaties te laten maken, als door het weergeven van zuiver optische indrukken. Associaties worden opgeroepen door nevenverschijnselen van de beweging af te beelden, zoals fladderende kleding of stofwolken. Een optische indruk is bijvoorbeeld het 'versmelten' van de spaken van een snel ronddraaiend wiel. De beweging zelf kan niet geschilderd of gebeeldhouwd worden, maar de beschouwer moet een indruk krijgen van de latente beweging of de aanzet tot een gebaar. Slaan wordt b.v. effectiever uitgebeeld door de opgeheven hand, dan door de hand die de ander al raakt. Om een geloofwaardige indruk van de beweging over te brengen, combineert de kunstenaar soms verschillende fasen in één beeld. Dit laatste weet Volkmann op originele wijze aan te tonen, door Myron's beeld van een discuswerper te vergelijken met momentopnamen van het discuswerpen ... 'durch die liebenswürdige Unterstützung einiger Herren vom Männerturnverein ...' (pg. 57).

Friedman en Stevenson (1980) hebben eveneens de bewegingsinformatie in afbeeldingen geanalyseerd. Zij hebben daartoe een groot aantal afbeeldingen uit verscheidene culturen en historische perioden doorgenomen. Zij vonden, dat beweging wordt voorgesteld door vier typen van indicatoren. Het eerste type gaat uit van *één gezichtspunt* en *één moment* in de afbeelding. Het beeld is daarbij in een momentopname 'bevroren'. Hierbij is het belangrijk, dat het ene gezichtspunt de beweging zo goed mogelijk doet uitkomen. Daarom wordt bij afbeeldingen in het platte vlak een weergave van opzij geprefereerd. De bewegingsinformatie zelf zit vooral in *afwijkingen van de ruststand*. Sommige afgebeelde zaken zijn inherent beweeglijk, zoals de steeds golvende zee. Ook maakt de context veel duidelijk: een in de lucht afgebeelde vogel moet wel vliegen. Het afbeelden van het pad dat een bewegend object heeft genomen (voetsporen, wielsporen, stofwolken) versterkt de bewegingsindruk.

Een tweede manier van bewegingen weergeven berust op het innemen van *verschillende gezichtspunten*. Op Middeleeuwse schilderijen komt soms dezelfde persoon op verschillende plaatsen in het schilderij voor. De bewegingen en lotgevallen van deze persoon op verschillende tijdstippen worden zo verteld. Ook het weergeven van verschillende standen van lichaamsdelen in één afbeelding behoort in deze categorie. Een derde vorm van bewegingsinformatie wordt door Friedman & Stevenson '*metafoor*' genoemd. Als voorbeelden noemen zij: het geven van armen en benen aan een levenloos object, of het afbeelden van sporen in de lucht. Tenslotte wijzen zij op een vierde vorm: *abstracte representaties*. Abstracte vormen zoals driehoeken hebben een dynamisch aspect en gerichtheid. Daarom kunnen ook abstracte schilderijen of beeldhouwwerken zeer beweeglijk zijn (zie ook Kepes, 1965). Ook zijn er conventionele visuele tekens voor beweging, zoals pijlen. Een categorie die Friedman en Stevenson niet noemen, maar die mijns inziens toch belangrijk is voor de bewegingsindruk, is die van het '*hand-schrift*' van de kunstenaar. De lijnen of toetsen waarmee een werk is uitgevoerd, geven de beschouwer een indruk van de beweeglijkheid van de kunstenaar zelf. Deze indruk kan bijdragen aan het dynamische karakter van de afbeelding. In het algemeen kunnen er trouwens verschillende typen indicatoren in een werk voorkomen, die elkaar versterken.

De verschillende bewegingsindicatoren kunnen volgens Friedman en Stevenson op een continuüm geplaatst worden in termen van de informatie-overeenstemming tussen hen en de omgeving. 'Aan één uiteinde van het continuüm zijn beeld-indicatoren die spontaan herkend worden door de ongeschoolde kijker als de omgeving vertegenwoordigend. Houdingsafwijkingen van de ruststanden zijn voorbeelden van zulke indicatoren. Aan het andere einde van het continuüm zijn indicatoren die arbitrair zijn en moeten worden geleerd, net zoals men woorden leert die objecten en gebeurtenissen aanduiden. Pijlen die de richting van beweging tonen zijn voorbeelden van dit uiteinde van het continuüm'. (1980, pg. 249).

4.2.3. Het afbeelden van gebaren

Hoewel ook bij dieren bewegingen met een signaalfunctie voorkomen, zijn gebaren toch vooral menselijke bewegingen. Ze zijn onderscheiden van andere bewegingen door hun verwijzend of symbolisch karakter. Expressieve gebaren, zoals lachen, huilen of het ballen van de vuist verwijzen naar emoties of naar de aanzet van een instrumentele handeling. Mimische technieken, zoals vormnabootsing bij het beschrijven van een wenteltrap, verwijzen naar objecten of concepten en hun relaties. Puur communicatieve gebaren, zoals het wenken voor 'kom eens hier', zijn voor de ander een analoog teken. Gebaren die samenhangen met cognitieve processen als zich ruimtelijk iets voorstellen, of innerlijke spraak, verwijzen naar die denkprocessen zelf. Gebaren zijn dus steeds betekenisvol. Zij zijn dat ook in een afbeelding. Zij delen daar dan steeds iets mee over de emoties of intenties van de afgebeelde personen, of over hun relaties en hun gedachten.

In de kunst is het uitbeelden van gebaren aan historische veranderingen onderhevig geweest. Gombrich (1966, 1970, herdr. 1982, a en b) heeft in een tweetal fraai geïllustreerde artikelen een onderscheid gemaakt tussen verschillende stijlen van gebarenuitbeelding, nl. de pictografische en de expressieve stijl. De *pictografische* stijl berust op het afbeelden van een bewegingsschema, zoals zich dat voordoet bij gebed, groet, rouw e.d. Voor deze rituele gebaren is het kenmerkend dat ze meer conventioneel dan emotioneel zijn. De pictografische stijl is conceptueel van aard, de afbeelding dient min of meer als een schrift voor de ongeletterde. Deze stijl vindt men bijvoorbeeld in de Egyptische kunst of in de Westerse middeleeuwse kunst.

In de *expressieve* stijl heeft men getracht de pictografische stijl te verrijken en het gebaar met emotie te laden, zodat het in Dante's woorden kon worden tot een 'visibile parlare'. Gombrich heeft gewezen op de verschillende middelen die de kunstenaar daartoe tot zijn beschikking heeft: het tonen van de emoties van de omstanders bij een gebeurtenis (het 'kooreffect'), het geven van een min of meer hevige beweging aan de gestalten, of juist het benadrukken van verinnerlijking en ambiguïteit (een middel dat Rembrandt ten volle benutte). Tegenwoordig toont de kunstenaar vaak emoties via de neerslag van zijn eigen schilder-gebaren (gesture-trace), zoals in action-painting. Dit noemt Gombrich het grafologisch aspect van de expressie. De expressieve stijl is kenmerkend voor de Westerse kunst na de Renaissance, maar ook voor de Griekse kunst. Sittl (1890, herdr. 1970) heeft een uitvoerige studie gewijd aan de gedifferentieerde gebaren in de Griekse en Romeinse kunst. In de relatie van een paar maakt het bijvoorbeeld verschil uit, of de één de hand op de schouder van de ander legt (vriendschap) of bij de bovenarm grijpt (overmeestering) of bij onderarm, pols of hand tot zich trekt (gradaties van een dwingende uitnodiging).

Kunstenaars zelf hebben ook aanbevelingen gegeven voor het uitbeelden van expressieve gebaren. Zo stelde Leon Battista Alberti (levend van 1404-1472, zie Goldwater and Treves, 1976, pg. 35) dat de emoties van personages in een schilderij worden onthuld door hun bewegingen; de toeschouwer resoneert dan mee met deze aldus afgebeelde emoties. Speciaal in een verhalend schilderij zijn gebaren essentieel: 'Een verhalend schilderij behoort een figuur te bevatten, die ons aankondigt en uitlegt wat daar plaatsvindt; òf ons wenkend met de hand om te komen en te zien; òf ons waarschuwend met een boos gezicht en dreigende ogen om op afstand te blijven; òf wijzend op een gevaar of een wonder; òf ons uitnodigend om te wenen of te lachen tesamen met hen'.

De schilder moet hierbij een fijn gevoel hebben voor wat past bij een bepaalde figuur. Alberti zei hierover: 'Laat de bewegingen en houdingen van meisjes gracieus en eenvoudig zijn, eerder bevalligheid en rust tonend, dan kracht ... Laat de bewegingen van jonge knapen lenig en vreugdevol zijn, met een zeker vertoon van stoutmoedigheid en energie. Laat volwassen mannen vastere bewegingen hebben, met nobele en athletische houdingen. Laat oude mannen vermoeide bewegingen en houdingen hebben, en laat ze niet alleen op beide voeten staan, maar ook met de handen op iets steunen'.

Dit afbeelden van houdingen, bewegingen, gebaren en emoties steunt op observatie. Leonardo da Vinci (1452-1519, zie Goldwater & Treves, 1976, pg. 49-50) beval het volgende aan: 'Wanneer u grondig het perspectief hebt geleerd en in uw geheugen al de verschillende delen en vormen van dingen hebt vastgelegd, moet u zich er vaak mee vermaken, wanneer u een wandeling als ontspanning maakt, om de houdingen en acties van mensen te bestuderen en te noteren, als ze praten en discussiëren, of lachen of tot een handgemeen komen met elkaar - zowel hun acties als die van de omstanders, die tussen beide komen of naar deze dingen kijken ...'. Op grond van deze observaties worden de meest tekenende expressies geconstrueerd en worden de meest markante vormen gekozen. Nog een aanbeveling van Leonardo: 'Een kwade figuur moet worden afgebeeld, terwijl hij iemand bij zijn haren grijpt en zijn hoofd naar de grond wringt met één knie op zijn ribben en met de rechterarm en vuist hoog geheven; maak dat zijn haar in de war is, zijn wenkbrauwen gefronst zijn, zijn tanden opeen geklemd zijn, de hoeken van zijn mond neergebogen, en dat zijn nek (die helemaal opgezwollen en uitgestrekt is als hij buigt over de vijand) vol zit met groeven'.

Deze verschillende citaten geven aan dat er een samenspel is tussen observatie en (re)constructie. Welk evenwicht er tussen deze twee gekozen wordt, is een kwestie van historische periode en persoonlijke stijl van de schilder. Een leerling van Alberti zou kunnen kiezen, of hij zich aan de aanbeveling van zijn meester zou houden om meisjes gracieus af te beelden, of dat hij liever op zijn observatie zou afgaan, namelijk, dat sommige meisjes zich plomp bewegen. Het is een keuze over de verhouding tussen realisme en idealisme. De verstaanbaarheid van de afbeelding voor de beschouwer eist in alle gevallen de selectie van het meest representatieve bewegingsmoment. Wanneer het gebaar tevens functioneert in een verhaal of een communicatieve context, moet het duidelijk zijn, waarnaar het gebaar verwijst, bijv. waarnaar het Jesuskindje grijpt, of wat een afwerende hand weigert. Wordt daaraan niet voldaan, dan verschijnen de gebaren ons als loze gebaren. Hieronder geef ik enkele voorbeelden van een sprekende gebaren-uitbeelding.

In het beeld van Ossip Zadkine 'De verwoeste stad' (fig. 3) is een gebaar met een geweldige expressiviteit opgebouwd. Het is een gecompliceerd gebaar: angst, afweer, woede, pijn, ineenstorten zijn erin verenigd. Al deze verschillende emoties zijn verbeeld in hun expressieve hoogtepunt, eigenlijk juist zoals Leonardo aanbeval voor het weergeven van een kwade figuur. De armen zijn zover opgeheven en naar achteren gebogen als het lichaam het toelaat en hetzelfde geldt voor de handen en het hoofd. De mond is geopend in een wijde schreeuw. De benen zijn

Fig. 3. Zadkine: Verwoeste stad

Fig. 4. Hendrick Terbrugghen: De roeping van Mattheus

ver uiteen geplaatst. Zij geven het beeld nog juist stabiliteit, maar tevens laten zij met hun hoekig en bruusk verbogen vormen het ineenstorten zien. De context van dit oorlogsmonument is Rotterdam, en het meest opvallende gebaar van dit beeld is gericht naar de hemel boven de stad, naar de onzichtbare maar zeer direct herkenbare dreiging van de bommenwerpers.

De expressiviteit van Zadkine's beeld is zeer nadrukkelijk in het beeld zelf aanwezig, in de gehele vormopbouw ervan, maar ze ligt ook gedeeltelijk buiten het beeld, in de context die meespeelt en ook in onze kennis over de betekenis of symboolwaarde van dit beeld op die plaats.

Hendrick Terbrugghen's schilderij 'De roeping van Mattheus' (fig. 4) is sterk verhalend. Het geeft het moment aan, waarop Jesus de tollenaar Mattheus aanwijst en zegt: 'Volg mij'. Volgens Knuttel (1958) is het eigenlijke motief van dit schilderij een zielsconflict: er wordt het beslissende moment aangegeven, waarop Mattheus midden in de uitoefening van zijn gehaat beroep moet beslissen over het volgen van Jesus.

Mattheus is de baardige man in het midden van het schilderij. Hij bevindt zich tussen twee partijen, links Jesus en een discipel, rechts een oude geldzuchtige tollenaar en een jongere assistent. Het zijn de handen die hier tesamen met de gelaatsexpressies het hele verhaal vertellen. Jesus wijst Mattheus aan en deze wijst weer ongelovig op zichzelf. Met de andere hand omklemt hij een baret - een teken van eerbied of de bereidwilligheid mee te gaan? De oude tollenaar wijst op het geld, zijn linkerhand heeft de tafel krampachtig vast. Zijn jonge makker heeft de hand op de schouder van de oude man gelegd, een duidelijk teken van gelijkgezindheid. Met zijn rechterhand wijst hij ook zeer nadrukkelijk naar de muntstukken op de tafel. Zo hebben we dan centraal in het schilderij geplaatst zes keer een handgebaar: een dubbel wijzen op Mattheus, een dubbel wijzen op het geld, en tweemaal het omklemmen van een voorwerp.

De gelaatsexpressies, behalve die van de oude tollenaar rechts, zijn moeilijker te lezen. Het lelijk-inhalige van de oude tollenaar is duidelijk gemaakt vooral in de ontblote tanden, de neergetrokken mondhoek en de vooruitgestoken onderlip. Het onbetrouwbare karakter van zijn gezel is weergegeven met een wat te sterk weggedraaide blik en de ietwat neerhangende mondhoek. Mattheus zelf heeft veel rimpels in het voorhoofd - van verbazing of nadenken. Ook zijn zijn ogen iets samengetrokken, waaruit een zekere afweer spreekt. De jongen achter hem lijkt vooral onzeker. In vergelijking tot deze vier verschijnen Jesus en zijn discipel als tamelijk on-emotioneel. In de compositie zijn zij een nogal massief blok tegenover het meer turbulente viertal. Met al deze verschillende gebaren en expressies omvat het schilderij méér dan een beslissingsmoment, het geeft een heel proces aan waarbij de hoofdfiguur heen en weer wordt geslingerd tussen twee tegenstrijdige machten. De gebaren zijn simultaan gegeven, maar men leest ze successief.

Tenslotte een illustratie uit het Nederlandse Gebarenboekje van Pat Andrea en Herman Pieter de Boer (1979). Het gaat om het gebaar voor: 'Ja zeg, kom nou!' (fig. 5).

De tekening is veel expressiever dan datgene wat men doorgaans als illustraties aantreft in boeken over het gebaar. De tekenaar vuurt hier een hele reeks bewegingsindicatoren af op de toeschouwer. Daar hebben we de afwijking van de ruststand in de opgeheven arm en de gebogen elleboog. De beweging is aangegeven op drie verschillende tijdstippen (de bewegingsindicator van 'verschillende gezichtspunten'). Het verschil tussen voorstadia en de eindstand is aangegeven via de arcering. Alsof dat nog niet genoeg is, is de richting nogmaals aangeduid met een pijl, en voor alle zekerheid zijn er nog numerieke symbolen toegevoegd: twee verschillende vormen van abstracte indicaties. Dan, juist boven de hoogst geheven elleboog vinden we nog kleine bewegingssporen in de lucht - metaforen voor beweging volgens Friedman en Stevenson. Een middel dat iedere striplezer wel kent. De gelaatsex-

Fig. 5. Pat Andrea: 'Ja zeg, kom nou!'

pressie doet perfect mee, en het pittige handschrift geeft een dynamisch accent aan de hele uitbeelding. Er is geen middel onbenut gelaten om de beweging uit te beelden. Het aardige ervan is, dat het gezamenlijke effect daarvan het de kijker niet bijzonder makkelijk maakt. Integendeel, hier is een geschoolde blik nodig.

Bij deze drie voorbeelden kan men tot een betrekkelijk éénduidige interpretatie van de betekenis van de afgebeelde gebaren komen. Anders is het gesteld met de Mozes van Michelangelo (fig. 6), een beroemd beeld waaraan Sigmund Freud een uitvoerige analyse heeft gewijd (1914, Ned. vert. 1982). Hij vergelijkt daarbij zijn interpretatie met de bijbeltekst en met de interpretatie van talrijke andere auteurs.

Het beeld van Mozes, dat in de kerk van San Pietro in Vincoli in Rome is geplaatst, noemde Freud zowel raadselachtig als indrukwekkend. Geen beeldhouwwerk heeft ooit een sterkere uitwerking op hem gehad. 'Hoe vaak heb ik niet vanaf de lelijke Corso Cavour de steile trap beklommen naar het enorme plein met de verlaten kerk, heb ik niet telkens weer geprobeerd de verachtelijk-toornige blik van de heros te weerstaan, en soms ben ik dan behoedzaam uit het halfdonker van het

Fig. 6. Michelangelo: Mozes

inwendige van de kerk geslopen, alsof ik zelf tot het gepeupel behoorde waarop zijn oog is gericht, het gepeupel dat aan geen overtuiging kan vasthouden, dat niet wachten en niet vertrouwen wil en jubelt wanneer het de illusie van het afgodsbeeld heeft herkregen.' (pg. 135).

En dan volgen zijn pogingen aan de raadselachtigheid van het beeld betekenis te geven. Zijn analyse spitst zich toe op de houding van de zittende Mozes, vooral de wijze waarop hij met de rechterhand de tafelen vasthoudt en tevens een deel van zijn geweldige baard. Freud begint nu in zijn pogingen tot begrijpen zijn fantasie de vrije loop te laten en verwijlt niet langer bij dit specifieke en moeilijk te begrijpen gebaar zelf, maar reflecteert over de oorsprong ervan, over wat eraan *vooraf* ging. 'Hij zat daar rustig, het hoofd met de neergolvende baard naar voren gekeerd, hand en baard hadden waarschijnlijk niets met elkaar te maken. Dan wordt zijn oor door het gedruis getroffen, hij wendt het hoofd en de blik in de richting waar het storende geluid vandaan komt, aanschouwt het tafereel en begrijpt wat er gaande is. Nu wordt hij door toorn en verontwaardiging overvallen, hij zou willen opspringen, de zondaars willen bestraffen, vernietigen. De woede, zich ervan bewust nog van haar object te zijn verwijderd, richt zich ondertussen als gebaar tegen het lichaam van Mozes zelf. De ongeduldige hand, tot de daad gereed, schiet naar voren en grijpt in de baard die de wending van het hoofd was gevolgd ...' (pg. 151).

Maar vervolgens verschuift Freud's aandacht van de baard naar de tafelen. Details van vorm en stand daarvan doen hem vermoeden, dat zij op de kop staan, een merkwaardige behandeling van zulke heilige voorwerpen. Freud meent dat de tafelen bijna zouden zijn gevallen en te pletter geslagen, had Mozes ze niet nog juist kunnen grijpen. De uiteindelijke conclusie van Freud is, dat Michelangelo het motief van de gebroken tafelen der wet heeft omgewerkt: 'hij laat ze niet door de toorn van Mozes breken, maar laat deze toorn door de dreiging dat de tafelen zouden kunnen breken, tot bedaren brengen of hem althans op weg naar die handeling afremmen. Daarmee heeft hij iets nieuws, bovenmenselijks in de figuur van Mozes gelegd, en het geweldige massale lichaam en de louter kracht uitstralende musculatuur van de gestalte wordt uitsluitend het fysieke middel om de hoogste psychische prestatie, waartoe een mens in staat is, tot uitdrukking te brengen, namelijk het bedwingen van de eigen hartstocht ten gunste en in opdracht van een roeping waaraan men zich heeft gewijd' (pg. 160).

Gombrich's stelling, dat men een beeld 'lezen' moet, en dat dit een proces is dat tijd vergt, wordt door Freud's analyse ondersteund en aangevuld. Mogelijk gedreven door sterke binding of identificatie met de Mozes-figuur, tracht Freud de betekenis te lezen in ieder klein detail en in het grote geheel van de Mozes van Michelangelo. Meer nog, zijn fantasie brengt Mozes tot leven en doet hem zien, emoties ervaren, bewegen en gebaren.

4.3. *Het gebaar van de kunstenaar*
Tekenen en schilderen hebben een motorisch aspect, dat soms een doel op zich kan worden. Hierbij spreekt men ook wel van het gebaar of het handschrift van de kunstenaar. Hierbij is het niet de bedoeling om aan te geven, dat kunstwerken zouden bestaan uit representatieve gebaren, geprojecteerd op een plat vlak. Alleen in heel elementaire gevallen kan er een overeenkomst zijn tussen een representatief gebaar en het teken-gebaar, bijvoorbeeld wanneer het gaat om de afbeelding van een cirkel.

Onlangs gaf ik een tekenares de opdracht een 'tornado' te tekenen en daarna een 'snel ronddraaiende danser'. De werkwijze bij beide opdrachten werd vastgelegd door de video-camera. In het geval van de tornado werd na enkele testbewegingen met een snel spiraal-gebaar het gegeven vastgelegd. Hier stemde het teken-gebaar overeen met het gebaar dat men in een conversatie zou gebruiken om een tornado weer te geven. Bij het weergeven van de 'snel ronddraaiende danser' werd eerst globaal een rond gedeelte van het tekenblad afgezonderd. Na enige denken werd daarin de danser geplaatst, die bedachtzaam werd weergegeven van hoofd tot voeten in een gecompliceerde houding. Tenslotte werden om de danser heen golvende, guirlande-achtige lijnen getekend, die het bewegingsaspect versterkten. In dit geval zijn de tekenhandelingen geheel anders georganiseerd en complexer dan een representatief gebaar in een conversatie zou zijn.

Het woord 'gebaar' wordt door de kunstenaar dan ook meestal gebruikt om de levendige motorische activiteit aan te geven waarmee een werk is gemaakt. Deze activiteit is afleesbaar in de lijnen, de streken of de toetsen van het werkstuk. In de woorden van Nicolaides (1966): 'Je moet ontdekken -en voelen- dat het gebaar dynamisch is, geen exacte vorm, geen gestolde figuur. De vormen zijn bezig te veranderen. Gebaar is beweging in ruimte'. (pg. 226). Gombrich (1966, herdr. 1982) heeft dit het 'grafologische gebaar' genoemd, een symptoom van de emotie van de kunstenaar, die zich ontlaadt in verfstreken. In Tachisme en Action Painting is het gieten en gooien van verf een dionysisch teken van extase geworden. Volgens Gombrich kan ook dit gebaar, zoals iedere emotionele expressie, tot een conventie worden, tot een emotie-loos ritueel. Hierbij past de observatie, dat men tegenwoordig op kunstacademies vaak probeert het gebaar uit te lokken. Soms maakt men hierbij uitsluitend gebruik van verbale aansporing, in andere gevallen echter worden indringender middelen gebruikt, zoals het laten tekenen onder begeleiding van opzwepende muziek, of het in het volledige donker laten tekenen van een model, dat slechts even in het licht

164

Fig. 7. Dynamische tekening

vertoond werd. Meer dynamisch ogende tekeningen zijn het resultaat (fig. 7).

Niet iedereen maakt uit zichzelf bij het tekenen of schilderen in dezelfde mate gebruik van het gebaar. Verschillende auteurs (Beittel en

165

Burkhart, 1966; Beittel 1972; Van Meel-Jansen en Moormann, 1984a) hebben het proces van het tekenen gevolgd met behulp van foto- of video-registratie. Daarbij kan nauwkeurig worden geobserveerd hoe een tekening van begin tot eind wordt opgebouwd en welke strategieën de tekenaar daarbij volgt. De verschillende te onderscheiden strategieën zijn ook kenmerkend voor de persoon van de maker. Eén dimensie van verschil tussen tekenaars is gelegen in de mate, waarin ze al direct bij het begin van de tekening anticiperen op het eindresultaat. Bij sommigen is al vrij gauw in hoofdlijnen te zien welk resultaat te verwachten is; bij anderen verloopt het creatieve proces met verrassende wendingen en sprongen. Een tweede dimensie van verschil is gelegen in de mate waarin de tekenaar gebruik maakt van het impulsieve, vrije gebaar. De verschillende tekenstrategieën kan men opvatten als combinaties van deze dimensies. De 'gebaren-tekeningen' komen voor bij twee strategieën, de 'spontane' en de 'exploratieve'. Bij de spontane strategie ligt het eindbeeld al vroeg in de tekening vast. De tekenaar zorgt dat het geheel levendig en boeiend blijft, juist door een losse, gevarieerde en impulsieve lijnvoering. Bij de exploratieve strategie vindt men een overeenkomstig gebaren-patroon, alleen duiken er gedurende het tekenproces meer nieuwe, onverwachte elementen op. Dit maakt de indruk dat de tekenaar nog onder het werken zelf naar ideeën zoekt.

Op de beschouwer maakt werk dat met impulsieve gebaren is neergezet ook de indruk snel gemaakt te zijn. Merkwaardig genoeg hoeft dit niet zo te zijn. De beslissing of men het accent legt op een preciese, nauwkeurige weergave of een directe expressieve uiting is primair; de uitvoeringssnelheid is secundair en hangt ondermeer af van de fase in het tekenen. In een film over de abstract-expressionist Willem de Kooning was te zien hoe hij heel rustig en toegewijd een ruige veeg verf op het doek aan het bijwerken was.

De waardering van de beschouwer voor het gebaar van de kunstenaar hangt ondermeer af van diens ontwikkelingsniveau. In een studie naar het vermogen schilderstijlen te onderscheiden (Van Meel-Jansen, 1983) bleek, dat kleine kinderen het gebaar of handschrift van de kunstenaar zelden opmerken, en als ze het al doen, weinig appreciëren. Het gebaar doet volgens de kinderen afbreuk aan de echtheid van de afbeelding. Volwassenen, die minder exclusief aan realisme hechten, zijn ontvankelijker voor het gebaar van de kunstenaar.

4.4. *Het begrijpen van beweging en gebaar in het kunstwerk*
Daar waar mens en dier in de kunst worden afgebeeld is er doorgaans sprake van de weergave van beweging. We hebben gezien dat de oudste ons bekende kunstuitingen -de grotschilderingen- van meet af aan bewe-

166

ging tonen. Het vermogen van de kunstenaar om beweging af te beelden moet zijn parallel hebben in het vermogen van de beschouwer om bewegings-afbeelding juist te interpreteren. In twee gevallen kan de beschouwer de bewegingsinformatie in de afbeelding onjuist of onvolledig interpreteren, namelijk wanneer de beschouwer nog erg jong is, of wanneer die de culturele conventies niet kent, die ten grondslag liggen aan de afbeelding.

Friedman en Stevenson (1980) hebben ook een overzicht gegeven van ontwikkelingspsychologische en cross-culturele studies naar de interpretatie van bewegingsinformatie in de afbeelding. In studies waarin kinderen verbale descripties moesten geven van de inhoud van plaatjes, bleek dat kinderen vanaf 3 jaar posturale (houdings-) informatie begrijpen. Vanaf 4 jaar wordt in onze cultuur ook al het afbeelden van extra ledematen als bewegingsinformatie geïnterpreteerd. Metaforische informatie, in het bijzonder het imaginaire bewegingspad, wordt door het merendeel der 4-jarigen nog maar gebrekkig verwerkt, terwijl het merendeel der 12-jarigen dit type bewegingsindicator begrijpt.

Wat cross-culturele evidentie betreft citeren bovengenoemde auteurs ondermeer een studie van Duncan, Gourlay en Hudson uit 1973, waarin Zuidafrikaanse kinderen van de eerste tot en met de vijfde klasse werden onderzocht. Deze kinderen hadden een verschillende mate van ervaring met de Westerse cultuur en haar afbeeldingen. De kinderen waren van Europese, Zulu of Tsonga herkomst en de laatste twee groepen waren onder te verdelen in kinderen van het platteland en kinderen uit de stad. Zij kregen verschillende plaatjes te zien, zoals één van een snel omkijkend kind (met drie posities van het hoofd en cirkellijntjes daaromheen) en één van een rennend en kwispelend hondje (met bewegingslijntjes en een wegschietend stofwolkje achter de poten en cirkellijntjes om de staart). Van de plattelands- Zulu's en- Tsonga's dachten respectievelijk slechts 3% en 14% dat het meervoudige hoofd een hoofd in beweging voorstelde. Voor de stads- Zulu's en- Tsonga's waren de getallen respectievelijk 35% en 24%. Echter, 86% van de blanke Zuidafrikaanse kinderen interpreteerden het hoofd als bewegend. De cirkellijntjes om het hondestaartje werden nog minder vaak goed geïnterpreteerd. (Ter vergelijking: slechts voor 1% bij de plattelands-Zulu's en voor 75% bij de blanke Zuidafrikaanse kinderen).

De conclusie is dus, dat een juiste interpretatie van bewegingsindicatoren afhankelijk is van de leeftijd van de beschouwer en zijn of haar ervaring met de heersende culturele conventies in het afbeelden. In onze cultuur, waarin afbeeldingen een grote rol spelen, begrijpen kinderen verschillende typen van bewegingsinformatie al heel jong (men denke aan prentenboeken en stripverhalen). Hoe zit het nu met begrip voor het gebaar in de afbeelding?

167

Begrip voor het afgebeelde gebaar moet op twee pijlers steunen, namelijk begrip voor de afgebeelde houding en beweging, en begrip voor de betekenis van het gebaar. Hoe zou een Boeddhist Pat Andrea's 'Ja zeg, kom nou!' - weergave (fig. 5) interpreteren? Zou hij, gewend als hij is aan afbeeldingen van veelarmige Boeddha's, begrijpen dat de verschillende armen van de figuur geen afzonderlijke symbolische betekenis hebben, maar momenten in een beweging voorstellen? Zou hij geholpen worden in zijn interpretatie door de pijl, de cijfers, de bewegingsstreepjes en de arcering? En, het belangrijkste van alles, zou hij, de beweging begrijpend, er de betekenis 'Ja zeg, kom nou!' aan hechten? Zou het in zijn cultuur eigenlijk wel voorkomen zo'n onwelwillende en onbeleefde gedachte in een gebaar te uiten? En omgekeerd, Westerlingen zien weliswaar goed welk handgebaar een Boeddhabeeld toont, zij kunnen zelfs proberen het na te doen, maar om de betekenis te doorgronden hebben zij de uitleg van een kenner nodig.

Omdat gebaren betekenisdragers zijn kunnen we verwachten, dat de afbeelding ervan slechts door diegenen begrepen wordt die met de betekenis van dat gebaar vertrouwd zijn. Lang niet alle gebaren zijn universeel. Morris en medewerkers (1980) hebben voor een aantal gebaren het verspreidingsgebied in Europa nagegaan. De opgestoken duim bijvoorbeeld betekent in bijna geheel Europa 'oké!'. Hetzelfde gebaar kan ook een sexuele belediging inhouden, maar dat is vrijwel uitsluitend het geval in Griekenland en Zuid-Sardinië.

Misschien dat schilders intuïtief aanvoelen dat zij het beste die gebaren kunnen uitbeelden, die algemeen bekend zijn binnen hun eigen cultuur. Ik heb niet nagestreefd een echte inventarisatie te maken, maar ik noem hieronder enkele karakteristieke hand- en armgebaren, die in de Europese schilderkunst frequent worden afgebeeld en die wij goed kunnen aanvoelen. Het toegepaste afbeeldingsmiddel is vrijwel exclusief de posturale indicator, de houding die afwijkt van de ruststand. Dit middel wordt overal en door iedereen begrepen.

In de Middeleeuwen, met de vele religieuze voorstellingen treffen we natuurlijk vaak het bidden aan, waarbij de beide handen gestrekt tegen elkaar zijn gevouwen, soms elkaar geheel rakend, soms alleen bij de vingertoppen. Een klagend bidden (bij een kruisafname bijvoorbeeld) wordt eerder afgebeeld door de handen gevouwen te tonen met dooreengestrengelde, gebogen vingers: een mengeling van handenwringen en bidden. Eerbied en aanbidding worden uitgebeeld door de hand (eventueel een muts vasthoudend) tegen de borst te drukken, waarbij het lichaam voorover buigt. Soms zijn ook beide handen kruiselings over de borst gelegd. Wordt het Christuskind aanbeden, dan neigt daarbij soms het hoofd even zijwaarts in vertedering. Het Christuskind zelf reikt vaak naar een klein voorwerp of naar andere mensen. Anderen reiken ook weer naar het kind met twee open handen. Later zal Jan Steen in zijn schilderij van het Sint Nicolaasfeest, de moeder zo de handen laten uitstrekken naar de met cadeautjes verwende lieveling.Buiten de religieuze context zien we veel gesticulerende gebaren, doorgaans met de handpalm naar boven. Wijzen komt natuurlijk veelvuldig voor, het is een middel bij uitstek om de aandacht van de beschouwer op het verhaal te richten (zie fig. 4). We zien ook het tellen, waarbij de wijsvinger van de ene hand wijst op een vinger van de andere hand. Bij verzoek om hulp zijn de handen van iemand die zich laag bevindt omhooggestrekt naar de weldoener. Verbondenheid toont zich door aanraking, meestal door de hand op de schouder. Hierbij kan men echter ook denken aan het bijzondere gebaar van tederheid dat Rembrandt's schilderij van 'het Joodse Bruidje' kenmerkt.

Maar het is steeds mogelijk, dat wij met onze twintigste-eeuwse zienswijze bepaalde betekenissen van afgebeelde gebaren niet volledig begrijpen, terwijl die voor tijdgenoten in de ontstaansperiode van het kunstwerk duidelijk waren. Barash (1987) heeft een uitvoerige, fraai geïllustreerde studie gewijd aan de gebaren in het werk van Giotto (ca. 1266-1337). Hierin komt naar voren dat Giotto en zijn tijdgenoten twee voorname bronnen van inspiratie hadden: de rechtspraak en de katholieke liturgie.

Tijdens juridische praktijken werd kracht bijgezet aan de rechtspraak met bepaalde gebaren. In de 'Sachsenspiegel', een geïllustreerd juridisch manuscript uit de dertiende eeuw, wordt bijvoorbeeld de rechter die een echtscheiding uitspreekt, afgebeeld als iemand die man en vrouw ook feitelijk in verschillende richtingen uit elkaar duwt. Wat de liturgie aangaat, deze werd juist in de twaalfde en dertiende eeuw expliciet geformuleerd en verkreeg toen zijn uitgewerkte symbolische vorm. De handelingen tijdens de mis kunnen een symbolische of representatieve functie hebben. Wanneer de priester bijvoorbeeld rechtopstaand beide handen opheft naar de gelovigen, maakt hij het zg. 'oranten-gebaar', een archaïsch gebedsgebaar (zie ook hieronder, bij Demisch, 1984). Maar tevens zou dit gebaar de kruisiging van Christus her-acteren en aldus in herinnering roepen. Zo'n gebaar, dat een verkorte versie van een heilige gebeurtenis is, vereist steeds opnieuw een getrouwe, plechtige uitvoering ervan. Afgaand op deze gebaren-bronnen, gecombineerd met mysterie-spelen, geïllustreerde manuscripten en werken van tijdgenoten en oudere meesters, kon Giotto volgens Barash eigen expressieve gebaren-patronen ontwikkelen, geschikt om gemoedsbewegingen, 'movimenti d'animo' uit te beelden.

Barash besteedt vervolgens uitvoerige aandacht aan negen specifieke gebaren in Giotto's werk. Het eerste gebaar is dat van de *sprekende hand*. Volgens Barash is het spreken van centraal belang in de Europese cultuur. Het visueel weergeven van spraak geschiedt via de handen, niet via de mond of het gelaat. Eén van de meest vertrouwde spraak-gebaren was dat van de 'adlocutio', de toespraak van de Romeinse keizer tot het leger. Hierbij stond de keizer op een platform, de 'suggestus', en begon zijn toespraak met het opheffen van de rechterhand om aandacht en stilte op te eisen. Deze stand kennen wij zowel van grote beeldhouwwerken als van kleine munten. Evenzo werd een ander gebaar bewaard, dat van de 'acclamatio'. Bij dit gebaar van instemming of verkiezing hielden personen in de menigte hun rechterhand omhoog, met de duim en de eerste twee vingers gestrekt en de andere twee vingers gebogen, zó dat de duim ze raakt. Dit gebaar is bewaard gebleven als een zegenend gebaar, de 'benedictio latina'. In een variant hiervan, de 'benedictio graeca', is ook de pink opgeheven.

Tegen deze achtergrond moet men Giotto's spraakgebaren zien. Hij gebruikte de traditionele modellen, in een heldere, expressieve en levendige vormgeving. Hij ontwikkelde ook zijn eigen varianten. De 'aankondigende hand' (bijvoorbeeld in een annunciatie-schilderij) lijkt op de 'benedictio latina' van opzij gezien, maar het is een vrijere, natuurlijker vorm ervan. Het 'open spreekgebaar' toont een enigszins opgeheven hand, met losjes gestrekte, iets geopende vingers, van de rugzijde afgebeeld. Beide spreekgebaren zijn soms moeilijk te onderscheiden van het oorspronkelijke zegenende gebaar, en omgekeerd: daar waar vermoedelijk zegenen bedoeld is, is het soms moeilijk van spreken te onderscheiden.

Het *opleggen van de hand* (op het hoofd) beduidt vooral het symbolisch toekennen van een gunst of spirituele kwaliteit. Het is een waardig, zegenend gebaar, dat in zijn vorm ook dicht bij de 'sprekende hand' kan liggen. Het wordt toegepast bij de inwijding tot priester of bij de doop. Giotto gebruikte het gebaar bijvoorbeeld voor 'de Doop van Christus'.

Ontzag of eerbied is een vaak terugkerend motief in Giotto's werk. Vrijwel steeds vinden we dit gebaar bij iemand terzijde van de eigenlijke scène, bij een toeschouwer die van opzij of in driekwart positie is afgebeeld, met laag gehouden armen, de handen gekruist of gevouwen voor de buik. Dit gebaar, dat als nederig en zachtmoedig overkomt, werd door tijdgenoten weinig afgebeeld. Barash vestigt er de aandacht op, dat men er een metafoor voor 'gebonden handen' in kan herkennen. Het is een formule voor onderwerping aan god of de heerser en werd met die betekenis ook in de 'Sachsenspiegel' afgebeeld.

Uit het *bedekken van de handen* met een deel van de mantel of een speciale doek spreekt eveneens eerbied of ontzag. Bij 'Jesus opdracht in de Tempel' draagt de priester het Christuskind, terwijl zijn handen bedekt zijn. Dat wat heilig is, benadert men niet met onreine, onbedekte handen. Volgens de overleveringen zou degene die aan het antieke

Perzische hof de heerser met blote handen benaderde, een onmiddellijke executie riskeren!

Voor *gebed* gebruikte Giotto steeds het gebaar met gevouwen handen. Hoe vertrouwd dit gebaar tegenwoordig ook is, het is niet het oudste gebedsgebaar. Het oudste, meest universele en ook vroeg-Christelijke gebaar is het hierboven reeds beschreven oranten-gebaar, ontwikkeld uit een heidens gebaar van eerbied voor of van de overledenen. Het nieuwe gebedsgebaar met de gevouwen handen ontwikkelde zich na de twaalfde eeuw en kreeg snel de overhand. Het gebaar is verwant met de metaforisch 'gebonden handen' en is terug te voeren op Middeleeuwse gebruiken waarbij de vazal zich volgens vastgelegde gewoonten overgaf aan zijn feodale heerser. Het gebaar met de gevouwen handen had dus zijn oorsprong in de wereldse sfeer, maar werd in de dertiende eeuw spoedig opgenomen in de liturgie en ook in de grafbeeldhouwkunst. Barash oppert de gedachte, dat de vervanging van het oude oranten-gebaar door het gebaar met de gevouwen handen duidde op het ontstaan van een grotere emotionele beheersing en verinnerlijking omstreeks de dertiende eeuw.

Wanneer de *handen gekruist voor de borst* worden gehouden, wordt hiermee zowel een emotioneel gebaar gemaakt, als de vorm van een kruis geïmiteerd. De armen gelegd in de vorm van een kruis was de houding die men in de vroeg-Christelijke tijd aan de doden gaf. Aan het Byzantijnse hof werd de heerser met gekruiste armen begroet, als symbolische uitdrukking van onderworpenheid, verering en ontzag. Byzantium lijkt ook de directe bron te zijn voor Italiaanse uitbeeldingen van dit gebaar. In Giotto's werk zijn gekruiste armen vooral een gebaar van de Maagd Maria, bijvoorbeeld in de 'Aankondiging'. Maria lijkt hierbij in zichzelf besloten, introvert en afgesloten van de omringende wereld. Tevens blijft het gebaar een rituele, liturgische connotatie houden.

Bij het gebaar van *machteloosheid* wordt de laaggehouden linkerhand iets boven de pols vastgehouden door de rechterhand en aldus tot passiviteit gedwongen. Ook dit gebaar vindt men in de 'Sachsenspiegel' terug. Giotto gebruikte dit gebaar bijvoorbeeld voor een toeschouwer bij de 'Moord op de onschuldige kinderen'. Vol afgrijzen wendt deze toeschouwer zich van het afschuwelijke gebeuren af, terwijl hij het gebaar van machteloosheid maakt. Zijn conflictueuze gevoelens tonen zich in een sterk 'contrapposto': een ambivalente lichaamshouding van afwending enerzijds en zich keren naar het gebeuren anderzijds.

Het *grijpen van de pols* door een ander heeft uiteraard een volledig andere betekenis. De oorsprong van dit gebaar is wellicht 'magisch': de macht en vitaliteit van de één deelt zich door aanraking aan de ander mee. Men kan een knielende figuur aldus opheffen, het 'restitutio'-motief. Giotto heeft het gebaar van het grijpen van de pols bijvoorbeeld gebruikt voor Christus, die St.Johannes de evangelist hiermee krachtig van de aarde naar de hemel doet opstijgen.

Uitdrijving tenslotte, bijvoorbeeld van Joachim uit de Tempel, wordt door Giotto in overeenstemming met bestaande tradities vooral getoond door duwen. Dit gebaar wordt kracht bijgezet door trekken aan de kleding, een gebaar dat altijd als een degradatie of belediging is aangevoeld. Degene die verdreven wordt, is doorgaans gekenmerkt door een sterk 'contrapposto', veroorzaakt door enerzijds een weggaan in de richting van het duwen en anderzijds een omkijken en zich tegen het wegduwen verzetten.

De verschillende gebaren vormen onderling een vanzelfsprekende eenheid binnen het totaal van de schildering, harmonieus verbonden met alle andere elementen van de compositie. Wat de gebaren aangaat, is het volgens Barash kemerkend voor Giotto, dat hij weliswaar uitging van conventionele gebaren, uitgekristalliseerde patronen van geritualiseerde bewegingen en gedrag, maar deze wist over te brengen naar nieuwe situaties. Daar verkregen zij een bijna natuurlijke expressiviteit, terwijl tevens iets van hun oorspronkelijke connotatie onder de oppervlakte aanwezig bleef.

De kunst uit de Middeleeuwen is doordrenkt van symboliek. Gebaren op Middeleeuwse schilderingen hebben vaak meerdere symbolische lagen. Gettings (1985) beschrijft een paneel van de 14e-eeuwse Meister Bertram met de voorstelling 'God die de dieren schept' (fig. 8).

God is in het midden afgebeeld, en neigt enigszins naar de zoogdieren die zich aan zijn rechterzijde bevinden, zoals haas en konijn, hert en schaap, paard en stier. Hij heeft zijn rechterhand schuin naar deze dieren uitgestrekt in een gebaar waarin we de 'benedictio latina' herkennen: de duim, wijsvinger en middelvinger zijn uitgestoken, de ringvinger en pink zijn naar binnen gebogen. De linkerhand is in een open positie naar linksboven opgeheven, de kant waar de vogels zich bevinden. Linksonder zijn de vissen afgebeeld.

Volgens Gettings is een van de meest bevredigende verklaringen van het gebaar met de rechterhand dat het zou verwijzen naar de Drie-eenheid. 'De duim, die sterk en stevig is, wordt geacht te verwijzen naar de godheid, de derde vinger die langer is dan de andere verwijst naar Christus, de belangrijkste persoon voor de verlossing van de mensheid, terwijl de wijsvinger naar de Heilige Geest, die voortkomt uit zowel Vader als Zoon, verwijst' (pg. 52). Het is mogelijk, dat de drie geheven vingers tevens verwijzen naar de 'mannelijke' planeten Mars, Jupiter en Saturnus. Gettings meent echter, dat er nog een andere laag van symboliek aanwezig is in hetzelfde gebaar, een symboliek die in zekere zin een diepere betekenis toekent aan het beeld. Hij wijst erop, dat Gods wijs- en middelvinger zeer lang zijn afgebeeld en dat de zoogdieren met hun

Fig. 8. Meister Bertram: God die de dieren schept

opstaande oren en horens als het ware dit gebaar met hun eigen fysieke elementen visueel imiteren. Zo'n vormovereenkomst is ook aanwezig tussen God's linkerhand en de gestaltes van de vogels en de vissen. De Middeleeuwse mens moet hier de innige band hebben bespeurd tussen God's handen en zijn schepselen.

Wittkower (1977) heeft een speciaal handgebaar geanalyseerd, dat frequent voorkomt op de schilderijen van El Greco en dat voor deze kunstenaar een specifieke symbolische betekenis lijkt te hebben. Het gaat hier om het gebaar met één omhooggeheven arm, waarvan de hand iets naar achteren is gebogen, zodat de handpalm naar boven is gericht. In een schilderij over de doop van Christus bijvoorbeeld, heeft een engel zo de ene arm als in een emotionele uitroep opgeheven naar God, de andere wijst in een descriptief gebaar op de doop. Wittkower meent, dat dit gebaar bij El Greco duidt op een 'vereniging met het Goddelijke in een staat van vervoering' of op een spirituele hergeboorte door de goddelijke verlichting.

Het gebaar met beide handen omhooggeheven kan talrijke betekenissen hebben. Demisch (1984) heeft aan dit elementaire uitdrukkingsgebaar een monografie gewijd. Hij vestigt er de aandacht op, dat achter de vele verschijningsvormen van dit gebaar het religieuze orantengebaar te herkennen valt. (Een orante is een staande, biddende vrouwenfiguur met opgeheven armen; zie fig. 14 uit hoofdstuk 1). Demisch toont, dat dit gebaar met parallel opgeheven handen over de gehele wereld verspreid is, en zowel bij hoog-ontwikkelde culturen voorkomt als bij natuurvolkeren. Daarom noemt hij het een 'oer-gebaar van het religieuze leven', dat een eigen archetypische waarde in zich draagt. Het gebaar is echter ook terug te vinden in profane situaties. Het verschil tussen het religieuze, rituele gebaar en het profane uitdrukkingsgebaar ligt volgens Demisch in de mate van actief bewustzijn. Een ritueel gebaar maakt men welbewust, een emotioneel uitdrukkingsgebaar niet - men wordt door een heftige beroering overvallen.

De illustraties uit Demisch' boek tonen de enorme verspreiding en rijkdom van het gebaar met de opgeheven handen. Goden en demonen uit de steentijd zijn zo afgebeeld, maar ook die uit het oude Egypte. In bijbel-illustraties komt het gebaar frequent voor, maar ook bij religieuze beelden uit Amerika, Afrika of Melanesië. Vaak dragen (goden)figuren of engelen met opgeheven armen de hemel zelf, of hemelse symbolen, zoals de zonneschijf, de hemelslang, of de beeltenis van Christus. De zielen van gestorvenen worden afgebeeld als figuren met opgeheven handen. Er zijn uiteraard de houdingen van gebed, bezwering en onderwerping aan hogere machten, maar ook het uitstrekken van beide handen naar het licht. Dansende figuren worden vaak met opgeheven handen afgebeeld, en figuren die opgaan in de natuur: plant-mensen,

174

Fig. 9. Paul Delvaux: De handen

water-genieën. De omhooggeheven handen komen voor bij afbeeldingen van geboorte, dood, rouw, hemelvaart, of het ontkomen aan de
dood, maar ook bij emotionele uitdrukkingen: schrik, angst, verrassing,
vreugde, triomf. Details van het gebaar of de context geven de preciese
betekenis aan. Omhooggeheven handen kunnen ook een hulpverzoek
verbeelden, of verbazing. Wanneer de hand daarbij tevens naar achteren gebogen is in afweer, spreekt er eerder schrik of ontzetting uit het
gebaar. Van het laatste is Zadkine's beeld 'de Verwoeste Stad' (fig. 3)
een voorbeeld.

Schilderijen tonen ook, dat gebaren niet alleen cultureel, maar ook
historisch bepaald kunnen zijn. Aan het einde van de 16e eeuw zien we
een houding frequenter verschijnen: de hand in de zij, een gebaar dat de
zelfbewuste burger karakteriseert. De surrealistische schilder Paul Delvaux heeft in zijn schilderij 'de handen' (uit 1941, fig. 9) opzettelijk
oninterpreteerbare gebaren afgebeeld.

De hoofdfiguren, twee naakte vrouwen rechts op de voorgrond van

175

het schilderij, hebben beide handen in gebaren opgeheven. Waarom zijn deze gebaren oninterpreteerbaar? Omdat het in het geheel niet duidelijk is, waarnaar ze verwijzen. Niet naar elkaar, want de twee vrouwen zijn parallel naast elkaar opgesteld. Niet naar een of ander object of persoon, waarnaar de handen reiken of waarop de blik gericht is. Eén van de vrouwen lijkt de blik op de handen zelf gericht te hebben. Een toeschouwer aan de uiterste linkerrand van het schilderij lijkt vooral een koele, aandachtige observator. Op dit schilderij zijn er gebaren zonder communicatie. Er is een autistisch in zichzelf besloten zijn, wat de schilder moet hebben gezien als een kenmerk van onze tijd.

Het begrijpen van beweging en gebaar in het kunstwerk is niet uitsluitend een verstandelijke zaak. Kreitler en Kreitler (1972) hebben erop gewezen dat het genieten van kunst ook een emotionele betrokkenheid inhoudt, met name empathie. Zij stellen dat empathie berust op imitatie van de bewegingen en dynamische kwaliteiten van het geobserveerde. Dit produceert een staat van fysiologische activatie, die de observator herkent als een specifieke emotie, afgaand op zijn interpretatie van zijn innerlijke staat en van de waargenomen externe situatie. Volgens de Kreitlers is imitatie dus van cruciaal belang bij empathie.

Tijdens een tentoonstelling van beeldhouwwerken lieten zij twee onopvallende observatoren de houdingen en bewegingen van bezoekers analyseren, wanneer zij beelden bekeken die mensen voorstelden. Het bleek dat 84% van de 90 geobserveerden openlijke imitatieve bewegingen maakte tijdens het bekijken van de beelden, nog eens 3% vertoonde uitgestelde imitaties. Meestal werd niet de gehele houding nagedaan, maar slechts een deel ervan. Werden verschillende houdingselementen geïmiteerd, dan gebeurde dat in successie - misschien omdat de beschouwers hun neiging tot imitatie wilden verbergen. Wat zouden de Kreitlers opgemerkt hebben, als ze Freud hadden kunnen observeren in de San Pietro in Vincoli, voor het door hem zo bewonderde beeld van de Mozes van Michelangelo? Mogelijkerwijs zouden ze Freud nu eens op een typische wijze zijn baard zien grijpen, en dan weer op een merkwaardige wijze zien manipuleren met een boekwerk onder de arm. Zij zouden dit waarschijnlijk interpreteren als 'zichtbare empathie'.

Verschillende auteurs hebben getracht de interpretaties te onderzoeken, die mensen geven aan afgebeelde houdingen en gebaren. Spiegel en Machotka (1974) zijn daarbij uitgegaan van een complex classificatiesysteem voor menselijke houdingen. Voor de positie van twee personen ten opzichte van elkaar beschrijven zij bijvoorbeeld zes varianten, waaronder de diatrope positie (gezicht-tot-gezicht), de protrope (achter elkaar in de rij) en de apotrope (rug-aan-rug). Zulke posities hebben een emotionele betekenis, men zal de diatrope positie bijvoorbeeld gebruiken bij het afbeelden van een ontmoeting, een con-

Fig. 10. Gauguin: Ta Matete

frontatie of een liefdevolle benadering. De protrope positie vindt men terug in een stoet mensen, een processie, ze is geschikt voor het afbeelden van leider en volgelingen. De apotrope positie wekt de indruk van vijandigheid, elkaar de rug toekeren. In een exploratieve studie hebben de auteurs de spontane interpretaties onderzocht, die mensen aan een aantal schilderijen gaven. Eén hiervan was 'Ta Matete' van Gauguin (fig. 10).

Hierop zijn ondermeer vijf vrouwen zittend op een bank afgebeeld. Twee hiervan zitten links in een bijna protrope positie. De middelste vrouw kijkt naar de beschouwer van het schilderij. De twee vrouwen rechts kijken naar elkaar, met een diatrope hoofdstand. Alle vrouwen hebben één hand ongeveer op borsthoogte opgeheven in een moeilijk te begrijpen gebaar. De beschouwers blijken de vrouwenfiguren op grond van hun verschillende houdingen en posities te groeperen. Maar ook andere details bepalen de groepering, zoals de kleur van de kleding. De interpretatie van de gebaren hangt samen met de positie van de gehele figuur, of met het scenario wat men voor dit schilderij bedenkt. Sommi-

177

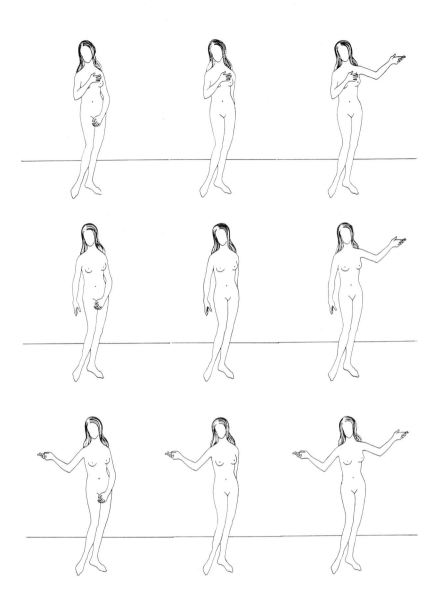

Fig. 11. De armen van Venus

ge beschouwers gaven betekenis aan de gebaren door ze een ritueel karakter toe te schrijven. De gebaren van de twee elkaar aankijkende vrouwen werden echter vooral gezien als conversatiegebaren met een zekere geheimzinnigheid. Uit de analyse van dit schilderij en van andere bleek in het algemeen, dat moeilijk interpreteerbare gebaren van een betekenis worden voorzien, hetzij door ze in een vreemde, gefantaseerde omgeving te situeren, hetzij door ze een rituele betekenis toe te kennen, hetzij door ze zelf uit te proberen om aldus empathisch de betekenis aan te voelen.

De bevindingen ontleend aan de vrije beschrijving van houdingen en gebaren werd door de auteurs aangevuld met experimenteel onderzoek, vooral gericht op de openheid of geslotenheid van de lichaamshouding. Voor één onderzoek stond de Venus van Botticelli model, gereduceerd tot een simpele lijntekening. Haar armen, die zij kuis voor het naakte lichaam houdt, werden ieder in drie variaties getekend: voor het lichaam, opzij uitgestrekt, of langs het lichaam. Tesamen leidden ze tot negen verschillende tekeningen, die ter beoordeling werden voorgelegd aan een aantal studenten (fig. 11).

De resultaten gaven aan, dat hoe meer de armen het lichaam bedekken, hoe meer Venus werd gezien als kuis en afwerend, op zichzelf gericht en koel, passief en kalm, verlegen en onwillig. De afbeelding met de twee armen langs het lichaam werd het meest geapprecieerd. Ze werd gezien als het meest natuurlijk, kalm, meegaand, warm, ontvankelijk en ongekunsteld. Aan de figuur met twee open uitgestrekte armen werden eveneens positieve kwaliteiten toegeschreven, maar deze figuur lokte tevens een zekere ambivalentie uit: men voelde zich ertoe aangetrokken en tevens twijfelde men aan de oprechtheid van dit open gebaar. (Ook Apollo is aan een soortgelijke proef niet ontkomen, bij een mannenfiguur wezen de zijwaarts uitgestrekte armen echter meer op onbescheidenheid en exhibitionisme).

Voor een volgend experiment werd Venus aangekleed in een onmodieus jurkje en voorzien van tijdloos schoeisel. Dit resulteerde in een beoordeling van groter kuisheid, zelf-gerichtheid, afweer en koelheid. Voorzover er nu bedekkende gebaren werden gemaakt, werden ze opgevat als overtollig, dus onnatuurlijk. Mannelijke beoordelaars leken gevoeliger dan vrouwelijke voor het verschil tussen aan- en uitgekleed.

In het onderzoek van Spiegel en Machotka naar de armen van Venus en Apollo vormde kunst het uitgangspunt voor het bedenken van experimentele variaties. Door Frey, Hirschbrunner e.a. (1983) werden wijzigingen in kunstwerken aangebracht op grond van de observatie, dat kinderen vaak het hoofd schuin houden bij het smeken om snoep of speelgoed, en dat volwassenen in een stressvolle situatie het hoofd van de ondervrager af neigen. Hiervan uitgaande wijzigden zij met behulp van fotomontage de hoofdstand van personages op schilderijen. Het hoofd werd iets meer schuin naar rechts of links geplaatst, of juist wat meer rechtop gezet. De veelgetergde Mona Lisa werd aan deze behandeling onderworpen, maar ook een Maria op een Annunciatie-schilderij en de vrouwelijke helft van een door Picasso geschilderd liefdespaar.

De beoordeling van deze en andere aldus gecreëerde varianten toonde aan, dat geschilderde personages met het hoofd rechtop werden gezien als trots, gereserveerd, zelfbewust, arrogant, gevoelsarm, streng en verwerpend. Zodra het hoofd echter een beetje schuin werd geplaatst, werden zij in de ogen van de beschouwer nederig, vriendelijk, droevig, zacht, nadenkend, dromerig, toegevend en gevoelig. Een overeenkomstig verschil werd gevonden bij de beoordeling van paren. Figuren die het hoofd naar de partner buigen, werden ondermeer als dromerig, teder, gevoelig en zacht gezien, terwijl zij, die het hoofd in tegengestelde richting houden, beschreven werden als zelfbewust en on-geïnvolveerd. Mannelijke beoordelaars vonden vrouwen afgebeeld met het hoofd rechtop onvriendelijk, onsympathiek, gereserveerd, gevoelsarm, arrogant, koel, ontwijkend en onplezierig. Vrouwen daarentegen beoordeelden vrouwen met het hoofd rechtop veel positiever, namelijk als vriendelijk, sympathiek, meevoelend, teder, gevoelig, kalm, eerlijk en plezierig. De zijdelingse neiging van het hoofd heeft dus een belangrijke psychologische betekenis. Wanneer men het hoofd van de Mona Lisa zijwaarts doet neigen in de richting van haar blik, lijkt zij zelfs duidelijker te glimlachen.

Samenvattend kunnen we stellen, dat de weergave van beweging en gebaar zowel de kunstenaar als de beschouwer voor verschillende opgaven plaatst. De bewegingsweergave vormt een probleem op zich. Verschillende auteurs hebben gemeend, dat een overtuigende bewegingsweergave moet berusten op een sensorische, niet rationalistische instelling van de kunstenaar. Een verstandelijke, conceptuele instelling zou tot starre, schematische afbeeldingen moeten leiden. Deze opvattingen zijn naar voren gebracht in pogingen twee heel verschillende typen afbeelding te begrijpen, n.l. de prehistorische grotschilderingen en de tekeningen van het autistische meisje Nadia. Meer theoretisch gerichte analyses van de perceptie en weergave van bewegende objecten, zoals verricht door Gombrich en Gibson, hebben er echter de aandacht op gevestigd dat bewegingsweergave steeds observatie over een langere tijdspanne inhoudt, en daarmee cognitieve processen zoals geheugen en anticipatie omvat. Ons inziens observeert men een geheel bewegingspatroon, waarin men kenmerkende momenten onderscheidt, die in de afbeelding weer worden gereconstrueerd. Een goede bewegings- of gebarenweergave is niet uitsluitend sensorisch, maar ook conceptueel van aard. Ze berust op een incorporatie van bewegingspatronen, mogelijk gemaakt door een sterke empathische binding met de buitenwereld.

Voor de bewegingsweergave staan de kunstenaar verschillende middelen ter beschikking. Friedman en Stevenson hebben gewezen op het afbeelden van afwijkingen van de ruststand, op het weergeven van verschillende momenten van de beweging in één afbeelding, op het afbeelden van metaforen voor beweging, zoals sporen in de lucht, en op het toevoegen van abstracte representaties, zoals pijlen. Ook het gebaar of het handschrift van de kunstenaar kan de bewegingsindruk versterken. Gombrich heeft hier van het grafologische gebaar gesproken, het is kenmerkend voor de stijl of het expressieve karakter van de kunstenaar.

Gebaren zijn meer dan bewegingen, ze hebben ook een verwijzende, symbolische aard. De weergave van gebaren kan pictografisch of expressief zijn, en verschillende kunstenaars uit de Renaissance, zoals Leonardo da Vinci, hebben voorschriften voor een expressieve gebarenuitbeelding gegeven. Enkele voorbeelden van een expressieve gebarenuitbeelding zijn Zadkine's beeld 'De Verwoeste Stad', Terbrugghen's schilderij 'De Roeping van Mattheus', Pat Andrea's illustratie van het 'Ja zeg, kom nou!' gebaar en het beeld van 'Mozes' van Michelangelo. De betekenis van de indrukwekkende, raadselachtige Mozes is uitvoerig door Freud geanalyseerd.

Zoals Freud's analyse ook aantoont, kan de interpretatie van gebaren in de beeldende kunst de beschouwer voor problemen stellen. Begrip voor het afgebeelde gebaar steunt zowel op inzicht in de bewegingsweergave, als op inzicht in de betekenis van het afgebeelde gebaar. Zowel het ontwikkelingsniveau van de beschouwer als diens culturele achtergrond kunnen hier van belang zijn. Schilders dragen er in het algemeen zorg voor, dat zij gebaren afbeelden die in hun cultuur ook wijdverbreid zijn en door vrijwel iedereen begrepen kunnen worden. In de Europese kunst treft men frequent afbeeldingen aan van gebaren bij gebed, verering, vreugde, religieuze extase, angst, schrik, ontzetting, woede, verbondenheid en smeken om hulp. In de moderne kunst komen ook wel gebaren voor, die opzettelijk oninterpreteerbaar en raadselachtig zijn.

Observationeel en experimenteel onderzoek naar de interpretatie van gebaren in kunst of afbeeldingen, heeft aan het licht gebracht, dat mensen verschillende taktieken gebruiken om de betekenis te achterhalen. Eén ervan is de empathische imitatie van het afgebeelde gebaar, en een andere is het ontwerpen van gefantaseerde situaties of rituelen waarin het gebaar plaatsvindt. Vrij subtiele gebaren, zoals de zijwaartse neiging van het hoofd, kunnen de interpretatie ingrijpend beïnvloeden.

Het is te hopen, dat onderzoekers van gebaren het kunstwerk opvatten als meer dan een stimulus, namelijk als een stimulans bij hun onderzoek. Het observatie- en invoelingsvermogen van kunstenaars heeft tot een rijke bron van gebarenuitbeeldingen geleid. We kunnen eruit putten om inzicht te verkrijgen in gebaren en nuances van gebaren, en ook in hun historische bepaaldheid en culturele verspreiding. De meeste kunstenaars zijn erop gericht geweest in hun werk waarnemingen, gedachten en gevoelens op een verstaanbare wijze over te brengen naar de beschouwer. Daarom kunnen we ook aannemen, dat in de kunst de gebarenweergave met een zekere getrouwheid is geschied, en dat realisme ten grondslag ligt aan de kunstzinnige verbeelding.

5. De expressie van emoties bij het toneelspel

P. P. Moormann

5.1. Inleiding

Toneelspelen is een van de oudste kunstvormen. Zelfs in de meest primitieve samenlevingen zijn sporen van deze tak van kunst te vinden, vaak gemengd met muziek, dans, pantomime of kostumering.

Meer dan eens spelen religieuze elementen een rol: het vroeg Griekse drama, het Japanse No-spel en de mysteriespelen uit de Middeleeuwen zijn hier voorbeelden van.

Uit het voorgaande zou wellicht geconcludeerd kunnen worden dat dramatische vormgeving een diepgewortelde menselijke behoefte is die zich bij alle volkeren over alle landen openbaart. Dit is niet geheel waar: bepaalde samenlevingen hebben noch op het moment, noch in het verleden een dramatische traditie gekend. Als voorbeeld geldt de Arabische samenleving uit het Midden-Oosten.

De wortels van het Europese toneel zijn terug te voeren tot ontwikkelingen die zich in het klassieke Griekenland in de zesde eeuw voor Christus voltrokken. De tragedie heeft zich ontwikkeld uit de eredienst van Dionysos, de God van de wijn, van de roes en van de inspiratie. Het woord tragedie is afgeleid van 'tragos' (geit), het dier dat wellicht hierbij geofferd werd. Rondom het altaar van Dionysos werd de dithyrambe gezongen door een koor van vijftig mannen, samengesteld uit de tien stammen van Attica. Oorspronkelijk was de enige rolverdeling die tussen koor en leider. In deze zangen werden het leven en de werken van Dionysos verheerlijkt. Met de introductie van nieuwe thema's waarin ook het leven en de conflicten van andere personen een rol gingen spelen, trad een verdere rolverdeling op. Thespis introduceerde de eerste acteur, een rol die hij aanvankelijk zelf speelde. We kunnen Thespis niet alleen beschouwen als de eerste acteur maar ook als de eerste producent en regisseur. De toneelkunst wordt daarom wel de kunst van Thespis genoemd: 'De grote vernieuwing van Thespis was dat

[1] Mijn bijzondere dank gaat uit naar Dr B. Albach, zonder wiens hulp ik dit hoofdstuk niet had kunnen schrijven.

183

hij zich losmaakte uit het koor en er in de gedaante van de god of held wiens daden gevierd werden een dialoog mee aanging' (Hartnoll, 1987, pg. 10). Ondanks de tegenstand van sommigen, waaronder de bekende Atheense staatsman Solon die waarschuwde tegen de gevaarlijke misleidingen, hadden deze vernieuwingen kennelijk veel succes. In 535 voor Christus introduceerde Pisistratus toneelwedstrijden op de feesten voor Dionysos in Athene en sindsdien werden elke lente op de stads-Dionysia tragedies opgevoerd (Cole en Chinoy, 1970).

Een verdere differentiatie volgde snel. Aeschylus introduceerde een tweede acteur en Sophokles een derde. Geleidelijk verminderde ook het belang van het koor. Bij Euripides, die leefde van 484 tot 406 voor Christus, speelde het koor nog maar een ondergeschikte rol. In de onderwerpen van zijn toneelstukken, zoals in Medea en Hippolytus, hebben de bovenmenselijke thema's plaats gemaakt voor individuele menselijke emoties (Hartnoll, 1987).

De Griekse acteur kunnen we nauwelijks met de hedendaagse westerse acteur vergelijken. Hij droeg een masker en de cothurnus, een laars met een speciale dikke zool die hem groter deed uitkomen. Het masker gaf in overdreven mate de gelaatsexpressies weer: 'Elk masker -er zijn meer dan dertig typen bekend- gaf niet alleen leeftijd, maatschappelijke positie en geslacht van het personage aan, maar ook de dominante emotie: vrees, woede, haat, wanhoop' (Hartnoll, 1987, pg. 18). Door de hoge laarzen en het masker werd de acteur 'opgeheven' boven de dagelijkse realiteit van de gewone mens. De Griekse acteur bleef daardoor: 'een statisch, goddelijk wezen, sprekend en zingend in harmonie met speciaal gecomponeerde muziek .... en zijn individualiteit verliezend in het personage dat hij uitbeeldde' (Hartnoll, 1987, pg. 18).

Sinds het ontstaan van de tragedie (en de komedie) in het klassieke Griekenland, is het theater verbonden gebleven met onze westerse cultuur. Zij heeft daarbij vele malen metamorphosen ondergaan. In de conventies van onze tijd ligt, wanneer we even afzien van moderne stromingen en experimenten als van Artaud en Genet, de nadruk op realisme in de uitbeelding en expressie van individuele gevoelens. De belangstelling die onze samenleving koestert voor de individuele mens en zijn persoonlijke gevoelsleven zien wij bijvoorbeeld weerspiegeld in het werk van Freud waarin emoties en motieven centraal staan. De Rus Stanislavski, een tijdgenoot van Freud, ontwikkelde een acteermethode van innerlijke voorbereiding die de acteur in staat moest stellen zich in de emoties van de uit te beelden persoon in te leven. Het realisme droeg ertoe bij dat de acteur van zijn masker ontdaan werd en zijn onpersoonlijk karakter verloor.

De meningen verschillen over wat er precies onder toneel verstaan wordt. Hoe toneel er in de toekomst uit zal zien, is evenmin duidelijk.

Wel is duidelijk dat toneelspelen boeit, treft, emoties bij een publiek opwekt en tot de verbeelding spreekt.

Om de rol van emoties en hun uitdrukking in de toneelkunst beter te kunnen begrijpen, moeten wij ons voor ogen stellen wat van de acteur gevraagd wordt wanneer hij een bepaald personage gaat uitbeelden. Hij moet de toeschouwer in een persoon laten geloven die hij zelf niet is en het publiek laten delen in emoties die niet de zijne zijn. Vraagt de uitbeelding van de emoties van de toneelfiguur dat de acteur ze ook werkelijk zelf beleeft? Moet en kan de acteur zich identificeren met de personen die hij uitbeeldt? Is het wel mogelijk de emoties van anderen te spelen zonder die emoties zelf ook werkelijk te voelen? Met welke hulpmiddelen slagen acteurs erin emoties bij zichzelf op te wekken en die emoties natuurgetrouw te verbeelden?

Uit deze vragen blijkt dat het toneelspel zich bij uitstek leent om enkele fundamentele vragen van de uitdrukkingspsychologie aan de orde te stellen. Met name de echtheid van de emotionele expressie is in het geding. Op deze vragen wordt nader ingegaan in paragraaf 2 die zich bezighoudt met het probleem van de identificatie en de echtheid van de emoties in het toneelspel.

In paragraaf 3 wordt de tegenstelling tusen emotie en distantie onderzocht aan de hand van de bespreking van het werk 'Le Paradoxe sur le Comédien' van de veelzijdige Franse filosoof Denis Diderot (1713-1784). In dit werk, dat tot veel verhitte debatten in de wereld der acteurs heeft geleid, wordt gesteld dat de acteur in staat is op levendige wijze emoties uit te drukken zonder deze emoties zelf keer op keer op het toneel te voelen. Naar aanleiding van het werk van Diderot zal vervolgens de rationeel georiënteerde acteermethode van Brecht vergeleken worden met de emotioneel gerichte acteermethode van Stanislavski.

Paragraaf 4 stelt de rol van het gebaar in het toneel aan de orde en bespreekt een indelingsschema voor gebaren in toneel, waarmee het pad geëffend is om in te gaan op de relatie tussen emoties en gebaren in toneel, hetgeen in paragraaf 5 gebeurt. Ter verduidelijking van bovengenoemde relatie wordt teruggegrepen op de standaardwerken 'Chirologia en Chironomia' van de Brit Bulwer (1644), betreffende het Elizabethaanse acteren en 'Theoretische Lessen over de Gesticulatie en Mimiek' van de Nederlander Jelgerhuis (1827).

Zowel in het Elizabethaans acteren als in de Nederlandse opvattingen over dramatische poëzie en beeldende kunst, die uit de 16e eeuw dateren, komt de eenheid tusen emoties en de expressie daarvan steeds als ideaal naar voren: het vermogen te ontroeren of te treffen dankzij eenheid van gevoelens en het veruiterlijken ervan. Bij het toneel gebeurt deze expressie via de stem, de gelaatsuitdrukking en het gebaar.

Als richtlijnen voor de uitdrukking van deze gebaren werden afbeeldingen uit leerboeken voor schilders gebruikt. De theorieën uit de schilderkunst hebben op deze wijze een enorme invloed gehad op de aard en soort gebaren die op het toneel gebruikelijk waren. Pas vrij recent is men er achter gekomen dat het toneel op zijn beurt de schilderkunst weer beïnvloed heeft. Zo maakt Albach (1979) aannemelijk dat enige werken van Rembrandt niet, zoals vaak verondersteld wordt, aan Bijbelse vertellingen ontleend zijn, maar afbeeldingen van toneelscènes zijn.

In paragraaf 6 komt een empirisch onderzoek naar de uitdrukking van emoties via houding en beweging aan bod. Uit dit onderzoek blijkt dat armposities van cruciaal belang zijn voor de herkenning van emoties. Tevens worden symmetrisch uitgedrukte emoties beter herkend dan asymmetrisch uitgedrukte emoties. Bovendien zijn bepaalde emoties niet van elkaar te onderscheiden, indien additionele informatie over gelaatsexpressie en dynamiek van beweging niet aanwezig is.

Opmerkelijk is de grote mate van gelijkenis tussen de afbeelding van emoties zoals weergegeven door Jelgerhuis (1827) en de afbeelding van dezelfde emoties uit het empirische onderzoek van Van Meel-Jansen & Moormann (1984b). Uit dit resultaat blijkt dat veel emotionele gebaren uit oude toneelhandboeken nog steeds 'natuurlijk' zijn en veel minder aan veranderende conventies onderhevig zijn dan tegenwoordig wel eens gesuggereerd wordt!

5.2. De echtheid van emoties in het toneelspel

Hoe slaagt de toneelspeler erin een bepaalde historische of fictieve figuur zo levensecht uit te beelden dat de toeschouwer in de fictie gelooft en meeleeft met de emoties die de toneelfiguur ondergaat? Acteurs, schrijvers en filosofen hebben zich met dit thema beziggehouden en verschillende oplossingen aangedragen. In een van zijn dialogen voert Plato Socrates ten tonele die met de acteur 'Ion' spreekt:

Socrates: 'Ik wil dat jij me oprecht antwoord geeft Ion op wat ik aan jou ga vragen: Wanneer je het grootste effect uitoefent op je gehoor bij het reciteren van een indrukwekkende passage ... ben jij dan helder van geest? Ben jij dan niet buiten jezelf gevoerd en is je ziel niet in extase alsof ze zich bevindt tussen de personen en plaatsen waarover je spreekt ...'

Ion: 'Dat argument treft me, Socrates. Want ik moet eerlijk erkennen dat bij het vertellen over lijden mijn ogen met tranen gevuld zijn, en wanneer ik over schrikaanjagends spreek, mijn haar overeind staat en mijn hart bonst' (Plato in Ion; uit Cole & Chinoy, 1970).

In de opvatting van Plato is de acteur geïnspireerd door een godheid, zijn Muse, die hem in staat stelt de grenzen van de eigen persoonlijkheid te doorbreken. Deze idee van de (goddelijke) inspiratie heeft een grote invloed uitgeoefend op het denken over toneel en kunst in het algemeen.

De geschiedenis van het toneel kent vele anecdotes die laten zien dat acteurs zich zo konden laten meeslepen dat zij de illusie vergaten en het spel als werkelijk beleefden. Plutarchus vertelt dat een van Rome's grootste toneelspelers, de in Griekenland geboren Aesopus, eens Atreus speelde die Thyestes wilde wreken. In de hitte van zijn vervoering sloeg hij met zijn drietand een bediende die over het toneel liep zo hard dat deze ter plekke overleed. Dars en Benoit (1964) vermelden dat de acteur Yonnel als hij Chatterton speelde ook werkelijk de pijn voelde en de vergiftigingssymptomen vertoonde van de stervende dichter. Rollen die emotioneel veel vragen van de acteur blijken hem ook zeer te kunnen uitputten. De grote tragédienne Rachel was urenlang onaanspreekbaar als ze 'Emilie' had gespeeld.

Op verschillende wijzen hebben acteurs geprobeerd technieken te ontwikkelen die hen in staat stelden zich met de toneelpersoon te identificeren en zijn emoties te delen. Klassiek is het verhaal over de Griekse acteur Polus, dat door Gellius (2e eeuw voor Christus) verteld wordt. Een zeer geliefde zoon van Polus was gestorven. Na zijn begrafenis en na de voorgeschreven rouwperiode nam Polus zijn beroep van acteur weer op. Op een zeker ogenblik moest hij Elektra van Sophokles spelen (bij het Griekse toneel werden de vrouwenrollen door mannen gespeeld). In een bepaalde scène daarin draagt Elektra de urn met de as van haar vermoorde broer Orestes en beweent hem daarbij. Polus nu haalde uit het graf de urn met de as van zijn zoon en droeg ze als de urn van Orestes. Gellius schrijft: 'Hij vulde de gehele plaats, niet met het uiterlijk en de imitatie van verdriet, maar met echt verdriet en ongeveinsd beklag'.

Deze overtuiging dat men zelf de emoties voelen moet, wil men anderen kunnen overtuigen van de echtheid van de expressie ervan, treffen wij ook aan bij de Romeinse filosoof, politicus en redenaar Cicero. In een dialoog, 'De Oratore', over de eisen die aan een goede redenaar worden gesteld, merkt hij op: 'Ik heb nooit, op mijn woord van eer, geprobeerd om verdriet op te wekken, of medelijden, of jalouzie, of haat, als ik moest spreken voor een rechtbank, of ik onderging zelf, bij de beïnvloeding van de rechters, dezelfde gevoelens die ik in hen wenste op te wekken' (Cole & Chinoy, 1970). In deze dialoog, die de eisen vaststelt waaraan een goed redenaar moet voldoen, werd Cicero sterk beïnvloed door het toneelspel van zijn dagen, met name door het spel van de oorspronkelijk Griekse toneelspeler Roscius, met wie Cicero zeer bevriend was.

Ook Quintilianus schreef een invloedrijk werk over de eigenschappen van de goede redenaar (Institutio Oratorio) dat sterk beïnvloed is door het toneelspel van zijn tijd. Daarin geeft hij precieze instructies over het gebruik van stem en gebaar. Gebaren zijn 'de welsprekendheid van het lichaam'. De spreker moet zich zo gedragen dat 'de armen op de juiste wijze zijn gestrekt, dat de bewegingen van de handen niet zonder gratie of onooglijk zijn, dat de houding niet ongepast is, dat er geen onbehouwenheid is in het naar voren brengen van de voeten; en dat het hoofd en de ogen niet strijdig zijn met de draaiing van de rest van het lichaam' (Cole & Chinoy, 1970, pg. 27).

De werken van Cicero en van Quintilianus hebben grote invloed gehad op het spel van acteurs in de eeuwen die volgden. Zij zijn ook richtinggevend geweest voor de gedachte dat de acteur, zoals de redenaar, de emoties moet voelen die hij zelf uitbeeldt en zij hebben ook lange tijd gegolden als richtlijnen voor de gebaren die daarbij gemaakt moesten worden. Eisen van elegantie, gematigdheid en natuurlijkheid stonden daarbij op de voorgrond.

Geheel overeenkomstig deze traditie worden 17e eeuwse Elisabethiaanse acteurs er volgens Joseph (1964) in getraind hun emoties op een zo natuurlijk mogelijke wijze tot uitdrukking te brengen door middel van stemgebruik, gelaatsuitdrukking en beweging. Dit was bepaald geen eenvoudige opgave waneer men bedenkt dat het Elisabethiaanse acteren aan vrij stricte conventies gebonden was (kleding strookte niet met de tijd waarin het stuk zich afspeelde, toneelstukken waren in versvorm geschreven, vrouwenrollen werden door mannen gespeeld etc.). Ondanks het formalisme dat deze conventies met zich meebrachten, is Joseph van mening dat de 17e eeuwse acteurs er wel degelijk in slaagden natuurlijk over te komen.

De bekendste Elisabethiaanse acteur en toneelschrijver Shakespeare heeft Hamlet een aantal uitspraken over het toneel in de mond gelegd die wel als het credo voor de toneelspeler uit die tijd zijn opgevat: 'Suit the action to the word, the word to the action; with this special observance, that you overstep not the modesty of nature: for anything so overdone is from the purpose of playing whose end, both at the first and now, was and is, to hold, as t'were, the mirror up to nature' ('Voeg de handeling naar het woord, het woord naar de handeling; maar let er speciaal op dat U niet de bescheidenheid der natuur voorbij loopt: want overdrijving past niet bij het spel welks doel zowel in den beginne als nu, was en is om als het ware de natuur een spiegel voor te houden', uit act 3, scène 2).

Wel moeten we hierbij opmerken dat de opvattingen over de term 'natuurlijk' in de loop der tijd aan veranderingen onderhevig zijn. Bestudering van de wat oudere toneelboeken, zoals die van de Engelsman Bulwer (1644) en de Nederlander Jelgerhuis (1827), doet vermoeden dat ten aanzien van bewegen 'natuurlijk' in verband gebracht wordt met vloeiende bewegingen en contrastrijke lijnen. Stijfheid en symmetrie in houding zijn taboe. Het 'edele en zwierige' van de Griekse en Romeinse beelden wordt als voorbeeld gesteld door Jelgerhuis. De 'stijve rechtstandigheid' van de Egyptische beelden dient -koste wat het kost- vermeden te worden.

Een analoge benadering is te vinden bij Sir Richard Baker (1670, zie Joseph, 1964, pg. 5): 'We may all acknowledge that gracefulness of action is the greatest pleasure of a play; seeing it is the greatest pleasure of (the art of pleasure) rhetoric' ('We zullen allen ermee instemmen dat gratie van handeling het grootste genoegen is aan een spel; zoals we zien dat het het grootste genoegen is aan -de kunst van het genoegen- de redekunst).

Een gevaar van een te strenge opvolging van deze technische richtlijn is vanzelfsprekend dat het gebaar een eigen leven gaat leiden om maar sierlijk en bevallig te zijn. Iets wat de expressie niet altijd ten goede zal komen, zeker niet wanneer emoties uitgedrukt moeten worden die om hoekige, harde, wat bijtende bewegingen vragen, zoals bijvoorbeeld woede.

Volgens Joseph vervielen goede Elisabethiaanse acteurs niet in deze fout. Illustraties, zoals afgebeeld in handboeken over gebaren behorende bij bepaalde hartstochten, zouden eerder bedoeld zijn als manieren waarop emoties uitgedrukt kunnen worden dan als manieren waarop ze uitgedrukt moeten worden. Het streven is het gebaar zo natuurlijk mogelijk af te stemmen op innerlijke ervaringen, eigen aan de toneelspeler.

Steeds opnieuw zien wij in de geschiedenis van de toneelkunst dat acteurs zich afzetten tegen misbruiken die in het toneel zijn ingeslopen, zoals effectbejag, onnatuurlijk spelen, houterige gebaren en overdreven pathos. Men streeft naar 'natuurlijkeid' in de uitbeelding en ziet als de belangrijkste weg daartoe de identificatie van de acteur met de toneelfiguur en de werkelijke beleving van de emoties die daarbij horen.

Zo bezweert de Italiaanse acteur Riccoboni (1675-1753), stammend uit de commedia dell'arte, de toneelspelers zich aan de 'waarheid' te houden, want alleen dan kunnen ze overtuigen. Als de acteur 'met het hart' speelt, zal hij natuurlijkerwijze de juiste bewegingen en gebaren vinden. Zijn landgenoot Tommaso Salvini (1829-1915) geeft als zijn mening dat elke acteur de emotie die hij uitbeeldt, behoort te voelen en ook werkelijk voelt. Slechts voor zover hij de emotie voelt, zal hij zijn publiek kunnen overtuigen en emotioneel kunnen laten meeleven.

De Franse acteur Talma (1763-1826) vernieuwde het toneelspel door de starre, klassieke, zwaarwichtige bewegingsvormen af te schaffen en realistische, natuurgetrouwe uitbeelding in te voeren. Hij probeerde passie en emotie naar waarheid uit te beelden. Een tijdgenoot schreef dat hij 'Orestes' speelde als een gek in een krankzinnigengesticht. Volgens Talma moet de acteur zich laten leiden door emoties: 'Het sentiment dat hem overweldigt, ontsnapt in geluidloze actie vóór het woord in staat is er uiting aan te geven. Het gebaar, de houding en de blik behoren aan de woorden vooraf te gaan, zoals het licht van de bliksem de donder vooraf gaat' (Talma, uit Cole & Chinoy, 1970, pg. 185). Delsarte (1811-1871), die de acteertechnieken probeerde te vernieuwen (en daartoe een systeem voor bewegen ontwierp dat in het hoofdstuk over de dans besproken is), beklemtoonde dat de emotie en het hart de motor behoren te zijn van het gebaar. Louis Jouvet, de bekende Franse toneel- en filmacteur, legde er de nadruk op dat de emotie 'het gebaar moet scheppen en leiden' (uit Cole & Chinoy, pg. 243).

De Rus Michael Stchepkin (1788-1863), de vader van het Russische toneel die ook grote invloed op Stanislavski heeft uitgeoefend, noemde toneelspel 'het lied van het hart'. Hij pleitte voor echte emoties ter bestrijding van vals pathos.

De Engelse acteur Tom Robertson verving 'de nadrukkelijke manier van spreken en brede gebaren van vroeger' door een 'rustige en meer natuurlijke spreektrant' (Hartnoll, 1987, pg. 207). In ons eigen land was het Edouard Verkade die met zijn gezelschap 'De Haghespelers' een onnadrukkelijke en ontheatrale speeltrant nastreefde. Van Dalsum introduceerde het expressionistische toneel dat hij omschreef als 'de heftigste emotie in de kortste vorm' (Hartnoll, 1987, pg. 290).

Het is Stanislavski (1863-1938) geweest die deze emotietheorie een methodische basis gegeven heeft. Deze beroemde Russische acteur, producer en schepper van een acteermethode die over de gehele wereld, inclusief Hollywood, navolging vond, waarschuwt overigens voor het gevaar te vervallen in technische hoogstandjes door een te rigide gebruik van de richtlijnen die hij gaf.

Door de gehele geschiedenis zien wij echter ook een tegenbeweging als reactie op deze accentuering van de emotionele component. De grote Engelse acteur Garrick (1717-1779) beroemde er zich op dat hij naar willekeur emoties en expressies kon laten zien zonder daarbij zelf iets te voelen. Hij kon een gezelschap amuseren door in een kort tijdsbestek verbluffend echt alle emoties op zijn gelaat te laten verschijnen. Wel was hij een zorgvuldig observator en imitator. Bij zijn voorbereiding van de rol van King Lear bestudeerde hij nauwgezet een kennis die een kind verloren had en krankzinnig was geworden (uit Cole & Chinoy, 1970). De Duitse acteur Schröder (1744-1816) vertelde dat als hij King Lear speelde, hij hoogstens warm werd van de fysieke inspanning, maar emotioneel volkomen koud bleef daarbij.

William Archer (1856-1924), Australiër van geboorte, deed een enquête bij een groot aantal acteurs en bestudeerde ook de historische bronnen. Hij concludeerde dat: 'voor de praktische doeleinden van de dramatische presentatie, de symptomen van hartstocht met redelijke precisie mechanisch nagebootst kunnen worden, en er is geen reden er aan te twijfelen dat exceptionele artiesten een verbazingwekkende vaardigheid in zulke nabootsing hebben bereikt' (uit Cole & Chinoy, 1970, pg. 365).

De Duitse toneelschrijver Bertold Brecht (1898-1956) heeft zich het meest nadrukkelijk uitgesproken tégen de emotionele identificatie van de acteur met de toneelfiguur.Na de Eerste Wereldoorlog had het Duitse drama zich volgens Brecht reeds op beslissende wijze naar het rationalisme gekeerd in de laatste jaren van de Weimar Republiek. Het Nazidom met zijn groteske benadrukking van emoties, en wellicht ook een bedreiging van het rationalisme in de Marxistische esthetica, hebben bij ons als reactie een onderstreping van rationele elementen opgeroepen. Brecht suggereert dat in een tijd waarin één pool van de controverse gevoel-verstand taboe is en de andere pool hoogtij viert, de pool die hoogtij viert automatisch al aan sterkte is gaan inboeten, omdat er al een reactie op gang is gekomen tegen die gevestigde visie: 'Toch kan men zeggen dat een groot deel van de hedendaagse kunst aan emotionele kracht had ingeboet omdat het de rede schuwde, en de renaissance van emotionele kracht direct ontsproot uit toegenomen rationele tendenties. Dit zal alleen diegenen verbazen die een zeer conventionele opvatting van emoties hebben' (Brecht, 1954; vertaling 1972, pg. 28). Brecht had echter al een voorloper gehad : de Franse filosoof Diderot.

5.3. Diderot's 'Paradoxe sur le Comédien': een echte of een schijnparadox?

De veelzijdige Franse filosoof Denis Diderot (1713-1784) onderzocht de vraag of acteurs de emoties die ze tot uitdrukking brengen zelf moeten voelen of dat ze louter met behulp van technieken in staat zijn emoties bij de toeschouwers op te wekken. Hij was bevriend met Garrick en had diens wonderbare prestaties bij emotionele uitbeelding gezien. In zijn 'Paradoxe sur le Comédien', die overigens pas na zijn dood verscheen (1830), wordt gesteld dat de acteur in staat is op levendige wijze emoties uit te drukken zonder deze emoties zelf keer op keer op het toneel te voelen. Een ogenschijnlijke tegenstelling die niet alleen voor het theater interessant is, maar tevens voor de psychologie en met name voor haar emotietheorieën, daar Diderot's paradox de relatie tussen emotioneel gedrag en emotionele beleving aan de orde stelt. Aangezien Diderot's Paradoxe fundamenteel is om te begrijpen hoe de tegenstrijdige uitgangspunten van de twee meest invloedrijke theorieën over acteren uit de 20e eeuw (namelijk die van Stanislavski en Brecht) ontstaan zijn, zal er aan Diderot's ogenschijnlijke tegenstelling uitgebreid aandacht besteed worden. In feite is deze tegenstelling terug te voeren op de controverse tussen het verstand en het gevoel. Diderot en Brecht vertegenwoordigen de verstandpool, terwijl Stanislavski de gevoelpool voor zijn rekening neemt. De gevoelpool, die in dit westerse toneel de toonaangevende stroming 'was/is', heeft te maken met het streven van de acteur zich in te leven in de persoon die hij moet uitbeelden. Dit om de toeschouwers zo nauw mogelijk te betrekken bij de gebeurtenissen en de figuur die op het toneel uitgebeeld wordt (Brecht, 1972). Brecht merkt op dat deze gedaanteverandering een zeer moeizame handeling is. Stanislavski, op wie later uitvoerig ingegaan zal worden, bespreekt een reeks middelen, die bij elke voorstelling artificieel opgewekt kan worden, om zo'n gedaanteverandering zo realistisch mogelijk uit te voeren. Iets wat volgens Brecht niet meevalt: zodra de acteur in een routine vervalt, zal het publiek niet langer geboeid blijven. Het niet meer geboeid blijven is het ergste wat een acteur overkomen kan. Een acteur is niets zonder publiek en gebrek aan aandacht dooft de emoties als water het vuur. Voor een acteur is het dus zaak alles in het werk te stellen om de vlammen te doen oplaaien. Maar hoe? Emoties zijn uitermate geschikt om aandacht te trekken. Zij doorbreken namelijk heel efficiënt grauwe, monotone, vlakke stemmingen. Ze lichten op in een grijze massa, zoiets als vuurwerk tegen een donkere, nietzeggende hemel en zijn door hun affectieve kleur van elkaar te onderscheiden, net zoals vuurpijlen van verschillende kleuren dat doen. Kortom emoties zijn potentiële aandachttrekkers met een uitermate hoge contrastfactor. Dit is dan ook de formule volgens welke Stanislavski en andere psychologische realisten werken: De acteur brengt door middel van inleving emotioneel gedrag tot uitdrukking. Dit emotioneel gedrag is vergelijkbaar met de figuur in de figuur-achtergrond relatie uit de Gestaltpsychologie. Het trekt de aandacht of wekt, zoals de psycholoog Berlyne (1971) zegt, 'arousal' op bij het publiek. Tevens is het publiek in staat te herkennen welke emotie de acteur uitdrukt. Hiermee is het motief van deze vorm van acteren, n.l. psychologisch realistisch acteren, verwezenlijkt.

Volgens Berlyne zijn echter niet alleen emoties determinanten van arousal. Ook eigenschappen van waarnemingspatronen zoals nieuwheid, verrassing, complexiteit, ambiguïteit en raadselachtigheid of verwarring kunnen arousal opwekken en daarmee aandacht trekken. Deze eigenschappen noemt Berlyne collatieve kenmerken. Mijn stelling is dat zowel Diderot als Brecht volgens Berlyne's collatieve kenmerken- begrip werken om de aandacht van het publiek vast te houden. Hun motief tot aandacht is niet zozeer een psychologisch-realistische, zoals bij Stanislavski, maar een verstandelijke: het publiek moet de voorstelling kritisch bezien en zich niet laten meeslepen door de grote emoties.

De afkeer die Brecht uitspreekt ten aanzien van het meeslepende effect van emoties is terug te voeren op zijn ervaring met het Nazidom, waarin massahysterie alle verstandelijke elementen van het menselijk denken de wapens uit handen slaat. Brecht bewapent de verstandelijke elementen van het menselijk denken opnieuw met de introductie van het V-effect (= Vervreemdingseffect), dat als doel heeft de toeschouwer een onderzoekende kritische houding te laten aannemen tegenover de gebeurtenissen die worden uitgebeeld (Zie Brecht, 1972): 'Kortom het streven was niet, het publiek in trance te brengen en het de illusie te geven dat het een natuurlijke, niet ingestudeerde handeling bijwoont. Zoals men zal zien, moet de neiging van het publiek om zich in een dergelijke illusie te storten, door bepaalde kunstmiddelen geneutraliseerd worden' (Brecht, idem, pg. 82). Het V-effect is zo'n artistiek middel en bezit in Berlyne's terminologie collatieve eigenschappen, aangezien het verrassing, verwarring en raadselachtigheid opwekt. Brecht heeft dit V-effect ontleend aan de oude Chinese toneelspeelkunst en paste het in Duitsland toe om tot een episch theater te komen voor stukken van een niet-Aristotelische (niet op identificatie berustende) dramaturgie. Een voorbeeld van het V-effect: 'Armoede wordt aangeduid door op zijden gewaden onregelmatige stukken van een andere kleur te naaien die verstelstukken voorstellen' (Brecht, idem, pg. 77). Ook maakt de acteur dikwijls kenbaar dat hij er zich bewust van is dat er naar hem gekeken wordt, waarmee een illusie van het Europese toneel meteen vernietigd wordt, omdat het publiek de illusie ontnomen wordt dat het een ongeziene toeschouwer is van een gebeurtenis die werkelijk plaatsvindt. Een andere maatregel is dat de artiest zichzelf observeert: 'Het naar-zichzelf-kijken van de artiest, een artificiële en artistieke daad van zelfvervreemding, verhindert de algehele identificatie van de toeschouwer, dat wil zeggen, de identificatie die zover gaat dat de toeschouwer zichzelf overgeeft, en schept een geweldige distantie ten opzichte van de gebeurtenissen' (Brecht, idem, pg. 78).

Volgens Brecht doet het spel van de Chinese artiesten vaak kil aan in de ogen van de westerse acteur. Daarmee bedoelt Brecht *niet* dat het Chinese theater afziet van de uitbeelding van gevoelens: 'De artiest beeldt gebeurtenissen uit waarmee grote hartstochten gemoeid zijn, maar zijn voordracht blijft daarbij vrij van pathos. Op momenten van de hevigste opwinding van de uitgebeelde persoon neemt de artiest enkele haren tussen de lippen en bijt ze stuk. Maar dat wordt uitgevoerd als een rite, het heeft niets van een emotionele uitbarsting' (Brecht, idem, pg. 78).

Deze handelingen of gebaren maken duidelijk dat de toneelspeler zich distantieert van de figuur die hij uitbeeldt: 'Hij vermijdt diens gevoelens tot de gevoelens van de toeschouwers te maken' (Brecht, idem, pg. 78). Hiervan moet Brecht dus niets hebben. Hij noemt dit proces dan ook 'emotionele besmetting'. Wanneer we het voorgaande citaat van Brecht met de stellingname van Diderot vergelijken (een acteur kan een emotie uitdrukken zonder deze emotie zelf te voelen) is er op het eerste gezicht een overeenkomst aanwezig, tenminste indien men ervan uitgaat dat het uitdrukken van emoties tevens overdraagbaarheid van emoties inhoudt. Hieruit zou geconcludeerd kunnen worden dat Brecht hetzelfde bedoelt als Diderot. Stroman (1966) gaat zelfs zover te beweren dat Brecht Diderot's ideeën afgepikt heeft. Brecht beroept zich namelijk wel openlijk op het Chinese toneel, maar verzwijgt Diderot. Dit verzwijgen van Diderot wordt kwalijk, wanneer er aanwijzingen zijn dat Brecht wel degelijk op de hoogte was van Diderot's ideeën, hetgeen Stroman trouwens in zijn artikel tracht hard te maken. Stroman doet dit echter wel met enige reserve: 'Een uitvoeriger onderzoek dan deze vrij willekeurige aanduidingen zou mogelijkerwijs hoogst interessante dingen aan het licht kunnen brengen over Diderot zij het niet als de vader, maar dan toch tenminste als de peetvader van het episch, het didactisch toneel. Bertold Brecht was niet minder dan zijn grote voorbeeld en voorganger Shakespeare per slot een geniaal, onbekommerd plagiator' (Stroman, 1966, pg. 166).

Om Bertold Brecht nu een onbekommerd plagiator te noemen, alléén omdat hij met de rationalist Diderot het verstandelijke in de benadering van toneel gemeen heeft lijkt me wat overtrokken. Wat Diderot's paradox betreft bestaan er namelijk verschillen tussen beide auteurs. Diderot zegt in feite dat de uitdrukking van emotioneel gedrag (bijvoorbeeld bij verdriet) door de acteur opgewekt kan worden zonder dat deze zich verdrietig voelt. In psychologische terminologie houdt dit in dat de emotionele beleving losgekoppeld wordt van het emotionele gedrag. Wat Brecht beweert lijkt op het voorafgaande, maar is niet exact hetzelfde: 'Het vervreemdingseffect treedt op, evenwel niet in de vorm van geen emoties, maar in de vorm van emoties die niet met de uitgebeelde persoon hoeven samen te vallen. Bij het zien van verdriet kan de toeschouwer vreugde, bij het zien van woede afkeer voelen' (Brecht, 1972, pg. 79).

Legt de toneelspeler bijvoorbeeld een beheerste houding aan de dag en laat hij dan opeens een lijkbleek gezicht zien (wat hij mechanisch tot stand bracht door plotseling zijn gezicht in zijn handen te verbergen waarin witte schmink zat) dan zal de emotie schrik (incongruent met de verwachting van de toeschouwer: collatieve eigenschap) een vervreemdingseffect oproepen.

In dit geval is er bij de acteur geen sprake van een relatie tussen zijn emotionele beleving en zijn emotioneel gedrag. Geen van beide zijn aanwezig. Er hoeft ook niets losgekoppeld te worden. Alleen de toeschouwers interpreteren een plotseling opduikend wit gezicht, dat buiten de context van de figuur en het verhaal valt, als schrik. Van de acteur kan dan ook gezegd worden dat deze geen uitdrukkend gedrag laat zien, maar uitbeeldend gedrag (zie Buytendijk, 1948). Uitdrukkend zou het worden indien ... 'de toneelspeler de emoties die hij moet uitbeelden toch nog bij zichzelf heeft opgeroepen door juist de uiterlijke kentekenen voor te dragen: de toneelspeler kan bijvoorbeeld door een stem op te zetten en de adem in te houden en tegelijk de kaakspieren te spannen, zodat het bloed hem naar het hoofd stijgt, gemakkelijk woede in zichzelf opwekken' (Brecht, 1972, pg. 79).

In dit citaat wordt door Brecht de relatie tussen het emotionele gedrag (uitdrukkingsgedrag) en de emotionele beleving uiteengezet. Hoewel Brecht deze werkwijze afkeurt, daar ze tot emotionele besmetting leidt, illustreert hij hiermee hoe in de psychologische emotietheorie van James-Lange, die we in hoofdstuk 1 bespraken, de relatie emotioneel gedrag en emotie gezien wordt, te weten de emotiebeleving als gevolg van het uitdrukkingsgedrag.

Volgens Diderot echter zou de hele procedure van stem opzetten tot en met bloed naar het hoofd stijgen bij de acteur *niet* tot woede leiden. Hij blijft er zo koud als een kikker onder.

Alvorens deze gezichtspunten nader te bezien tegen de achtergrond van de in hoofdstuk 2 besproken relatie kunst-emotie, zal nu eerst Stanislavski's visie op acteren behandeld worden.

Toen Stanislavski in de zomer van 1906 als acteur op zijn hoogtepunt stond, raakte hij in een soort impasse. De lust om te spelen was hem ontgaan. Door het eindeloos repeteren, betrapte hij zichzelf erop dat hij in feite dreef op automatismen, waarbij hij niets meer voelde. Deze toestand ervoer hij als hoogst onbevredigend, daar de inspiratie om iets nieuws, iets scheppends te maken, verdwenen was en daarmee tevens de ware vreugde om te spelen (zie Gourfinkel, 1956). Uit zijn behoefte te begrijpen waarom hij de lust om te spelen verloren had, is een methode van acteren ontstaan, die bekend staat als de Stanislavski methode, of kortweg 'de methode' (Logan e.a., 1963). De methode mocht zich in een enorme populariteit verheugen. Beroemde filmsterren als Marilyn Monroe en Marlon Brando kregen o.a. hun acteurtraining met deze techniek. De grote overeenkomsten tussen Stanislavski's methode en psychotherapieën bracht wel het gevaar met zich mee dat bij onvoldoende opvang en ondeskundig gebruik van 'de methode' psychisch labiele leerlingen doorsloegen.

Volgens Diderot is alles wat er zich op het toneel afspeelt volledig verschillend van dat wat zich in het dagelijkse leven afspeelt. Dit deed de filosoof concluderen dat de acteur, zodra hij op het toneel stapt, een register van gedragingen moet opentrekken dat zo ver mogelijk verwijderd staat van zijn natuurlijke, alledaagse gedrag.

Dat de situatie van de toneelspeler, wanneer deze voor het voetlicht staat, iets tegennatuurlijks in zich draagt, werd ook door Stanislavski beaamd. Desondanks trok Stanislavski een conclusie die lijnrecht tegenover die van Diderot stond: 'Er is inderdaad een gespletenheid bij de acteur aanwezig, omdat zijn lichaam is gebonden de hartstochten uit te beelden die het spel oplegt, terwijl zijn ziel zich met zijn alledaagse beslommeringen blijft bezighouden. Toch betekent dit niet dat de splijting als noodzakelijk of onvermijdelijk moet worden geaccepteerd, zoals Diderot het stelde; integendeel hij moet trachten zich ermee te identificeren, juist door middel van die sensibiliteit die Diderot zo bespot' (Gourfinkel, 1956, pg. 9 en 10).

In Le Paradoxe sur le Comédien gaat Diderot in op het wezen van de acteur, hetgeen in de volgende stelling uitmondt: 'De uiterste gevoeligheid maakt middelmatige acteurs; de middelmatige gevoeligheid maakt de menigte van slechte acteurs; het absolute gemis aan gevoeligheid bereidt de uitstekende acteurs voor' (Stroman, 1966, pg. 165).

Dit citaat geeft weer dat de rationeel ingestelde acteur die Diderot ambieert meer met zijn verstand speelt. De acteur daarentegen die emotioneel is ingesteld, speelt uit het hart.

Stchepkine, naar wie Stanislavski voortdurend verwijst, verwierp Diderot's theorie, die hij de theorie van het sublieme naäpen noemde (Gourfinkel, 1956).

Een leerling van Stanislavski, de acteur Khmeliov, werkte de gedachten van Stanislavski enigszins uit in een richting die de positie van de toneelspeler verheldert: De acteur moet emoties voelen, deze echter voortdurend onder controle houden. Dit laatste is in feite de sleutel tot Stanislavski's methode. De acteur wordt namelijk in een toestand gebracht die de 'tegennatuurlijkheid' van de toneelsituatie aanvaardbaar maakt. Hierdoor worden intuïtie en inspiratie opgewekt, echter zodanig dat ze door de acteur niet alleen opgeroepen maar tevens onder controle gehouden worden in plaats van dat ze zich op goed geluk manifesteren. Op deze wijze ontwikkelde Stanislavski een systeem van acteren, dat bedoeld was dramatische karakterisaties te produceren die een psychologisch realisme in zich droegen. De methode vereist van de acteur dat deze oefeningen en improvisaties uitvoert om zintuiglijke en affectieve herinneringen te stimuleren. Tevens wordt gestreefd naar relaxatie en concentratie. Stanislavski was geïnteresseerd in experimentele psychologie, met name in het werk van de Franse psycholoog Ribot, van wie hij de term affectief geheugen overnam (Logan, e.a. 1963). Later, in de dertiger jaren, verving hij deze term door emotioneel geheugen. Door middel van de techniek van het emotioneel geheugen tracht Stanislavski bij acteurs emoties te doen herleven die in het verleden in bepaalde situaties ervaren zijn. Zo kan een bepaald parfum niet alleen de persoon die het gebruikte doen herleven maar tevens een serie emoties die in connectie staan met die persoon. Het op deze manier bewust kunnen oproepen van emoties kan bij de vertolking van een bepaalde scène of rol gebruikt worden. Bij dit proces wordt een absolute ontspanning vereist op het toneel. De acteur is zich niet bewust van het bestaan van de toeschouwers en concentreert zich sterk om al zijn aandacht te kunnen richten op een volledige identificatie -intellectueel, emotioneel en spiritueel- met de rol die hij vertolkt. Het is een flexibel systeem, aangezien elke acteur put uit zijn eigen psychologisch en emotioneel reservoir.

Met identificatie of inleving wordt niet bedoeld dat de acteur zijn greep op de realiteit verliest, d.w.z. dat hij een andere persoon wordt. Volgens Stanislavski kan de acteur namelijk alléén gevoelens beleven die van hemzelf zijn. Hij kan zich niet even een andere persoonlijkheid aanmeten. Wat de acteur zich volgens Stanislavski steeds moet inprenten is het volgende: 'Ik weet dat alles rondom mij op het toneel slechts een ruwe imitatie van de werkelijkheid is, maar als het waar zou zijn dan zou ik zo handelen en reageren ...'. Hierbij mag de acteur volgens Stanislavski nooit uit het oog verliezen dat acteren een spel is, dat er een distantie bestaat tussen de acteur zelf en de rol die hij vertolkt: 'De acteur moet op het toneel zich nooit voelen alsof hij iemand anders is die ergens in een bepaalde tijd bestond, maar hij moet altijd weten dat hij zichzelf is, hier en nu' (In Gourfinkel, 1956, pg. 13).

Hieruit volgt dat niet alleen Diderot, maar ook Stanislavski een zekere distantie propageren. Gourfinkel zegt dan ook dat de opvattingen van Diderot en Stanislavski in feite minder tegenstrijdig zijn dan ze op het eerste gezicht lijken. Volgens haar komen beide methoden op hetzelfde uit, echter langs verschillende wegen. Waar Stanislavski volgens Gourfinkel van Diderot verschilt is 'het moment waarop het bewustzijn in staat is invloed uit te oefenen op het onderbewustzijn' (om in Freudiaanse termen te spreken).

In deze discussie zijn regelmatig de termen identificatie en distantie gevallen. We herinneren er hier aan dat in hoofdstuk 2 deze begrippen uitgebreid zijn besproken en dat daar gesteld is dat deze begrippen sleutelbegrippen zijn bij het verstaan van het verschijnsel kunst in het algemeen. Ook werd daar gesteld dat zowel kunstenaars als kunstbeschouwers verschillende posities op die dimensie innemen. Diderot absoluteert één pool ervan en ontkent de aanwezigheid van de andere pool. Verschillende andere acteurs na Diderot hebben echter op die spanning tussen identificatie en distantie, die zo karakteristiek is voor de toneelspeler, gewezen. De Franse acteur Benoit Coquelin (1841-1909) spreekt over de 'dubbele persoonlijkheid' van de acteur. Hij heeft een eerste zelf, dat de conceptie van de rol heeft, en een tweede zelf dat de rol vervult: 'De twee naturen die tesamen bestaan in de acteur zijn onscheidbaar, maar het is het eerste zelf, degene die *ziet*, die de meester moet zijn' (uit Cole & Chinoy, 1970, pg. 192). Zelfs wanneer het publiek meegesleept zou worden door het acteren van de speler en zich zou laten vervoeren door de uitgebeelde hartstochten, zou de acteur zelf nog in staat moeten zijn te zien wat hij doet en zichzelf te controleren. Hiermee plaatst Coquelin zich dicht naast de positie van Diderot.

Zijn landgenoot Jacques Copeau (1878-1949), directeur van het bekende 'Théatre du Vieux Colombier', zet zich nadrukkelijker af tegen Diderot o.a. in de volgende uitspraken: 'De absurditeit van de 'paradox' is dat het de werkwijzen van de (kunstzinnige) vaardigheid stelt tegenover de vrijheid van het gevoel, en ze ontkent in de artiest de mogelijkheid van hun coëxistentie en gelijktijdigheid' of 'Hoe meer emotie in hem (de artiest) opkomt en hem vervoert, hoe helderder zijn brein wordt.' (Uit Cole & Chinoy, 1970, pg. 225). Copeau's stellingname kunnen we dus samenvatten met: hoe meer identificatie, hoe meer distantie.

De Duitse theaterproducent Erwin Piscator (1893-1966) bediscussieert de ideeën van Stanislavski en Brecht en merkt daarin over acteurs het volgende op: 'Zij spelen met de kennis dat het leven belangrijker is dan het spel – maar tegelijkertijd beseffen zij dat op dit bepaalde moment er geen waardiger vorm van leven is dan juist dit bepaalde segment van leven in dit bepaalde spel' (Cole & Chinoy, idem, pg. 307). Volgens Piscator schuilt de kunst van het toneelspel in de eenheid van verstand en emotie.

Naar mijn mening heeft de Engelse toneelspeler, toneelschrijver en toneelkritikus, George Henry Lewes (1817-1878) in zijn bundel essays 'On Actors and the Art of Acting' (1875) de hier besproken polariteit op een bijzonder goede wijze samengevat en er een speciale interpretatie aan gegeven: 'Het antwoord op de vraag, hoe ver gaat de acteur in zijn gevoelens? is daarom ongeveer zo: Hij is in een toestand van emotionele betrokkenheid die voldoende sterk is om hem de elementen van de expressie te verschaffen, maar niet sterk genoeg om hem te beletten het ene te wijzigen, het andere te rangschikken volgens een tevoren opgestelde standaard' (Cole & Chinoy, idem, pg. 352). Lewis legt er de nadruk op dat de acteur emoties moet voelen, maar niet zoals in het gewone leven. Hij moet ze geïdealiseerd weergeven in die zin dat ze van al het alledaagse, irrelevante, gezuiverd worden. Dit nu is alleen mogelijk wanneer hij de nodige distantie tegenover de emotie weet te bewaren. Zijn spel is dus niet hetzelfde als de werkelijkheid. Het representeert die werkelijkheid en werkt dus als symbool: 'Hij moet zijn gevoelens uitdrukken in symbolen die universeel, begrijpelijk en aanvoelbaar zijn' (Cole & Chinoy, idem, pg. 348).

Kunst bedient zich dus van symbolen: 'Alle kunst is symbolisch. Wanneer zij emoties in hun werkelijke expressie zou uitbeelden, zou ze ophouden ons als kunst te beroeren, ze zou ons zelfs helemaal niet meer aanspreken, of ze zou alleen maar lachen in ons opwekken' (uit Cole & Chinoy, idem, pg. 350).

Deze opvatting van de kunstzinnige weergave van emoties als symbolen, is naar mijn mening zeer verwant met de kunstopvattingen van Suzanne Langer die in hoofdstuk 2 besproken zijn. Door het symbolische karakter van de uitgebeelde emoties te onderstrepen, wordt het verschil benadrukt tussen emoties op het toneel en in de werkelijkheid.

Het bijzondere karakter van de artistieke emotie die door het toneelspel bij de beschouwer wordt opgewekt, is al door de Griek Plutarchus (46-120) onder woorden gebracht: 'Waarom beleven wij genoegen aan het horen van hen die de gevoelens der mensen zoals woede en verdriet uitbeelden, en kunnen wij toch niet zonder bezwaardheid diegenen aanzien die werkelijk door deze gevoelens overvallen zijn' (uit Cole & Chinoy, idem, pg. 13). Hij geeft als antwoord dat degene die uitbeeldt de werkelijk voelende overtreft omdat hij het lot van de ongelukkige niet deelt. Omdat wij dat weten, kunnen wij ons verheugen.

Ook anderen uit de toneelwereld hebben gewezen op de bijzondere aard der emoties op het toneel. Delsarte legt er de nadruk op dat de acteur de expressie van zijn emoties zorgvuldig orkestreert: 'Nee, kunst is geen imitatie van de natuur; kunst is beter dan de natuur. Het is de natuur in verlichte vorm' (uit Cole & Chinoy, idem, pg. 190). Ook Nemirovich-Danchenko, een tijdgenoot van Stanislavski, merkt op: 'De acteur en de actrice zijn verrukt van de ervaring van diep lijden op het toneel, iets wat we niet kunnen zeggen van de mens wanneer hij lijdt; daar is geen element van vreugde in' (uit Cole & Chinoy, idem, pg. 498).

Tenslotte hier nog een citaat van de beroemde Franse psychiater Janet, die zich intensief met de bestudering van het emotionele leven heeft bezig gehouden: 'Kunst is in staat om emoties op te wekken die sterker zijn dan in de werkelijkheid zelf, en vooral emoties die beter aangepast zijn en meer verheven' (uit 'Les Obsessions et les Psychasthenies', pg. 713).

5.4. Het gebruik van gebaren op het toneel: een indelingsschema

Toneel doet niet alleen een beroep op de stem maar vraagt van de acteur dat hij zich met alle middelen: stem, gebaren, houding, gang en beweging, inzet. Toneelspelers in alle tijden zijn zich scherp bewust geweest van de rol die het lichaam speelt in de overbrenging van emoties aan het publiek. We zagen hoe bij de Romeinen toneelspelers en redenaars beiden, de gebaren bestudeerden die in bepaalde situaties moeten worden gemaakt. Ook het Elisabethiaanse theater hield zich intensief met de studie van gebaren bezig, zoals o.a. blijkt uit de geschriften van Webster en Betterton. Webster bijvoorbeeld, geeft voorschriften hoe men het hoofd moet houden bij verschillende gemoedsstemmingen en Betterton waarschuwt tegen te veel en overbodige bewegingen. De Duitse toneelschrijver en criticus Lessing (1729-1781) beklaagt zich erover dat wij, vergeleken met de oudheid, de taal van het gebaar verleerd hebben. In onze dagen hebben mensen als Jouvet en Barrault geprobeerd die taal weer bij te brengen. Er is heden ten dage weer een grote belangsteling voor de pantomime.

Gebaren op het toneel hebben overigens een geheel andere functie dan in de pantomime. Terwijl in de pantomime de boodschap geheel wordt gedragen door het gebaar, speelt op het toneel het gebaar slechts een ondersteunende en versterkende rol. Die rol moet overigens niet onderschat worden. Delsarte noemt het gebaar 'de directe bode van het hart' en geeft hiermee aan dat gebaren rechtstreekser en vlugger dan woorden de boodschap kunnen overbrengen.

We spreken gemakkelijk van 'de taal van het gebaar'. Wanneer we echter de studies die van het gebaar gemaakt zijn, vergelijken met die naar de gesproken taal, komen we tot de ontdekking dat gebaren door de wetenschap zeer stiefmoederlijk behandeld zijn. Hoewel er indelingsschema's voor gebaren bestaan, missen die de algemene geldigheid die we bij de analyse van de taal hebben bereikt. Dit komt niet alleen door de stand van de wetenschap ter zake maar ook door de eigen aard van gebaren. Gebaren laten zich moeilijk opsplitsen in betekenisvolle eenheden en ze missen in de regel eenduidigheid: hun betekenis is niet zelden afhankelijk van de context. Door deze twee kenmerken onderscheiden gebaren zich niet alleen van woorden, maar glippen ze ook als het ware door de mazen van de netwerken van categorieën en beschrijvingen die via tekens voor spraak gemedieerd worden.

Bovendien vervullen gebaren een andere *functie* dan woorden. Fischer-Lichte (1983) is van mening dat woorden altijd als symbolen fungeren omdat ze een lexicale betekenis hebben. Gebaren daarentegen kunnen ten aanzien van dat waarnaar ze verwijzen, afhankelijk van de context waarin ze plaatsvinden, zowel fungeren als (a) symbool (de gebalde vuist als groet), (b) index (de gebalde vuist bij woede) en (c) ikon (de gebalde vuist als dreigend teken van agressie).

Onder invloed van de filosoof Nelson Goodman, die baanbrekend werk verrichtte op het gebied van de formele analyse van symbolen en symboolsystemen, geven Gonzalez en Kolers (1982) aan dat er naast een verschil in functie ook nog een *verschil in soort informatie* bestaat: 'dichte' symbolen, zoals gebaren en afbeeldingen hebben in tegenstelling tot discrete symbolen, zoals woorden, geen specifieke betekenis en verwijzen niet voor iedereen naar hetzelfde. De kracht van gebaren ligt meer in hun expressieve, uitbeeldende kwaliteiten.

Hoewel het woord en het gebaar verschillende soorten informatie kunnen verstrekken en verschillende functies kunnen uitoefenen, wil dit niet zeggen dat het een superieur is aan het ander. Juist doordat beide systemen een ander soort informatie vrijgeven en andere functies vervullen kunnen ze, mits goed gecoördineerd, elkaar versterken in het communicatieproces. Dit gebeurt in het dagelijks leven in het algemeen en op het toneel in het bijzonder.

Het moeilijk kunnen coderen van gebaren gekoppeld aan hun contextafhankelijkheid ten aanzien van de betekenis die aan een gebaar toegeschreven kan worden, maken het vrijwel ondoenlijk te komen tot een algemeen aanvaarde taxonomie van gebaren met elkaar uitsluitende categorieën. Voor theater zijn er vanuit de semiotiek dan wel de semiologie verschillende pogingen ondernomen tot zo'n classificatie van gebaren: alle stuiten echter op bovengenoemde problemen (zie Scotto di Carlo, 1973; Pavis, 1980; Fischer-Lichte, 1983). We zullen hier ter illustratie één zo'n indeling ontworpen voor het theater, behandelen, n.l. die van Fischer-Lichte (1983). Deze onderscheidt twee hoofdgroepen gebaren, te weten die bedoeld voor communicatie- en interactieprocessen en die ter aanvulling van een intentionaliteit. De laatste groep wordt irrelevant voor theater geacht, aangezien intentionele gebaren primair de productie, distributie en consumptie van materiële waren vertegenwoordigen.

De communicatieve gebaren kunnen zich afspelen op *objectniveau* (hebben betrekking op het uit te beelden thema of onderwerp), op *subjectniveau* (geven informatie over het subject) en op het *niveau van de intersubjectiviteit* (zeggen iets over de verhoudingen tussen communicatiepartners en/of reguleren het interactieproces). In onderstaand schema is een nadere uitwerking van deze hoofdgroepen weergegeven.

Fischer-Lichte wijst erop dat in sommmige gevallen, zoals bij het Oostaziatische toneel, er sprake kan zijn van specifieke theatrale codes. Zo hebben gebaren uit de Peking-Opera een bepaalde betekenis die noch uit de context te halen valt, noch door de cultuur bemiddeld hoeft te worden. De toeschouwer moet zo'n code kennen om te begrijpen wat met zo'n gebaar bedoeld wordt. Hier een voorbeeld: wanneer een acteur zijn voet hoog optilt (alsof hij over een denkbeeldige drempel stapt) betekent dit dat hij een kamer binnentreedt. Het Europees theater maakt daarentegen meer gebruik van een code van gebaren die algemeen gangbaar is binnen haar eigen cultuur.Theatervormen kunnen volgens Fischer-Lichte van elkaar onderscheiden worden door te kijken naar het niveau waarop gebaren voornamelijk hun betekenis krijgen. In

COMMUNICATIEVE GEBAREN

	spraak-begeleidende	1. t.b.v. interpunctie: accentueren wat er gezegd wordt
		2. ter illustratie van een betoog
OBJECT-NIVEAU	spraak-vervangende, (Tekentaal doven, mime, pantomime)	1. uitbeeldende
		2. ikonische
		3. connatief ikonische
		4. symbolische
SUBJECT-NIVEAU	deze gebaren geven infor-matie over het subject ten aanzien van:	1. leeftijd
		2. geslacht
		3. sociale status
		4. sociale rol
		5. lichamelijke gesteldheid
		6. geestestoestand
		7. karakteristieke kenmerken
		8. emoties/stemmingen (onderscheid in spraakbegeleidende en spraakvervan-gende isalleen bij 8 relevant. In alle andere gevallen vervullen de gebaren hun functie onafhankelijk van het feit of het subject naast gebarentekens ook nog linguisti-sche of paralinguistische tekens realiseert.)
NIVEAU VAN DE INTER-SUBJEC-TIVI-TEIT	hebben als primaire functie binne neen gegeven situatie het inter-actieproces op een bepaalde wijze te reguleren	1. openingsfase
		2. verder verloop
		3. slotfase

schouders ophalen bij het zeggen van 'Ik weet het niet'.

bij 'Hij is al zó groot' een passend gebaar maken.

een 'mooie vrouw' weergeven door met beide handen de vorm van taille en heupen na te bootsen.

'rook' suggereren door spiraalvormige bewegingen te maken.

begrip 'man' weergeven door hoed af te nemen.

een leugen wordt door Indianen weergegeven door de wijsvinger vanuit de mond in schuine richting te bewegen. Bij de waarheid gebeurt dit rechtstandig.

huppelen als een kind.

heupwiegend lopen wordt als vrouwelijk gezien.

verschillende groetvormen, o.a. in het leger.

de man in rol van echtgenoot versus de man in rol van vader.

ongecoördineerde bewegingen bij dronkenschap.

nauwelijks bewegen, in elkaar zitten bij depressiviteit.

één arm op de borst (Napoleon).

spraakbegeleiding: bij de uitroep 'O, wat ben ik blij' opspringen van vreugde.

spraakvervangend: hij zei niets, maar hij stond op springen (woede).
Het emotionele gebaar kan, net als de gelaatsuitdrukking, de betekenis van linguïstische en paralinguïstische tekens ondersteunen, modifiëren, anticiperen, neutraliseren, verzwakken of tegenspreken. T.a.v. tegenspreken: uitroepen 'Ik ben helemaal niet bang' en tegelijkertijd terugdeinzen.

groeten - hoe presenteert de ander zich na de begroeting? Uit de hoogte? Aangenaam verrast? Dit gedrag zegt iets over de verhouding tussen de deelnemers.

hierbij zijn affectuitdrukkende gebaren belangrijk. Bij afwending of verveling: vermeend stofje van broek halen fungeert als monitor.

handpalmen tegen elkaar drukken of gewoon weggaan.

het Franse toneel van de klassieke tragedie dienen nonverbale tekens hoofdzakelijk om de betekenis van verbale tekens te ondersteunen (vergelijk deze opmerking met de analyse van de Franse roman in hoofdstuk 6). De nadruk ligt hier op het objectniveau: het gaat om de uitbeelding van een bepaald idee.

Bij het theater van Stanislavski gaat het echter om de uitdrukking van menselijk gedrag. Hierdoor komt de nadruk op het subjectniveau te liggen.

Het Amerikaans theater van na de oorlog, maar ook sommige vormen van boulevardtheaters, benadrukken de interactie en communicatie op het toneel. De bijbehorende gebaren vinden dan ook grotendeels op het niveau van de intersubjectiviteit plaats.

Dergelijke schema's zoals dat van Fischer-Lichte geven een zekere ordening, maar geven nog weinig inzicht in de wijze waarop toneelspelers hun emoties in gebaren hebben vertaald en welke invloeden zij daarbij hebben ondergaan. We zullen ons daar nu mee gaan bezighouden.

5.5. De expressie van emoties in gebaren op het toneel

Mijn grootmoeder had op haar slaapkamer een tekening hangen die vanaf de eerste keer dat ik deze zag, en dat was als kind, een grote aantrekkingskracht op mij uitoefende. Waarom wist ik niet. Ik kon het niet onder woorden brengen. Ik vond de tekening gewoon mooi. Dit was mijn grootmoeder niet ontgaan. Op een keer begon ze er zelf spontaan over te vertellen: 'Toen we met verlof uit Indië in Holland waren, heb ik eens een tentoonstelling van Jan Toorop in Rotterdam bezocht. Eén werk van hem maakte zó'n indruk op me dat ik, zonder dat ik er erg in had, uit pure bewondering mijn handen openvouwde en als gebiologeerd naar het kunstwerk keek.

Opeens hoorde ik een stem: 'Mevrouw, zoudt U even zo willen blijven staan? Ik zou graag een schets van uw handen willen maken'. Nadat de man de schets beëindigd had, stelde hij zich aan me voor: Toorop in hoogst eigen persoon! We raakten in gesprek en ik vertelde hem dat ik binnenkort weer per schip naar Indië zou vertrekken. Hij vroeg me mijn adres.

Geruime tijd later, weer lang en breed terug in Indië, ontving ik per post deze tekening...'

Na haar overlijden bleek dat mijn grootmoeder mij bovenstaande tekening plus een oude lederen reiskoffer had nagelaten. Tot voor kort heb ik de symbolische betekenis van deze tekening niet goed kunnen achterhalen. Ook heb ik de echtheid van haar verhaal nooit kunnen controleren.

204

Fig. 1. Jan Toorop: Madonna aan zee
Onder de afbeelding heeft Toorop geschreven: 'Béni, vous qui marchez sur les ailes des vents
et sur les flots de la mer'.

Geheel onverwacht stuitte ik verleden jaar op een reproductie van de boven afgebeelde tekening. (No. 65, N.V. De Moderne Boekhandel, Amsterdam). Er stond een titel onder: 'Madonna aan Zee'. Met deze gegevens kwam ik niet veel verder. Deze situatie veranderde toen ik kennis maakte met John Bulwers 'Chirologia and Chironomia' (1644), waarin tekeningen van rhetorische handgebaren weergegeven zijn. Zo- wel het gebaar van Madonna (bewondering) als dat van de Engelfiguur rechtsachter (zegenen) zijn in Bulwer's werk terug te vinden (zie fig. 1).

Hierdoor wordt het verhaal van mijn grootmoeder geloofwaardiger, zeker indien de golven op de achtergrond en de spreuk onderaan de tekening in de analyse betrokken worden: 'Béni, vous qui marchez sur les ailes des vents et sur les flots de la mer ...'

De spreuk slaat op de boottocht naar Indië die mijn grootmoeder voor de boeg had. De Madonna symboliseert mijn grootmoeder. De engel brengt haar de zegen.

Mocht dit waar zijn, dan is het overduidelijk waarom mijn grootmoeder zo bijzonder gesteld was op deze tekening en hem een speciaal plaatsje in haar slaapkamer toevertrouwde.

Deze inleiding dient om de relatie tussen het gebaar in de schilderkunst en het toneel aan de orde te stellen.

Zo beschrijft Albach (1956) dat Jelgerhuis, de auteur van 'Theoretische Lessen over de Gesticulatie en Mimiek' (1827), zijn leerlingen aanraadde een prentencollectie aan te leggen en veel naar houdingen in de beeldende kunst te kijken.

Bovendien merkt Albach op dat Jelgerhuis eveneens opmerkelijke houdingen en gebaren van grote acteurs, zoals Andries Snoek, natekende. Dit laatste geldt tevens voor onze nationale trots Rembrandt, van wie Albach (1979) aannemelijk maakt dat enige van zijn werken niet, zoals vaak verondersteld wordt, aan Bijbelse vertellingen ontleend zijn, maar afbeeldingen van toneelscènes zijn.

De plaats die theorieën uit de schilderkunst ten aanzien van houdingen en gebaren uit het toneel innamen, wordt door Albach als volgt beschreven: 'Zoals zijn voorgangers, Stijl (over Punt) en Marten Corver, legt ook Jelgerhuis, zelf een niet onverdienstelijk schilder, in zijn werk verband met de theorieën der schilderkunst. Ook hij noemt Karel van Mander, Le Brun en het vermaarde 'Groot-Schilderboek' van Gérard de Lairesse (1640-1711), vooral daaruit de hoofdstukken: 'van de beweeging der leeden', 'van de driftige en geweldige beweegingen' en 'van de eigenschap en verkiezelijkheid in de beweging der ledematen tot uitdrukking der hartstochten' (Albach, 1956, pg. 68).

Ook een voorganger van Jelgerhuis, te weten Prof. J.J. Engel, wiens werk 'Ideen zu einer Mimik' in 1790 door Jan van Walré onder de titel 'De kunst van nabootzing door gebaarden' gepubliceerd werd, kenmerkt zich door eenzelfde belangstelling voor de theorieën der schilderkunst (Albach, 1956).

Binnen deze theorieën was sinds het maniërisme de 'contrapost' in de beeldende kunst een middel om de sierlijke plastiek van een beeld of figuur te accentueren door het inachtnemen van onderlinge tegenstellingen in de houding en beweging der ledematen. Albach (1979) geeft aan dat de aanwijzingen door Karel van Mander beschreven in zijn leerboek voor schilders (1604) tot in de 19e eeuw door toneelspelers

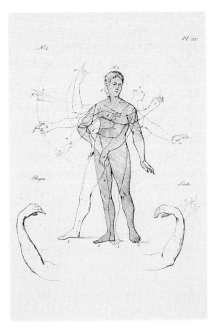

Fig. 2. Jelgerhuis: Bewegingen voor de Tragedie

nagevolgd werden bij het ontwerpen van fraaie, expressieve standen en bewegingen op het toneel (contrastleer).

Een goed voorbeeld van deze contrastleer is het werk van Jelgerhuis (1827). Jelgerhuis beroept zich op de 'voorschriften van groote meesters in de redekunst'. Zijn aanbeveling luidt om 'nu deze, dan gene hand beurtelings te doen werken' (pg. 78). Evenals bij het Elisabethiaanse acteren (zie Joseph, 1964), bemiddelen de linker- en rechterhand, elk afzonderlijk, aparte functies:

1. Neem alles wat groot, goed, en edel is regts; – met den regterhand.
2. Alles wat verachtelijk en afkeerwekkend is, links; – met den linker-hand.
   Dus wordt de regter arm en hand, en de linker arm en hand beurtelings bewogen.
3. En het hoofd nu regts, dan links draaijende, naar den aard derzake, brengt in dezen veel toe tot gratie en welstand' (Jelgerhuis, 1827, pg. 78).

In figuur 2 is een schematische weergave te vinden van de bewegingen voor de Tragedie.

Allereerst benadrukt Jelgerhuis dat te veel beweging uit den boze is: 'groote meesters hebben ons aangetoond, dat veel beweging de kracht der reden niet verfraait' (pg. 79). Vervolgens stelt hij dat bewegingen voor de Tragedie 'groot en uitgebreid' mogen zijn (de buitenste gestippelde cirkel in fig. 2). Dit in tegenstelling tot de Comedie, waarin niet alleen méér, maar ook 'kleiner' bewogen wordt (de binnenste gestippelde cirkellijn in fig. 2).

De elf standen uit fig. 2 worden door Jelgerhuis als volgt beschreven (pg. 83/84):

1. uitgangspositie
2. beweging tot spreken
3. verzette voeten om 1 en 1, en 3 en 3 te houden
4. verbazing op het gezicht van een voorwerp met het gezicht, 4
5. verachting van Lairesse met het gezicht, 4 (zie pag. 25)
6. hand op borst, bruikbaar bij alle linkerhanden
7. bevel geven
8. zijdelingse toorn bij het hoofd, no. 1, met vuisten
9. wijze van ordonneren, hoger of lager, als de linkerarm geheven, zodat de hand in de zij komt
10. hemelwaarts wijzen, terwijl men tegen een 'ander' spreekt
11. verstomde verwondering, handen op elkaar bij hangende armen,- en de benen en voeten 1 en 3 bij elkaar.

Illustraties in toneelboeken als die van Bulwer, Engel en Jelgerhuis wekken de indruk dat het toneelspelen in de 17e, 18e en 19e eeuw aan zeer strenge conventies gebonden was en daardoor, zeker in onze ogen, weinig natuurlijk was. Toch moet men met zo'n conclusie voorzichtig zijn. Albach (1956) wijst er terecht op dat natuurlijkheid tenslotte voor iedere tijd een andere is: '... men moet hierbij niet uit het oog verliezen, dat het dagelijks leven 'theatraler' van gebaar was dan wij nu gewend zijn' (pg. 64). Als voorbeeld geeft hij dat dit 'brede, grote theatrale' gebaar zowel in toneelstukken, schilderijen als ook in romans terug te vinden is. Beschrijvingen van voorvallen in romans en zelfs in brieven zoals van de toch wel nuchtere dames Wolff en Deken bewijzen volgens Albach, dat wat ons nu overdreven lijkt, toen tot de gebruikelijke levensstijl behoorde.

Afbeeldingen van gebaren zoals in John Bulwer's 'Chirologia and Chironomia' (1644) lenen zich volgens Joseph (1964) gemakkelijk voor foutieve interpretaties: ze worden te vaak opgevat als 'wat gedaan moet worden volgens een rigide conventie' in plaats van waarvoor ze in feite bedoeld zijn, namelijk 'ter illustratie van wat gedaan werd'. Bulwer's werk laat zien hoe een Elizabethiaan door middel van gebaren op een doeltreffende wijze duidelijk en krachtig zou kunnen communiceren wat hij voelde, dacht en wilde. Dit alles binnen een 'poëzie van beweging' die tot doel had een karakter uit een Elizabethiaans toneelstuk te vertolken. Hierbij stonden termen als 'levendig', 'natuurlijk' en 'gewoon' hoog in aanzien.

Volgens Joseph was het Elizabethiaanse acteren, in tegenstelling tot wat vaak beweerd wordt, verre van formeel. Ter ondersteuning van zijn betoog maakt Joseph gebruik van oude geschriften zoals van de auteur Thomas Randolph (1632), die de acteur Thomas Riley prijst voor zijn spel in 'The Jealous Lovers': 'When thou dost act, men think it not play, But all they see is real' (wanneer U speelt, zien de mensen het niet als spel, maar alles wat zij zien is echt). (Joseph, 1964, pg. 2).

De theorie staat erop en de praktijk wijst uit (volgens Joseph) dat 'wat innerlijk ervaren wordt bepaalt wat naar buiten toe getoond wordt' (pg. 8).

Deze visie is niet exclusief voor het 17e eeuwse Elizabethiaanse acteren. Ook in ons land is deze opvatting terug te vinden, welke bekend staat als het streven naar 'bewegelijkheid'. Hierin komt de eenheid tussen emoties en de expressie daarvan telkens als ideaal naar voren, zowel in de dramatische poëzie als in de beeldende kunst (Albach, 1979). Volgens Albach is dit streven naar beweeglijkheid een uitvloeisel van de nauwe relaties tussen letterkundigen en beeldende kunstenaars binnen de rederijkerskamers. Deze verbintenissen dateren uit de 16e eeuw. In dit kader heeft Rembrandt de uitdrukking 'naetuereelste beweechglickheijt' in een brief genoemd. Lydia de Pauw-van Veen noemt dit begrip het 'vermogen te ontroeren of te treffen dankzij eenheid van gevoelens en het veruiterlijken ervan' (zie Albach, 1979). We kunnen deze opvatting herleiden tot een eeuwenoude traditie zoals die ook al verwoord werd in de handboeken der rhetoriek bij Cicero en Quintilianus.

In deze traditie, te weten de kunst van de orator, de redenaar, houden voordracht, gebaar en beweging steeds verband met elkaar. Albach (1977) geeft aan dat van Mander zijn theorieën van de schilderkunst via Rivius aan Alberti (1404-1472) ontleent.

Leon Battista Alberti was een Italiaans architect en humanist, die veel invloed heeft gehad op theorieën over kunst in de renaissance. In 1435 schreef hij in Florence zijn beroemde verhandeling over schilderen, opgedragen aan de Florentijnse architect Filippo Brunelleschi. Interessant is de samenhang tussen de gesticulatieregels welke in Alberti terug te vinden zijn en de uitspraken van Cicero en Quintilianus. 'Est enim actio quasi corporis quaedam eloquentia' is zo'n uitspraak van Cicero (Orator, XVII, Caput 55), die er vrij vertaald op neerkomt dat houdingen en gebaren als het ware de welsprekendheid van het lichaam zijn. Cicero en Quintilianus op hun beurt, hadden overigens, zoals we in het begin hebben opgemerkt, de regels die zij in hun geschriften uitwerkten, in sterke mate ontleend aan de gebruiken bij de toneelspelers van hun tijd.

Volgens Bulwer is Quintilianus de eerste Romeinse redenaar die deze welsprekendheid tot een kunst verheven heeft (zie Joseph, 1964, pg. 17). Een kunst waarbij stemgebruik, gelaatsuitdrukking en beweging door middel van gebaren alle uit één en dezelfde bron ontspringen, namelijk de geest. Deze kunst van welsprekendheid stond vroeger hoog aangeschreven, werd zelfs aan universiteiten en hogescholen onderwezen en behoorde tot de uitrusting van de beschaafde, welopgevoede mens. Advocaten, staatslieden, redenaars en vele hoogwaardigheidsbekleders maakten er gebruik van. Het was een kenmerk van een goede opvoeding en het gaf de persoon een zeker cachet.

Bulwer beschrijft hoe deze kunst van de welsprekendheid, die aanvankelijk alleen door redenaars bedreven werd, langzamerhand door anderen, met name door toneelspelers, overgenomen en verder ontwikkeld werd. Hij noemt hen 'the ingeneous counterfeiters of men's mannners', ofwel 'de ingenieuze nabootsers van de gewoonten der mensen'.

De acteur is de persoon bij uitstek om het woord glans te geven, boeiend te maken. Een acteur kan aandacht trekken en mensen voor zich winnen. Reagan, gewezen Hollywood acteur, wist zelfs zoveel mensen voor zich te winnen, dat hij er president van de Verenigde Staten mee geworden is. We moeten echter op onze hoede zijn. Immers redenaars en acteurs hoeven dan wel niet te verschillen in uiterlijk gedrag, maar zij kunnen dat wel doen ten aanzien van hun intenties: een redenaar is (hopelijk) oprecht, de acteur fingeert: 'De redenaar moet ernstig zijn – de acteur communiceert emotie die hij voelt als het resultaat van wat Stanislavski het magische 'indien' noemt. Dat een geacteerde emotie in uiterlijke kenmerken niet van een 'echte' emotie hoeft te verschillen is duidelijk te zien aan de twee foto's in figuur 3.

Beide foto's betreffen de emotie woede: links de geacteerde vorm tijdens een vertolking van Medea (1958) door de operazangeres Maria Callas, rechts echte woede (1955) naar aanleiding van een voorval dat bekend staat als de 'Bagarozy' rechtszaak. Hierbij wordt Callas met een dagvaarding geconfronteerd, persoonlijk aangeboden door de sheriff en tien politiemannen, vlak nadat ze het applaus in ontvangst genomen heeft voor een voorstelling van Madame Butterfly en het doek juist gevallen is (Meneghini, 1982). Deze foto's zijn niet alleen opmerkelijk omdat ze zoveel gelijkenis met elkaar vertonen, maar ook vanwege hun duidelijke herkenbaarheid, ondanks een statische weergave. In het algemeen blijkt in de herkenning van woede het dynamisch verloop van het uitdrukkingsgedrag zeer belangrijk. De beweging moet dus zicht-

Medea, Dallas, 1958

Fig. 3a. Maria Callas: Geacteerde woede   *Fig. 3b. Maria Callas: Echte woede*

baar zijn; op foto's wordt woede in vrijwel alle interpretatie-experimenten slecht herkend (Moormann, 1984; en Van Meel-Jansen & Moormann, 1984b). Callas' emotionele uitdrukkingskracht is klaarblijkelijk zó sterk dat er zelfs in een statische weergave nog genoeg aanknopingspunten overblijven om de emotie juist te interpreteren. Het is aan de lezer om zich voor te stellen hoe haar emotionele uitdrukkingskracht geweest is in een dynamische situatie, waarbij stem, gelaatsuitdrukking en beweging tegelijkertijd opereren. Dit moet angstaanjagend geweest zijn. De foto uit 1955 heeft haar namelijk bij de pers de bijnaam 'Callas de tijgerin' bezorgd!

5.6. *Een empirisch onderzoek naar de uitdrukking van emoties in houding en beweging*
In het laatste gedeelte van dit hoofdstuk zal ik een onderzoek behandelen dat door mij is verricht naar emotionele communicatie door middel van lichaamshouding en -beweging. Hierbij is nagegaan welke rol het lichaam speelt in de uitbeelding van de verschillende emoties en welke factoren van belang zijn bij de juiste overbrenging van een emotie op anderen. De resultaten hiervan kunnen worden vergeleken met de

211

aanbevelingen die schrijvers over toneel hebben gedaan. In dit kader kunnen wij emotionele communicatie definiëren aan de hand van de analogie met de draadloze telegrafie, welke aan Fry (1939, 1962) ontleend is: degene die de emotie uitdrukt (bijvoorbeeld een uitvoerend kunstenaar) fungeert als zender; degene die de emotie interpreteert (de toeschouwer) fungeert als ontvanger. Storingen in de zender-ontvanger relatie kunnen zich voordoen o.a. door:

[1]   De aard van de emotie: complexe emoties, zoals bijvoorbeeld jaloezie, zullen kennis van de situatie vragen om juist te worden geïdentificeerd.

[2]   Verschillen in emotionele ontvankelijkheid tussen personen.

[3]   Individuele verschillen in uitdrukkingsgedrag.

[4]   Ontoereikende informatie (bijvoorbeeld als iemand zijn woede zoveel mogelijk inhoudt of wanneer niet alle aspecten van het emotionele gedrag zicht- of hoorbaar zijn).

Aan het experiment deden 15 psychologiestudenten mee die ieder beurtelings acteur en toeschouwer waren. Als acteur kreeg de student een kaartje waarop een emotie geschreven was. Hij/zij kreeg dan de opdracht zich een situatie uit het verleden voor te stellen waarin deze emotie intens ervaren werd. Deze procedure is vergelijkbaar met die welke bekend staat als de eerder beschreven 'Stanislavski Methode' van acteren. Vervolgens werd de persoon gevraagd zijn/haar lichaamshouding, behorend bij die ingebeelde emotie, via een houten ledenpop uit te beelden zonder daarbij te vocaliseren. De toeschouwers moesten onafhankelijk van elkaar deze emotie benoemen. Hierbij maakten ze gebruik van een kaart waarop 10 emoties beschreven stonden.

Bij de uitbeelding van emoties via een ledenpop speelt alléén lichaamshouding, ontdaan van beweging en gelaatsexpressie een rol. Hierna moest de acteur opnieuw dezelfde emotie uitdrukken, nu echter door middel van zijn/haar eigen lichaam, nog altijd zonder vocalisaties, maar wel gebruik makend van gelaatsexpressie en van beweging. Ook nu weer moesten de toeschouwers de emotie benoemen, waarbij zij hun eerdere oordeel mochten wijzigen.

De tien gepresenteerde emoties zijn, naar een indelingsschema van Plutchik (1962), te onderscheiden in eenvoudige (vreugde, woede, angst, walging en verdriet) en complexe (schuld, schaamte, vertedering, trots en verontwaardiging) emoties.

We zullen hier, met weglating van de statistische analyses (zie hiervoor het artikel van Van Meel-Jansen en Moormann, 1984b), de belangrijkste resultaten bespreken:

De situatie waarbij met het eigen lichaam emoties werden uitgebeeld, bleek significant meer juiste emotie-herkenningen op te leveren dan wanneer de emotie werd uitgebeeld door middel van een ledenpop.

Er werd verwacht dat de eenvoudige emoties beter zouden worden herkend dan de complexe. Dit bleek maar gedeeltelijk juist te zijn: het ging alleen op in de situatie waarin met het eigen lichaam de emoties werden uitgebeeld. In de situatie met de ledenpop werden de (eenvoudige) emoties 'woede' en 'walging' namelijk zó slecht herkend dat ze de gemiddelde herkenning van de eenvoudige emoties aanzienlijk drukten. De oorzaak hiervan ligt in het feit dat de ledenpop onvoldoende informatie bevat voor het herkennen van deze twee emoties: voor woede is belangrijk dat de hand een vuist kan maken en ook gelaatsexpressie is nodig. Voor de herkenning van walging is de gelaatsexpressie essentieel, met name de mogelijkheid de tong uit de mond te steken. De ledenpop heeft geen gelaatsexpressie, waardoor walging in het experiment slecht herkend werd en verward werd met angst. Reeds Jelgerhuis (1827) wijst op de grote overeenkomst tussen walging (afschrik) en angst (schrik), welke hij op zijn beurt aan Le Brun ontleent. Figuur 4 laat links schrik (angst) en rechts afschrik (walging) zien, beide overgenomen van Jelgerhuis.

Lichaamshouding alléén bleek wel toereikend om vertedering te herkennen. In ons onderzoek werd hiervoor door studenten een houding gekozen die sterk overeenkomt met één van Duker's (1984) functionele gebaren die hij gebruikt bij het aanleren van gebaren in de communicatie van mentaal gehandicapten, n.l. het gebaar voor baby/pop.

Het blijkt dus dat sommige emoties (zoals woede en walging) slechts juist herkend worden als ze gepaard gaan met heel specifieke uitdrukkingsgedragingen, terwijl andere alléén op grond van de lichaamshouding kunnen worden herkend.

Vervolgens is de onderlinge relatie tussen de emoties nader onderzocht. Hierbij is gebruik gemaakt van een multidimensionele schaaltechniek (deze analyse is uitgevoerd door Dr W. van der Kloot). Deze analyse maakt het mogelijk de emoties in een ruimte weer te geven en wel zodanig dat emoties die veel kenmerken met elkaar gemeen hebben, dicht bij elkaar worden afgebeeld, terwijl emoties die weinig kenmerken met elkaar gemeen hebben, ver uit elkaar komen te liggen. Als maat voor de overeenkomst tussen twee emoties geldt daarbij het aantal verwarringen dat de proefpersonen tussen die emoties maken: hoe meer emoties met elkaar worden verward, hoe meer ze kennelijk op elkaar lijken.

Bij de interpretatie van de gevonden relaties is gebruik gemaakt van het foto- en videomateriaal dat tijdens het experiment verkregen was. De algemene uitkomsten luiden als volgt:

[1]   Armposities zijn van cruciaal belang bij de herkenning van emoties via houding en beweging. De armen zijn zelfs belangrijker dan de torso, het hoofd en de benen. De uitermate grote flexibiliteit

213

Fig. 4. Jelgerhuis: Schrik en afschrik

schrik (angst)   *afschrik (walging/afkeer)*

'Het beeld wordt door Le Brun beschreven: de Toneelspeler en de Schilder moeten het welstand weten te geven, waartoe deze lessen strekken voor de aankweekelingen. De handen steken op eene verbaasde wijze vooruit; alles is uitgezet, vingers, beenen, en voeten; - hier blijft ons niets over, dan bij de trillende beweging tot onzen welstand alleen te kiezen, de eene arm wat hooger dan de andere te nemen.'
(Jelgerhuis, 1827, p. 146)

'Afschrik, het hoogste toppunt van haat, en te gelijk het einde dier uitdrukking, vinden wij bij Engel gansch niet ongevallig medegedeeld, - laat ik U dit toonen, hij heeft dat beeld geheel van Le Brun overgenomen, zoo als het daar wordt beschreven, als terug deinzende en het kwaad, waarvoor men afschrik heeft, met vlakke handen wegstootende.'
(Jelgerhuis, 1827, p. 145)

214

van onze armen, zelfs wanneer we zitten, zou een verklaring voor dit resultaat kunnen zijn.

[2] De goed herkenbare emoties, zoals vertedering, vreugde, verdriet, verontwaardiging en trots kenmerken zich door een symmetrie van lichaamsdelen (met name van de armen), terwijl de slecht herkenbare emoties, zoals schuld, schaamte en angst zich door een asymmetrie van lichaamsdelen kenmerken. De relevantie van symmetrie bij de identificatie van emoties is bijzonder duidelijk in het geval van walging. In de ledenpopconditie drukten twee proefpersonen walging asymmetrisch uit, hetgeen vele verwarringen met veel verschillende emoties tot gevolg had (schaamte, verdriet, schuld, angst en verontwaardiging). Een derde proefpersoon drukte walging echter symmetrisch uit, waardoor er slechts enkele verwarringen plaatsvonden met slechts één emotie (angst). Uit studies naar het leren van gebaren en gebarentaal (Launer, 1985; Duker, 1984) blijkt dat de eerste gebaren vaak symmetrisch zijn en dat symmetrische gebaren ook makkelijker te leren zijn door verbaal gehandicapten.

Komen deze resultaten nu al of niet overeen met de aanbevelingen die de toneelspeler gedaan worden? Hoe valt bijvoorbeeld deze symmetrie te rijmen met de contrastleer beschreven door Jelgerhuis? Op het eerste gezicht lijkt een navolging van de contrastleer in strijd met de bevindingen uit ons experiment. Een nauwkeurige bestudering van Jelgerhuis' platen laat echter zien dat het een kwestie van gradatie is (zie bijvoorbeeld figuur 4). Er is in het algemeen wel sprake van symmetrie, echter niet in absolute termen. Om niet in een stijfheid te vervallen, adviseert Jelgerhuis de toneelspeler en de schilder 'welstand' aan dat wat uitgedrukt moet worden te geven: '- hier blijft ons niets over, dan bij de trillende beweging tot onzen welstand alleen te kiezen, de eene arm wat hoger dan de andere te nemen' (Jelgerhuis, 1827, pg. 146). Dit citaat betreft de emotie schrik, afgebeeld in figuur 4. Ook moeten wij niet vergeten dat bij een toneelspel de tekst en het stemgebruik als primaire informatiebronnen aanwezig zijn. De tekst fungeert als het appèl voor de emotie. Stemgebruik, gelaatsexpressie èn gebaren zijn de uitdrukkingsmiddelen. Terwille van een esthetische weergave mag er best wel wat water bij de wijn gedaan worden t.a.v. de symmetrie, omdat er toch nog genoeg informatiebronnen over blijven.

In figuur 5 zijn de resultaten van de schaalanalyse voor de emotionele expressies van de ledenpop in een driedimensionele ruimte weergegeven.

De drie dimensies kunnen als volgt worden geïnterpreteerd:

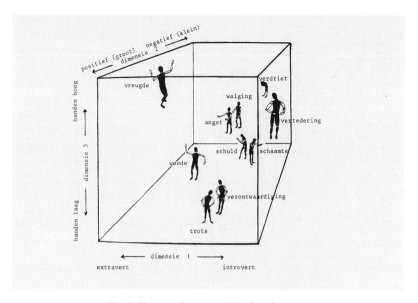

Fig. 5. Emotionele expressies in drie dimensies

Dimensie 1: extraversie-introversie
Lichaamsexpressies van vreugde en woede hebben beide een naar buiten gerichte kwaliteit gemeen: open uitnodigend (vreugde) en open agressief (woede). Trots en verontwaardiging nemen een middenpositie in: gesloten assertief. In al deze posities worden de armen zijwaarts van het lichaam gehouden. Lichaamsexpressies van de overige emoties hebben alle een naar binnen gerichte kwaliteit gemeen: open defensief met uitgestrekte armen, van het lichaam af, uit zelfbescherming (angst en walging) – gesloten beschermend met een cirkelvormige armpositie alsof er een baby gewiegd of beschermd wordt (vertedering) – en terugtrekking, waarbij de handen voor het gezicht gehouden worden om prikkels van buitenaf tegen te houden (schaamte, schuld en verdriet).

Dimensie 2: negatief-positief
Deze dimensie loopt van verdriet over schaamte, schuld, angst, walging, verontwaardiging, trots en woede, naar vreugde en vertedering. Negatief getinte emoties worden gekenmerkt door verberging van het gezicht en constrictie van het lichaam, terwijl positief getinte emoties gekenmerkt worden door het tonen van het gezicht en expansie van het lichaam.

216

Fig. 6. Verdriet en vreugde

Dimensie 3: handen hoog-handen laag

Deze dimensie is moeilijk psychologisch te interpreteren. Het ene uiterste laat de 'handen in de zij'-houding zien (trots en verontwaardiging). Het andere uiterste laat vreugde zien met handen boven hoofdhoogte. Daarna volgt verdriet met de armen op gezichtshoogte. Bij de resterende emoties bevinden de armen zich op borsthoogte.

De resultaten van de analyse met echte lichaamshoudingen kwamen, wat de dimensies betreft, met de voorgaande overeen, zodat we er hier geen aparte grafische weergave van hebben opgenomen. Duidelijk was dat woede typisch herkend werd aan de gebalde vuist en walging aan de uitgestoken tong.

Er is een opmerkelijke gelijkenis tussen de expressie van emoties zoals weergegeven in figuur 5 en de emotie-illustraties uit 'oude' toneelhandboeken, waaronder die van Engel en Jelgerhuis. De grote overeenkomst tussen Jelgerhuis' afbeelding van 'schrik' en 'afschrik' (figuur 4) en die van dezelfde emoties in de ledenpopconditie (figuur 5) is treffend. Jelgerhuis' afbeeldingen van vreugde en verdriet (zie figuur 6) zijn zelfs vrijwel identiek aan die welke voor dezelfde emoties in figuur 6 gegeven zijn.

217

Bulwer (1644, pg. 104) beschrijft 'trots' in Chironomia op een wijze die illustratief is voor de houding van trots uit figuur 6: 'to set the arms agambo or aprank, and to rest the turned in back of the hand upon the side (hip), is an action of pride and ostentation' (De armen in de zij plaatsen met de binnenzijde van de hand op de heup, is een daad van trots en vertoon).

Hieruit blijkt dat de essentie van de uitdrukkende bewegingen in de loop der tijden niet of nauwelijks veranderd is. In feite zijn Jelgerhuis' afbeeldingen nog steeds 'natuurlijk'. Dat wil niet zeggen dat emoties uit de figuren 4 en 6 alléén op deze wijze uitgedrukt kunnen worden. De figuren dienen meer als illustratie van hoe het gedaan kan worden dan van hoe het gedaan moet worden.

Iedere acteur en iedere theoreticus van het toneelspel heeft zijn eigen speciale stijl voor de vormgeving van uitdrukkingsbewegingen gehad, maar steeds kunnen wij daarin een aantal 'fundamentele dimensies' herkennen die ook in ons onderzoek zijn teruggevonden. Wanneer we een meer recente theoreticus van het theater, n.l. Michael Tsjechov (1891-1955), lezen, stuiten we op aanbevelingen die aan deze dimensies herinneren. Tsjechov was een medewerker van Stanislavski die later een eigen spelmethode ontwikkelde. In zijn boek 'To the Actor', in het Nederlands vertaald met 'Lessen voor Acteurs' (1985) behandelt hij het 'Psychologische Gebaar'. Dit werk heeft grote invloed gehad op velen uit de toneel- en filmwereld. De daarbij opgenomen illustraties voor bijvoorbeeld agressiviteit en in zichzelf gekeerdheid komen sterk overeen met de in ons onderzoek gevonden houdingen voor woede en verdriet. We mogen aannemen dat deze fundamentele dimensies niet alleen een rol spelen bij een kunstvorm als het toneel, maar dat ze terug te vinden zullen zijn in alle kunstvormen waarin het menselijk lichaam een vooraanstaande rol speelt.

6. De beschrijving van expressies in de roman

6.1. De romanpersoon en zijn uiterlijke gedragingen

De vertelkunst is waarschijnlijk niet de oudste kunstvorm die mensen voor de expressie van emoties kozen. Dans en muziek die op een directe manier, zonder woorden, emoties tot uiting kunnen brengen, gingen daaraan wellicht vooraf. Toch gaat het ook bij het vertellen om een zeer oude en universele kunst. De behoefte om het verleden vast te leggen en de behoefte om in mythen betekenis aan het leven te geven zijn waarschijnlijk belangrijke drijfveren geweest die mensen ertoe hebben gebracht in verhalen personen te beschrijven en hun handelingen en gevoelens weer te geven. Die behoefte vinden we terug in het Assyrische Gilgamesh epos, de Homerische Ilias, de Hebreeuwse Thora, de Germaanse Edda, het Indiase Ramayana-epos.

Dergelijke verhalen schiepen helden waar mensen met ontzag tegenop keken en die voorbeelden werden voor het handelen. Incarnaties van goed en kwaad werden getoond. Normen voor het handelen en wijzen waarop emoties behoren te worden beleefd en tot uitdrukking gebracht, werden impliciet gepropageerd. Hun invloed op de menselijke geest was des te groter omdat ze aanspraak maakten op historische authenticiteit en een bijzondere band veronderstelden tussen de luisteraar en de personen waar hij in het verhaal mee in contact kwam.

Op het eerste gezicht is er een groot verschil tussen die oude verhalen en de moderne literaire roman waarin het fictieve karakter van de personen als regel wordt verondersteld. Toch wordt ook de moderne schrijver bewogen door de behoefte zijn ervaringen vast te leggen, ontmoetingen met mensen te beschrijven en betekenis aan het menselijk leven te geven. Altijd hebben schrijvers zich voor de taak gesteld gezien personen te scheppen en hen voor de lezer zichtbaar te maken. Als lezer waarderen we de schrijver ook naar de mate, waarin hij erin slaagt karakters te tekenen die door hun pregnantie en geloofwaardigheid overtuigen.

Ook de moderne roman oefent een grote invloed op de lezer uit. Wij identificeren ons met bepaalde romanfiguren of we zetten ons er juist tegen af. De beschrijving en uitbeelding van emoties kan de belevingswereld van een hele generatie beinvloeden: na het verschijnen van Goethe's 'Leiden des jungen Werthers' ging er een golf van zelfmoorden door Europa.

De romanschrijver beschikt niet over nonverbale middelen die hij bij de uitbeelding van zijn personen kan inzetten. Daartegenover heeft hij het woord. De taal is natuurlijk een enorm soepel instrument dat met duizend uitdrukkingen de schrijver ter beschikking staat om gevoelstoestanden van personen te beschrijven. Toch blijkt dat de schrijver zich niet beperkt tot het beschrijven van gemoedstoestanden maar dat hij daarbij in zeer ruime mate gebruik maakt van niet-verbale categorieën om zijn personen een zekere levensechtheid mee te geven. De schrijver heeft er kennelijk behoefte aan ons een zichtbare, tastbare persoon te beschrijven met emoties die we voor ons kunnen zien. Daar komt bij dat voor een groot aantal emotionele belevingen ons taalgebruik niet-verbale categorieën kiest, zoals 'ziedend van woede', 'teneergeslagen', 'opgelucht'. Kortom onze taal laat het bijna niet toe emoties zonder verwijzing naar lichamelijke uitingen te beschrijven.

Ook voor het beeld dat de lezer zich vormt, is de beschrijving van de lichamelijke presentie van wezenlijk belang.

In dit hoofdstuk houden wij ons bezig met de manier waarop de schrijver de taal gebruikt om nonverbale uitingen te beschrijven en de rol die die beschrijvingen spelen in het verloop van het verhaal. In de wetenschappelijke literatuur over nonverbaal gedrag wordt vaak benadrukt dat het nonverbale gedrag sterk verschilt van het verbale en geheel eigen functies heeft (zie Van Meel, 1986, hoofdstuk 4). Het nonverbaal gedrag zou bij uitstek geëigend zijn informatie te verschaffen over innerlijke gemoedstoestanden en attitudes tegenover anderen, op een wijze die met verbale middelen niet kan worden gerealiseerd. We kunnen ons dus afvragen of het mogelijk is nonverbale expressies zoals gezichtsuitdrukkingen, houdingen, blik en gebaren adequaat in woorden te beschrijven. Het werk van grote schrijvers laat ons zien dat wij met woorden wel degelijk een levendig beeld van personen kunnen schilderen waarin ons ook het nonverbale gedrag duidelijk voor ogen staat. Door te zien naar de wijze waarop schrijvers van formaat die beschrijvingen tot stand brengen kunnen we inzicht krijgen in het technisch arsenaal dat zij gebruiken. Die beschrijvingen van het uiterlijk gedrag dienen niet zelden om verbanden te leggen met innerlijke gemoedstoestanden. Welke verbindingen veronderstelt de schrijver tussen uiterlijk en innerlijk?

De beschrijving van nonverbale gedragingen dient bepaalde doeleinden in het verhaal. Welke functie hebben nonverbale gedragingen in de roman? Voegen ze een extra dimensie toe aan onze kennis van de romanfiguren?

We hebben tot hier toe gesproken over de schrijver in zijn algemeenheid. Toch is het waarschijnlijk dat iedere schrijver op zijn eigen wijze nonverbale beschrijvingen gebruikt. Er zijn vermoedelijk grote individuele verschillen in de mate waarin de schrijver nonverbaal gedrag introduceert, zijn voorkeuren voor bepaalde typen van nonverbaal gedrag, de verbindingen die hij legt tussen uiterlijk en innerlijk. Naast de invloed van de eigen persoonlijkheid en de specifieke eisen van het verhaal zullen de culturele situatie, de historische periode en tenslotte de heersende literaire stijl het gebruik van nonverbale categorieën bepalen.

In het laatste gedeelte van dit hoofdstuk zal ik de resultaten behandelen van een analyse bij een zevental moderne romans naar het gebruik van nonverbaal gedrag. Ik heb daarbij het nonverbale gedrag in een achttal categorieën ingedeeld die, zoals uit de analyse blijkt, veruit het merendeel beslaan van alle nonverbale beschrijvingen. Om nu de lezer bij het begin van dit hoofdstuk al kennis te laten maken met de veelvormige wijze waarop auteurs nonverbaal gedrag beschrijven, geef ik in het volgende die categorieën met een aantal voorbeelden uit de geanalyseerde literatuur.

6.2. *Kenmerken van nonverbaal gedrag*

Vrijwel alle auteurs beschrijven op een of andere wijze de lichamelijke verschijningsvorm van hun romanfiguren. De eerste categorie die wij onderscheiden heeft betrekking op *uiterlijk, onveranderlijke kenmerken*. We verstaan hieronder de lichaamsbouw, de vaste kenmerken van de gestalte en het gelaat, kenmerken van haargroei en dergelijke, kortom al die kenmerken die de persoon gegeven zijn en die hij of zij binnen bepaalde grenzen niet naar willekeur kan veranderen, maar die eventueel wel als gevolg van leeftijd bijvoorbeeld verandering kunnen ondergaan. Hier volgen enkele voorbeelden:

'Leo was sterk en fors, had zwaar donkerblond haar, een ietwat grof maar prettig fris gezicht en opene, klare, rustige blauwe ogen' (Frederik van Eeden: Van de koele meren des doods, pg. 70). 'klein, maar volmaakt van vormen, en lief vooral in gelaat, lief in nog heel jonge lijnen van hals en van borst, melkblank met de enkele fijngouden sproetjes; lief van blauwe onschuld-ogen en van heel blond, zacht kroezehaar: lief als een kind-vrouw van liefde, die niet anders scheen te zijn dan om het gloeiende verlangen te wekken' (Louis Couperus: Van oude mensen, de dingen die voorbij gaan, pg. 11). 'Ondanks de platheid van voren had ze een goed figuur, goed rechtop, de schouders naar achteren, heel moedig en paraat; maar men zou haar gezicht niet meer hebben gezien, de remmen zouden zijn weggevallen, en men zou zich alles tegenover haar, of achter haar, hebben veroorloofd. Niet dat dit gezicht rust of aandacht gebood. Het had geen moreel overwicht, er ging niets van uit, het was niet eens wat men een behoorlijk mensengezicht kan noemen; het was zelfs niet vergeestelijkt. Maar er ging niets in: het zoog op. Men moest er voortdurend op letten. Verandert het nog niet? Waarom kijkt ze zo? Waarom puilen die ogen zo uit? Heeft ze in een vorig leven een bril gedragen, of oogkleppen? Is ze soms mooi? Wat wil ze? Kan ze lachen?' (Simon Vestdijk: De ziener, pg. 64).

Er zijn, zoals we later nog zullen zien, grote verschillen tussen schrijvers in de mate waarin ze het uiterlijk beschrijven en in de wijze waarop ze dat doen. Ik heb hier enkele voorbeelden gegeven van een zeer gedetailleerde beschrijving. Het is hieruit al duidelijk dat de schrijver niet slechts objectief observerend te werk gaat, maar aan de beschrijving van het uiterlijk een groot aantal associaties en interpretaties knoopt die ons zicht moeten geven op de persoonlijkheid van zijn romanfiguur. In het eerste hoofdstuk van dit boek ben ik uitgebreid ingegaan op het wetenschappelijk onderzoek naar de relatie van statische kenmerken als lichaamsbouw of uiterlijk en karakter. Bij schrijvers blijkt weinig van de wetenschappelijke reserve in het duiden van uiterlijk. Het lijkt mij aannemelijk dat deze literaire interpretaties een grote invloed hebben op het denken van het publiek over die relaties. Wie zal echter zeggen of goede schrijvers niet een bijzondere blik hebben voor bepaalde aspecten van gestalte en uiterlijk, die in het wetenschappelijk onderzoek nauwelijks benaderbaar zijn, en waarin de persoonlijkheid zich toch 'verraadt'? Vestdijk's beschrijving van mej. Rappange die ik hiervoor citeerde, bevat zo'n aantal subtiele kenmerken die moeilijk in maat of getal zijn vast te leggen. Ieder uiterlijk heeft van die vrijwel ondefinieerbare kenmerken die Vestdijk in het geval van mej. Rappange met allerlei omschrijvingen en vergelijkingen probeert te vangen. Op die wijze gaat er een heel suggestieve werking van uit.

Een tweede groep van nonverbale kenmerken heeft ook op het uiterlijk betrekking, nu echter voor wat betreft die aspecten die wij zelf binnen bepaalde grenzen kunnen manipuleren. Deze categorie heet *uiterlijk, veranderlijke kenmerken*. Hiertoe behoren kleding, haardracht, -eventueel zelfs haarkleur- en lichaamsopschik in het algemeen. Hier volgen enkele voorbeelden:

'Hij was in hemdsmouwen en droeg op zijn hoofd een soort van wit-geelachtige muts, waarin ik tenslotte een oude kous (ongetwijfeld van mevrouw La Perouse) herkende waarvan de in elkaar geknoopte voet als de kwast van een baret tegen zijn wang sleepte' (André Gide: Les faux monnayeurs, I pg. 146). 'In zachte, ruime, witte klederen ging Hedwig's moeder veeltijds en zij had het haar op ouderwetse wijze breed langs de oren en in smalle vlechten opgestoken' (Van Eeden, pg. 10). 'Zijn pak vertoonde tenminste sporen van slijtage, zijn das zat altijd een beetje scheef; hij had inktvlekken aan zijn vingers, vlakgomkruimeltjes op de manchetten van zijn jasje, potloden, scherpe en stompe, in zijn vestzak' (Heinrich Böll: Billard um Halb Zehn, pg. 16).

Uit deze voorbeelden komt duidelijk naar voren dat de beschrijving van deze uiterlijke kenmerken een functie vervult bij de typering van de romanfiguren. De oude pianoleraar La Perouse die in het citaat van Gide met een oude kous van zijn vrouw op het hoofd de deur voor zijn vroegere leerling Edouard opent, illustreert daarmee de aftakeling, het verlies van illusies en ambities, het deprimerende dat zijn leven in deze fase kenmerkt. Böll laat in zijn boven geciteerde beschrijving van de oude Heinrich Fähmel diens menselijke nonchalance sterk contrasteren met de onberispelijke correctheid en koele ontoegankelijkheid van zijn zoon Robert.

Als derde groep van nonverbale gedragingen heb ik *gezichtsuitdrukkingen* onderscheiden. Daarbij heb ik ook de hoofdbewegingen opgenomen, omdat deze moeilijk van gezichtsuitdrukkingen te scheiden zijn. Hier volgen enkele voorbeelden:

'Een angst vertrok de gerimpelde rondheid van zijn kolossale oude monnikskop, gladgeschoren, met ingevallen mond, die nu, open, kwijl over de bange lippen liet vloeien tussen de afgebrokkelde tanden' (Couperus, pg. 156). 'Goed, tot morgen, zei hij met alleen een bizarre glimlach in de hoek van zijn lippen' (Gide, II, pg. 237). 'Hoe tot aan onherkenbaarheid veranderd zijn gezicht werd, als hij alleen was! De spieren van de mond en van de wangen, anders gedisciplineerd en tot gehoorzaamheid gedwongen, in dienst van een onophoudelijke wilsinspanning, ontspanden zich, verslapten; als een masker viel de al lang slechts kunstmatig vastgehouden uitdrukking van wakkerheid, omzichtigheid, vriendelijkheid en energie van dit gezicht af, om het in een toestand van gekwelde moeheid achter te laten' (Thomas Mann: Buddenbrooks, pg. 396).

Gezichtsuitdrukkingen worden door schrijvers gebruikt om er emoties, stemmingen en belevingen van mensen direct in uit te drukken. We zien dat die beschrijvingen kunnen bestaan uit feitelijke observaties van gelaatstrekken of uit interpretaties van gelaatstrekken. Een voorbeeld van het eerste is het kwijl dat uit de mond vloeit, een voorbeeld van het laatste is de gekwelde moeheid op het gezicht van senator Thomas Buddenbrook.

Als vierde categorie van nonverbaal gedrag, onderscheiden van gezichtsuitdrukkingen, heb ik *blik, oogcontact, oogbewegingen* genomen. De ogen spelen een heel belangrijke rol in het intermenselijke verkeer

223

en schrijvers zijn zich daarvan goed bewust. Hier volgen enkele voorbeelden:

'De man met de hoed keek terug, rustig, vredig, het hoofd ver achterover, zodat voor het eerst onder de hoedrand de ogen goed blootkwamen, ogen kwijnend bleek en vrij groot, maar zo ver van elkaar gelegen, dat de uitstekende jukbeenderen ze ervoor schenen te moeten behoeden om van het witte gezicht af te glijden' (Vestdijk, pg. 10). 'Hij voelde een pijn, een onbestemde pijn in zijn linkerbeen en keek allen uit zijn kleine ronde diepliggende ogen ernstig, onrustig en nadenkend aan' (Mann, pg. 252). 'en in zijn oude, gladgeschoren monniksgezicht glimpten achter de gouden bril ontevreden de lepe oogjes' (Couperus, pg. 80).

De beschrijving van de blik kan verschillende doeleinden dienen: Ze kan een beeld geven van een karakter (zoals in 'glimpten de lepe oogjes'). Ze kan de uitdrukking zijn van een bepaalde emotionele toestand ('rustig en vredig'), maar ze kan vooral ook een aanwijzing geven over de aard van het contact met anderen: 'en zij zag naar hem, verlegen en beklemd, met stillen eerbied, als naar iemand die haar lot zou kunnen beheersen' (Van Eeden, pg. 72). Ook hier zien wij dat de schrijver de blik *interpreteert* en niet feitelijk beschrijft.

De vijfde groep van nonverbale gedragingen heeft betrekking op *hand-en armgebaren*. Hier volgen enkele voorbeelden:

'Ik ben van mening dat het het beste is.... de zaak door een wederzijdse handdruk tot een verzoenende afsluiting te brengen' (Kafka: Der Prozess, pg. 16). 'Hij deed een stap naar voren, maakte één van zijn handen vrij voor een kort, verklarend gebaar: éven naar buiten klappen en weer terug als het klappen van een vleugel, en vouwde de handen toen weer op zijn buik' (Vestdijk, pg. 253). 'Iets van die spijt die hij toenstraks had gevoeld toen hij Olivier arm in arm met Edouard zag: een spijt niet op die plaats te zijn' (Gide, I, pg. 145). 'Huiverend hoorde zij het en haar handen sidderden en vouwden zich als in smekende toenadering' (Van Eeden, pg. 72).

De zesde groep bestaat uit *houdingen en bewegingen van andere lichaamsdelen of van het lichaam als geheel*. Enkele voorbeelden volgen hier:

'en nu hij steunde op haar, werd zijn stijfrechte stap onregelmatig, liet zich gaan, en strompelde hij als een heel oude, oude man' (Couperus, pg. 72). 'maakte hij een beweging als rukte hij zich van de twee mannen los, die echter ver van hem verwijderd stonden' (Kafka, pg. 8). 'Daarna strekte zij zich, op dit bed waar zij eerst op gezeten had, in haar volle lengte uit tegen Olivier aan op een manier dat hun twee hoofden elkaar raakten' (Gide, I, pg. 139).

Hand- en armbewegingen en ook de bewegingen van andere lichaamsdelen worden door schrijvers, zoals de voorbeelden illustreren, veel directer en objectiever uitgebeeld dan gezichtsuitdrukkingen of de blik van de ogen. Het is waarschijnlijk voor een schrijver vrij moeilijk precies aan te geven waarom een gezichtsuitdrukking een bepaald gevoel uitstraalt terwijl hij die emotie toch wel op het gezicht leest. Bewegingen van lichaamsdelen zijn daarentegen veel gemakkelijker te beschrijven.

De zevende categorie heeft betrekking op *stemkenmerken*. Hiertoe behoren in de eerste plaats algemene karakteristieken van de stem, maar daarnaast de bijzondere wijze waarop bepaalde dingen gezegd worden en tenslotte vocale, maar niet verbale uitingen (bijv. keelschrapen). Hier volgen enkele voorbeelden:

'Zonder zijn metgezel aan te durven kijken, luisterde Roukema naar de stem, het fijne gebarsten timbre van een koperen pot of ketel, die onder een hoop vodden was opgediept: krachtige en vitaal geurende garderobe, waaronder ineens -ping, met de nagel- dit van alle stank en zweet en ziekte en ongewassenheid verloste metaal van zichzelf getuigen kon: ik ben gebarsten, kapot, ik kom daar rond voor uit, maar toch evengoed ben ik van koper, blinkend en beschaafd en duidelijk van geluid, en ik ben toch altijd nog meer waard dan die rotvodden van jou' (Vestdijk, pg. 17). 'De toon van zijn stem was zo koel ironisch dat Olivier onmiddellijk de absurditeit van zijn vraag voelde' (Gide, I, pg. 35). 'De ijzige stem over de telefoon: 'Uilskuiken" (Böll, pg. 7). 'Zij sprak met een zachte, zuivere stem, waarin nooit meer dan even de ontstemming trilde, alsdan meer kracht hebbend op den hoorder dan de woede van een toornige' (Van Eeden, pg. 11).

Ook bij deze categorie zien wij weer dat stemkwaliteiten in het algemeen niet zozeer worden omschreven als wel direct worden geduid. Aan stemkarakteristieken worden complexe psychologische toestanden afgelezen: 'koel ironisch', 'ijzig' enzovoorts. Opmerkelijk is het citaat van Vestdijk hierboven, waarin hij via een breed opgezette beeldspraak de stemkarakteristieken benadert.

Als achtste categorie van nonverbale karakteristieken heb ik gekeken naar *het gebruik van de ruimte*. Dit heeft betrekking op de beschrijving van ruimtelijke relaties tussen personen maar sluit ook de wijze in waarop ruimtelijke kenmerken van iemands gedrag worden weergegeven. Enkele voorbeelden zijn:

'drong hij tegen K. aan, en wel zo dicht, dat K. zijn fauteuil terug moest schuiven, om zich te kunnen bewegen' (Kafka, pg. 147). 'Nu zaten ze in een cirkel' (Couperus, pg. 82). 'Ik wil je iets zeggen, maar ik zal het niet kunnen als ik je niet heel dicht bij me voel. Kom in mijn bed' (Gide, I, pg. 37). 'Beiden keken naar buiten, vlak naast elkaar gezeten op zachte, verende kussens in de eendracht van een lege coupé' (Vestdijk, pg. 274).

Niet alle beschrijvingen van nonverbaal gedrag kunnen onder één van deze acht categorieën gebracht worden. Er komen gedragsbeschrijvingen of persoonskenmerken voor die we niet-verbaal zouden kunnen noemen, welke hier buiten vallen. Eén zo'n niet verbaal kenmerk is *lichaamsgeur*. Hieronder geef ik een voorbeeld:

'Het was geen vieze lucht, dat niet, het was misschien zelfs wel een gezonde lucht, als van ontsmettingsmiddelen, maar het was een eigenaardige dode lucht, dor, niet als van dorre bladeren, maar als van dor vlees, en dat was niet het vlees van Roukema zelf, maar van anderen, onbekenden' (Vestdijk, pg. 15). 'Zij hadden beiden een slechte adem' (Van Eeden, pg. 81).

Van andere beschrijvingen is het soms betwistbaar of ze als niet-verbale categorie kunnen worden beschouwd, zoals de volgende:

'Zijn pijn in de zij vermengt zich met zijn droefheid, bewijst haar en localiseert haar. Het lijkt hem dat hij pijn in de lever heeft' (Gide, I, pg. 25).

Dergelijke specifieke beschrijvingen komen echter in de door mij ge-analyseerde romans zo zelden voor dat ik ze niet mee in de analyse heb betrokken.

Ik heb bij deze analyses onder het begrip niet-verbaal al die kenmerken genomen die uiterlijk waarneembaar zijn en waarin het expressiekarakter op de voorgrond staat. Een zekere ruimte voor interpretatie- verschillen blijft echter aanwezig.

6.3. *De literaire functie van nonverbale beschrijvingen*

Zoals we zagen beschikt de schrijver over een rijk repertoire van mogelijkheden voor het beschrijven van nonverbale karakteristieken. Waarom echter gebruikt hij ze en met welke doeleinden wendt hij ze aan? Nonverbale beschrijvingen zijn opgenomen in een verhaal. Zij komen op bepaalde plaatsen in de literaire tekst voor. Hun betekenis ontlenen zij aan het verband met de literaire tekst als geheel. We moeten de functie van nonverbale passages dus zien in hun relatie tot de direct omringende tekst, in hun relatie tot de tekst als geheel en, tenslotte, in hun relatie tot de bedoelingen die de schrijver met het verhaal heeft gehad. Hoewel een dergelijke analyse op de eerste plaats tot het werkterrein van de literatuurhistoricus behoort, is ze toch ook voor de psycholoog van belang. Voor hem is het belangrijk zicht te krijgen op de voorwetenschappelijke mensbeelden, zoals ze in culturele producten vorm hebben gekregen. De roman is de kunstvorm bij uitstek waarin expliciete beschrijvingen van personen worden gegeven. Ze oefent waarschijnlijk een grote invloed op ons denken over de mens uit. Buytendijk (1962) heeft zich daarom grondig met de betekenis van de roman voor onze kennis van de mens bezig gehouden.

Wanneer we vanuit psychologisch gezichtspunt naar de roman kijken, is juist het nonverbale gedrag van groot belang. Het is het middel bij uitstek waarmee schrijvers mensen van vlees en bloed creëren en waarmee ze inzicht geven in de manier waarop hun helden emoties uiten en met elkaar omgaan. Niettemin is de literatuur waarin een poging is gedaan de roman als zodanig vanuit het oogpunt van nonverbaal gedrag te bestuderen, zeer spaarzaam. Een uitzondering vormt de antropoloog-linguïst Poyatos (1983), die een exploratieve studie heeft geschreven over nonverbale communicatie in de roman. Door zijn bekendheid met het moderne onderzoek naar nonverbaal gedrag, kan hij de beschrijvingen van nonverbale gedragingen in de roman plaatsen binnen het kader van dit onderzoek. Over het gebruik van nonverbale middelen in de roman merkt hij het volgende op: 'a) dat een substantieel deel van de gedrukte tekst gericht is op de beschrijving van nonverbale activiteiten die of samen met woorden of in afwisseling met hen worden gegeven. b) dat de auteur door zo te handelen, openlijk de beperkingen erkent van zijn geschreven typografische presentatie van verbaal gedrag om een levendig beeld te geven van de fysieke en psychologische structuren van zijn karakters. c) dat de ratio tussen verbale en nonverbale activiteiten een indicatie moet zijn van bepaalde stilistische kenmerken die door sommige schrijvers meer geaccentueerd worden dan door anderen en daarom een belangrijke toetssteen is voor de analyse van de roman.' (Poyatos, 1983, pg. 278).

In het nu volgende heb ik geprobeerd een aantal punten te formuleren, waarin de verschillende functies die de beschrijving van nonverbaal gedrag in het verhaal kan dienen, aan bod komen. Ik heb daarbij ook enkele beschouwingen van Poyatos over de functie van nonverbaal gedrag opgenomen.

I. Met nonverbale beschrijvingen kunnen de romanfiguren aanschouwelijk en zintuigelijk grijpbaar gemaakt worden. De schrijver zowel als de lezer voelen de noodzaak een mens van vlees en bloed voor zich te hebben. De beschrijving van nonverbale kenmerken is daar een noodzakelijk middel toe. Dit kan bereikt worden door de beschrijving van het uiterlijk en de kleding, door de beschrijving van gezichtsuitdrukkingen, oogopslag, manier van bewegen etc.

De literaire stijl van een bepaalde periode heeft een grote invloed op de wijze waarop de schrijver dit zal realiseren. De oudere negentiende eeuwse romans en de romans uit het begin van deze eeuw worden vaak gekenmerkt door omvangrijke beschrijvingen, in het bijzonder aan het begin van het verhaal, van observeerbare kenmerken als uiterlijk en lichaamsbouw, kleding en haardracht en dergelijke. Dit zien wij bijvoorbeeld in 'Buddenbrooks' van Thomas Mann. De schrijver kan daarentegen, doelbewust, de beschrijving van uiterlijke kenmerken van bepaalde personen in zijn roman zo beperkt mogelijk houden. Hij kan daar verschillende doelen mee nastreven. Door iemand zo weinig mogelijk identificeerbare kenmerken mee te geven, blijft de betrokkene ongeidentificeerd. Daarmee kan de persoon 'iedereen' zijn. Dit zien wij bijvoorbeeld in Kafka's roman 'Het Proces'. Over het uiterlijk van de hoofdpersoon K. wordt vrijwel niets gezegd. Het kan ook zijn dat door dit doelbewust verzwijgen van identificeerbare kenmerken een zekere afstand geschapen wordt. Het kan zo een middel zijn om het mysterieuze, verhevene of heilige van een persoon te benadrukken.

Het realisme in de roman ligt binnen nauwe grenzen vast. De aanschouwelijkheid en de directheid wordt slechts tot op een bepaald niveau nagestreefd. Een al te extreem realisme, zoals bijvoorbeeld in het volgende citaat uit het realistische werk van Lodewijk van Deyssel, wordt in het algemeen weinig gewaardeerd:

'boven het geglim- en gestaalspel der messen en vorken en het zware handengedans, bukten en grepen en trokken en zogen en kauwden en slikten de monden met het tandengebijt en tonggewauwel en keelgelurk, het gekookte vleesch verslonden door het rauwe, terwijl de gansche onderhoofden werkten in het regelmatig kakengehak achter de rekkende en krimpende huiden. De oogen bedachten en begeerden het vleesch en wipten een enkele maal te-vrede en ernstig, gedurende het kauwen hun blikken naar een der mede- etenden of sufjes tegen den wand' (Van Deyssel, 1907, pg. 156).

De realistische beschrijving van lichamelijke uitingen van romanpersonen houdt zich in het verhaal gewoonlijk binnen de grenzen waarin ook onze gewone dagelijkse waarneming van onze medemensen zich bevindt, dat wil zeggen: er wordt een zekere discretie in acht genomen. De roman biedt echter de mogelijkheid om de afstand van de lezer tot de romanfiguren in de beschrijving van het nonverbale gedrag te vergroten dan wel te verkleinen en van beide mogelijkheden is door schrijvers gebruik gemaakt.

De behandeling van nonverbale kenmerken kan, ten dienste van het goede verloop van het verhaal, op een aantal manieren worden ingezet. Poyatos (1983) spreekt hier van de *technische functie* van nonverbale beschrijvingen en noemt daarbij het volgende viertal:

1) De eerste definitie van het karakter. Door het beschrijven van specifieke individuele kenmerken bij de eerste introductie van een persoon geeft de schrijver de lezer een houvast voor identificatie. Niet zelden gebeurt dit door de beschrijving van iemands uiterlijk, de eerste maal dat hij optreedt.

2) Progressieve definitie. Tijdens de loop van het verhaal worden nieu-

we kenmerken aan de persoon toegevoegd waarmee geleidelijk een volledig portret van de betrokkene geschilderd wordt.

3) Latere identificatie. Door een bepaald kenmerk in de herinnering te roepen, maakt de schrijver het voor de lezer mogelijk een bepaalde persoon weer voor de geest te brengen.

4) Herhaalde identificatie. Een bepaald kenmerk wordt bij herhaling genoemd om een persoon terug te kennen. Dit zou vooral een rol spelen bijvoorbeeld in familie-romans waarin een groot aantal personen optreedt.

De romanschrijver moet een *authentiek beeld* van zijn personen geven. Poyatos spreekt hier van menselijk realisme en hij onderscheidt daarin nog een aantal verschillende subklassen, zoals het fysisch realisme waarbij een zintuiglijke gewaarwording van het gedrag wordt opgeroepen, het interactief realisme waarin in het bijzonder de mechanismen van de conversatie worden geschilderd of het individualiserend realisme waarin de beschrijving gericht is op het differentiëren van karakters.

II. De schrijver kan nonverbale kenmerken introduceren om het beeld dat hij in de verbale uitingen heeft opgeroepen, te versterken. Nonverbale kenmerken worden dus ingezet als een extra middel dat de schrijver gebruikt om zijn bedoelingen met de romanfiguur tot uiting te brengen. De nonverbale uitingen liggen dus in het verlengde van de verbale. Zij onderstrepen de kenmerken van het karakter of van de gemoedsgesteldheid zoals die ook al uit de verbale uitingen volgen, zoals in dit citaat:

'Van Brouwer, vrijwel de enige die wat betekende, kon zij zich voorstellen hoe hij les gaf: niet verveeld, niet eens zo'n beetje spottend op zijn gewone manier, maar uiterst nadenkend, de voet op het onderstel van een voorste bank, veel verzwijgend, als afkappend, en langzamerhand zo wanhopig en nerveus slikkerig om alles wat hij had willen zeggген, maar niet durfde of kon zeggen, dat hij na afloop van een lesuur even rood was als zijn eigen baard' (Vestdijk: De Ziener, pg. 71).

III. Nonverbale kenmerken kunnen door de schrijver worden gebruikt als een *onafhankelijke bron* van informatie, die over personen, gemoedstoestanden of ontmoetingen iets mededeelt dat een nieuw licht op de persoon doet schijnen. Het nonverbale gedrag verschaft de schrijver op deze wijze de mogelijkheid informatie te geven die bijvoorbeeld taboe is en niet openlijk uitgesproken mag worden. Een goed voorbeeld daarvan zullen wij later nog tegen komen in de armgebaren in 'Les faux Monnayeurs' van André Gide. In gevallen waarbij een boek gekenmerkt wordt door meer dan één betekenislaag kan de schrijver zijn toevlucht nemen tot meer signaalsystemen om bijvoorbeeld een meer verborgen betekenislaag, met eigen anders gerichte informatie, aan bod te laten komen. Nonverbale signalen zijn het geprivilegieerde middel dat schrijvers gebruiken om een onderliggende, niet expliciet uitgesproken betekenislaag tot expressie te laten komen. Freud (zie Van Meel, 1986, hoofdstuk 5) heeft gewezen op de belangrijke rol die nonverbale tekens spelen bij de onthulling van onze verdrongen wensen.

Een uiterste geval kan zich voordoen wanneer het nonverbale gedrag de expliciete verbale boodschap in feite tegenspreekt, waardoor een zekere tegenstrijdigheid en spanning in het verhaal en in de karaktertekening ontstaat. Elisabeth Kennedy Hewitt (1983) heeft daarvan een interessant voorbeeld ontdekt. Zij analyseerde Melville's korte novelle 'Billy Budd'. Het verhaal behandelt het lot van Billy Budd, een jonge, naïeve en goedhartige matroos die door Claggart, de bootsman, sadistisch wordt behandeld. Bij een conflict slaat Billy, tot het uiterste gedreven, de bootsman, die hieraan overlijdt. De kapitein Vere laat het tot een proces komen waarin Billy tenslotte tot de dood door ophanging veroordeeld wordt. Interessant hierbij is vooral de figuur van kapitein Vere die door Melville verbaal wordt afgeschilderd als een rechtvaardige man, met vaderlijke gevoelens voor Billy, die helaas zijn plicht moet doen. Melville ondermijnt deze boodschap echter door het vermelden van subtiele nonverbale gedragingen die deze verbale boodschap tegenspreken. Kennedy Hewitt laat zien dat in kapitein Vere niet alleen een vaderlijke en rechtvaardige man huist maar dat daarnaast ook een harde en autoritaire man in hem schuil gaat. In allerlei onopvallende nonverbale manipulaties heeft kapitein Vere, die oficieel slechts getuige is bij dit proces, een belangrijke invloed op de voor Billy zo negatieve uitslag. Ik citeer Kennedy Hewitt: 'Op een kritiek punt in de ondervraging door het hof van Billy, vraagt de zeeofficier Billy waarom Claggart gelogen zou hebben. Billy, die zelf niet het antwoord weet, kijkt naar Vere voor hulp. Maar Vere die zich nu verheft als om de leiding te nemen, verwerpt de vraag van de zeeman als niet ter zake, en stelt dat de enige taak van het hof is de act van het neerslaan van Claggart. De zeeman wordt op die manier ontmoedigd om met zijn vraag door te gaan en de eerste luitenant (citaat uit Melville's boek): 'nu dwingend geïnstrueerd door een blik van kapitein Vere, een blik meer effectief dan woorden, hernam weer de leiding die hij vanaf het begin van het hof had genomen" (pg. 1520).

Daarmee ontneemt Vere Billy de mogelijkheid de achtergronden van zijn daad toe te lichten. Zowel in zijn blik, als in zijn interrupties als in de wijze waarop hij de ruimte op het schip manipuleert, orkestreert Vere de zitting van het hof en al zijn interventies gaan ten nadele van Billy, terwijl Billy juist alle vertrouwen in hem stelt. Ook in de beschrijving van nonverbale kenmerken als gezichtsuitdrukkingen geeft Melville zijn karakters soms eigenschappen mee die de verbale typering weerspreken.

230

6.4. *Nonverbale kenmerken als historische documentatie*

Hoe mensen uit een andere tijd zich gedroegen, hoe zij met elkaar omgingen, hoe zij hun emoties uitten, kennen wij (als wij de documentaire film, die nog maar een kort verleden heeft, even buiten beschouwing laten) slechts op een indirecte manier, via culturele producten als afbeeldingen, dans, toneel en vooral het verhaal. Het verhaal geeft ons de gelegenheid het menselijk gevoelsleven te reconstrueren en is daarmee ook belangrijk als historisch document. De roman zal de nonverbale stijl reflecteren die in een bepaalde periode en in een bepaalde cultuur gebruikelijk was. Ik neem aan dat dit bij de schrijver een vanzelfsprekend proces is: hij zal, tenzij hij zich daar nadrukkelijk tegen verzet, de conventies van zijn tijd weerspiegelen.

Poyatos (1983) heeft een overtuigend pleidooi gehouden voor het literaire document als studieobject voor de antropologie. De tak van antropologie die zich hiermee zou moeten bezig houden, noemt hij literaire antropologie en hij heeft daar de volgende verwachtingen van: 'verhalende literatuur (en, in mindere mate, dramaturgische literatuur) bevat zonder twijfel de rijkste documentatiebron van menselijke levensstijlen, zowel als de meest ontwikkelde vorm van menselijke projectie in tijd en ruimte en van communiceren met huidige en toekomstige generaties' (Poyatos, 1983, pg. 337).

Daarbij zouden vooral de nonverbale communicatievormen die beschreven worden een rijke bron vormen voor het ontdekken van culturele patronen.

Zoals ik in hoofdstuk 2 heb laten zien, mogen we er echter niet zonder meer van uitgaan dat een kunstzinnige weergave ook in feite de werkelijkheid uit een bepaalde tijd weerspiegelt, maar spelen factoren als idealisering en kunstzinnige stijl een moeilijk in te schatten rol. Het vraagt dus een zorgvuldig reconstructieproces om uit een literaire tekst de dagelijkse werkelijkheid van emotionele expressie te beschrijven.

Een goed voorbeeld van een tijdsgebonden nonverbaal ritueel zien wij in begroetingsgewoonten. In het onderstaande citaat uit de Ilias van Homerus komen wij een voorbeeld tegen van smeekgebaren en rouwbeklag. De oude koning van Troje, Priamos, wendt zich tot Achilles om zijn gestorven zoon, Hector, terug te vragen: 'Ongemerkt kwam hij, de grote Priamos, daar binnen en nadertredend sloeg hij de armen om de knieën van Achilles, kuste diens geduchte handen, mannenmoorders, die zo velen van zijn zoons hadden gedood.' Hector richt vervolgens het woord tot Achilles en Achilles reageert dan als volgt: 'Dit woord riep wakker in Achilles hart een droef verlangen naar zijn vader en hij stiet de oude man, hem vattend bij de hand, zacht van zich. In herinnering verzonken weenden beiden, om Hektor en om diens mannenmoordend zwaard de een, zich krommend voor Achilles voeten, maar Achilles weende om zijn vader, ook om Patroklos. Van weeklacht klonk het huis, Achilles, eindelijk verzadigd van geween, stond haastig van zijn zetel op en hielp de oude koning overeind, vervuld van deernis met zijn grijze hoofd en grijze baard.' (Vertaling uit Barnsteen, 1953 pg.32).

De onderwerpingsgebaren van Priamos en de ongeremde uitingen van smart bij Achilles en Priamos plaatsen dit citaat in een bepaalde historisch- culturele traditie. Het is daarbij moeilijk te zeggen of het hier om een literaire verfraaing en overdrijving gaat dan wel dat het een getrouwe weerspiegeling is van gewoonten uit de Homerische tijd. Toch moeten deze gebruiken niet te ver af hebben gestaan van de werkelijkheid, zoals deze door de oude Grieken werd ervaren.

Bij de volkeren rondom de Middellandse zee komen we een gebarenarsenaal tegen voor het uitdrukking geven aan emoties als smart, vreugde, en ontmoetingssituaties als onderwerping en overwinning die heviger en directer zijn dan in onze cultuurkring gebruikelijk. Hun schildering in literaire teksten staat vermoedelijk dichter bij de practijk van het dagelijkse leven dan we in eerste instantie geneigd zijn aan te nemen. Een nog grotere rol dan in de Griekse klassieke literatuur (zie hiervoor Sittl, 1890) spelen gebaren als uitdrukking van emoties in de literatuur uit het Midden-Oosten. Vorwahl (1932) heeft de gebaren geanalyseerd die gebruikt worden bij emoties als vreugde, verdriet, toorn en dergelijke en bij zegening, vervloeking of gebed in het Oude Testament. Bij smart en rouw bijvoorbeeld worden de kleдеren verscheurd, men verwondt zichzelf, men gaat barrevoets en spaarzaam gekleed. Men knielt of valt ter aarde neer. Soms wordt as of stof over het hoofd gestrooid. Dergelijke gewoonten en gebruiken, zoals Vorwahl laat zien, vinden wij niet alleen in het oude Israel maar tonen grote verwantschap met soortgelijke rituelen in bijvoorbeeld het oude Egypte. Opvallend in het oude testament zijn de vele uitdrukkingen waarin de hand als een zelfstandig agens optreedt. In de Talmoed is de hand vaak de verschijningsvorm van Jahweh. Op de hand en soms de arm wordt dus op een magische wijze de macht en kracht van de gehele persoon over gedragen.

Maar ook in oude Germaanse sagen worden emoties nadrukkelijk in gebaren weergegeven, zij het dat ze spaarzamer gebruikt worden dan in de hiervoor genoemde voorbeelden. Graf (1938) heeft de Islendingasagas op hun gebruik van gebaren geanalyseerd. Deze Noord-Germaanse op Ijsland ontstane literatuur zou nog niet door de Romeinse civilisatie beinvloed zijn en ons dus een kijk kunnen geven op het levensgevoel en de belevingswereld van de (Noord-)Germaanse mens. Karakteristiek voor deze mens (in het bijzonder vooor de heersende klasse daarin) zou het sterke zelfbewustzijn zijn. Een grote rol spelen gebaren van mannelijkheid, trots en hoogmoed. In de ontmoeting met vijanden nemen expressies van toorn en verachting een grote plaats in. Door dat sterke Ik-gevoel zou echter het contact met anderen moeilijk zijn. De Noord-Germaanse mens komt in deze literatuur naar voren als gesloten, eenzaam en daardoor enigszins raadselachtig: 'Niets is moeilijker voor de Germaanse ziel als de afstand tot het jou te overbruggen of de betrekking tot hem zichtbaar te laten worden' (pg. 31). Graf meent dat deze literatuur zeer dicht bij het werkelijke leven stond en dat dus ook de gebaren een groot werkelijkheidsgehalte hebben. Dit neemt niet weg dat gebaren door de schrijvers van deze sagen op een heel doeltreffende manier werden ingezet om bepaalde literaire effecten te bereiken. Dit blijkt bijvoorbeeld uit het feit dat gebaren op die plaatsen worden genoemd waar een climax in het psychische gebeuren wordt bereikt. Op die manier breekt het psychische leven als het ware op het hoogtepunt naar buiten toe open.

In de Middeleeuwse literatuur van het Europese vasteland werden gebaren op een veel stereotyper en conventioneler manier ingezet. Individuele typering speelde daarbij een geringe rol. Men werkte met schablones. Een aparte rol hebben gebaren in de Oud-Engelse literatuur. Habicht (1959) heeft deze ontwikkeling behandeld. In de Engelse literatuur van vóór de Normandische verovering, zoals bijvoorbeeld in 'Beowulf', worden vrijwel geen gebaren gebruikt voor de schildering van gevoelens. Volgens Habicht wijst dit echter geenszins op gevoelsarmoede. De dichter beschikt namelijk over een uitgebreid vocabulaire om gemoedstoestanden te beschrijven zonder dat hij gebaren nodig heeft om die gevoelens uit te beelden. Typisch voor het Oud-Engelse heldendicht zou de *understatement* van emoties zijn.

Dit wil niet zeggen dat in de Oud-Engelse verhaalkunst in het geheel geen gebaren voorkomen. Integendeel, in bepaalde gevallen worden gebaren wél uitdrukkelijk geïntroduceerd. Zij hebben dan echter een geheel andere functie dan de uitbeelding van momentane gevoelsopwellingen. Zo kunnen zij bijvoorbeeld wel uiting geven aan het algemene groepsgevoel van exuberante levensvreugde. Ook spelen gebaren een belangrijke ceremoniële rol, zoals bij de ontvangst van gasten, de gebruiken bij het gastmaal of bij het uitwisselen van geschenken. Zij dienen echter niet om personen te typeren.

In de Middeleeuwsche Engelsche vertelkunst ná de Normandische verovering is een grotere rol voor het lichamelijke weggelegd. Zo vinden wij bijvoorbeeld in 'Brut' van Lazamon een veel grotere aandacht voor concrete gebaren die gevoelsschilderingen inhouden. Habicht is van mening dat die gevoelsschildering sterk van een morele dimensie is doortrokken, d.w.z. ze wordt sterk in een goed-slecht polariteit getrokken. Daarbij worden gebaren bij Lazamon typisch beschreven als de uiterlijke kentekenen van het slechte en boze. In het bijzonder de duivel wordt voorgesteld met heftige affectieve gebaren, hetzij van triomf (uitbundig lachen van leedvermaak, vol triomf in de handen klappen enz.) of van woede en wraakzuchtige spijt (brullen, tanden knarsen, stampvoeten van woede en wild gebaren). De aap, met zijn overdreven mimiek en rusteloze, nutteloze gebaren, wordt in de Middeleeuwen vaak als symbool van de duivel afgebeeld. Dit zien wij bijvoorbeeld ook in de prentkunst. Behalve de duivel zijn het 'wildemannen' of booswichten die gekenmerkt worden door onbeheerst en heftig gesticuleren. Ook het groteske en het ridicule wordt verbeeld met grote overdreven gebaren. Tenslotte worden gebaren gereserveerd voor de schildering van negatieve emoties als woede, lafheid en dergelijke.

Gebaren lenen zich bij Lazamon ook (karakteristiek voor zijn visie op gebaren als moreel verwerpelijk) om te huichelen. Gebaren worden dan gebruikt om gevoelstoestanden voor te wenden of om een vals ceremonieel te vertonen.

Toch worden ook gebaren beschreven bij de (goede) held. Ze zijn dan echter niet zozeer uiting van innerlijke gevoelens, maar ze doen dan dienst als pose, bijvoorbeeld voor de heldhaftige houding, als strijdhouding en als ceremoniële begeleiding bij plechtige gebeurtenissen en ontvangsten. Ze vervullen een rol bij rauw en als klaaggebaar. Een bijzondere rol spelen gebaren ook in de liefde. Als het 'hoofse' gebaar zijn ze aan strenge etiquette-regels gebonden.

In al deze vormen blijft de rol van gebaren betrekkelijk perifeer en oppervlakkig. Ze spelen nog geen rol bij de individuele typering van personen, maar beperken zich tot conventionele beschrijvingen van stereotype figuren. Een belangrijke verandering zien wij optreden met de komst van Chaucer (1343-1400). In zijn werk zien wij een belangrijke ontwikkeling in de rol die gebaren spelen bij de typering van karakters en in de onderlinge relaties. Benson (1980) heeft de lichaamstaal in Chaucer's werk geanalyseerd. De vroege gedichten van Chaucer passen nog in de voorafgaande traditie. Gebaren worden gemaakt in door de conventie voorgeschreven situaties en worden ook op een conventionele en statische wijze uitgevoerd. Het type verhalen, zoals heiligenlevens, laat ook nog niet anders toe dan een stereotype beschrijving van ideaaltypen, die weinig individuele karakteristieken hebben en weinig van doen hebben met het gewone dagelijkse leven. In zijn fabels echter uit die periode, zoals in het 'parlement of foules', waarin dieren de hoofdrol spelen en waarin hij de volkstaal gebruikt, wordt al op een veel dynamischer en natuurlijker manier gebruik gemaakt van gebaren. Bij de uitbeelding van dieren is hij veel minder gebonden gebruik te maken van stereotype beschrijvingen van de protagonisten. Pas in zijn latere werk, waarin hij ook het hoogtepunt van zijn literaire kunnen bereikt zoals in de Canterbury Tales en vooral in Troylus and Criseyde, nemen gebaren een grote plaats in bij de typering van individuele karakters. Om Benson te citeren: ' In de Canterbury Tales en in Troylus and Criseyde, ontwikkelt Chaucer het gebaar in een complex en flexibel artistiek hulpmiddel dat in staat is zowel op een conventioneel als op een realistisch niveau de handeling te verlevendigen, ironie te creëren en, het belangrijkste van alles, een karakter te tekenen' (Benson, 1980, pg. 12).

Wanneer de schrijver nonverbale beschrijvingen gaat gebruiken om individueel psychologische typeringen te geven, kan hij niet volstaan met een aantal conventionele en stereotype karakteriseringen van gebaren zoals ze voorgeschreven zijn in bepaalde sociale situaties, maar zal hij een psychologie moeten ontwerpen waarin bepaalde relaties tussen innerlijke eigenschappen en uiterlijke verschijning worden gelegd. Vermoedelijk zal hij hierbij afgaan op zijn ervaring uit het werkelijke leven en zijn persoonlijke intuïtie. We kunnen dus spreken van een impliciete psychologische theorie. Het is zeer de moeite waard een dergelijke impliciete theorie bij de schrijver voor het voetlicht te brengen. Het onthult veel over het mensbeeld dat de schrijver aanhangt. In het volgende heb ik een poging gedaan tot zo'n analyse aan de hand van twee zeer verschillende karakters uit David Copperfield van Charles Dickens.

6.5. De individuele typering van personen: twee karakters uit David Copperfield geanalyseerd

Het werk 'David Copperfield' bevat veel autobiografische elementen uit Dickens' eigen jeugdjaren en we mogen dus aannemen dat het de persoonlijke ervaringen met en verwachtingen over mensen, van Dickens zal weerspiegelen. In David Copperfield komt een personage voor dat door Dickens als zeer afstotelijk, gemeen en hypocriet wordt afgeschilderd, namelijk Uriah Heep. In grote tegenstelling daarmee staat een vrouwenfiguur (waarmee de hoofdpersoon David uiteindelijk ook trouwen zal) die door Dickens als bijzonder edel en gaaf van karakter wordt afgetekend: Agnes.

Aan de hand van de tegenstelling van deze twee karakters in nonverbale kenmerken kunnen wij een goed inzicht krijgen in de samenhang die Dickens opbouwt tussen moreel gehalte en uiterlijke verschijning.

Heel interessant, uit een oogpunt van nonverbale kenmerken, is de figuur van Uriah Heep. Het valt meteen op met welk een uitvoerigheid en gedetailleerdheid Dickens bij voorliefde de nonverbale kenmerken van Uriah Heep getekend heeft. Daarbij komt vooral een kenmerk naar voren dat steeds weer herhaald wordt en dat kennelijk niet alleen zeer afzichtelijk is om te zien, maar ook verbonden is met het onbetrouwbare, onwaarachtige en huichelachtige van de persoon. Het meest op-

vallende van Uriah Heep is zijn *gekronkel*. Vele tientallen malen komt Dickens hierop terug. Hier volgen enkele voorbeelden:
'Na dit compliment begon hij zo walgelijk te kronkelen, dat tante het niet langer kon aanzien en uitriep: 'De duivel hale die man! Wat mankeert hem? Het lijkt wel een sidderaal" (II, pg. 63). 'Toen Agnes ook de eetkamer had verlaten, bleef Uriah Heep, al kronkelend, naar mij zitten loeren tot ik er naar van werd' (II, pg. 105). 'Hij kwam naast me lopen met een kronkelende beweging van zijn hele lijf, die zowel verlegenheid als spot kon betekenen' (II, pg. 106). 'Hij zei met een kronkel die door zijn hele lijf ging maar vooral zijn nek verwrong' (II, pg. 23).

Een andere lichamelijke karakteristiek van Uriah Heep, die door Dickens ook als afstotend en verbonden met moreel verwerpelijke eigenschappen wordt afgeschilderd, zijn de *zelfaanrakingen*:
'Hij begon te grinniken en schraapte met zijn beide skelethanden langs zijn wangen, met bewegingen als van een grote kwaadaardige aap. 'Weet u', vervolgde hij, terwijl hij doorging zichzelf op die onsmakelijke manier te liefkozen, u bent een erg gevaarlijke mededinger, jongeheer Copperfield' (II, pg. 106). 'Uriah bleef ineens staan, stak zijn handen tussen zijn schonkige knieën en sloeg dubbel van het lachen' (II, pg. 133).

De *gebaren* die Uriah maakt, zijn overdreven en inadequaat:
'Toen schudde hij mij de hand, niet op de gewone manier, maar terwijl hij een heel eind van mij afstond en mijn arm op en neer trok als een pompzwengel, die hij eigenlijk niet goed durfde beetpakken' (II, pg. 63). 'Maar het was een volkomen geluidloze lach. Geen klank ontsnapte aan zijn keel en dat vond ik zo weerzinwekkend, ook in de manier waarop hij daar stond als een dubbelgeklapte vogelverschrikker, die zijn steuntje kwijt is, dat ik wegliep en hem alleen liet staan' (II, pg. 133).

Kenmerkend zijn ook de *klamme en glibberige handen* van Uriah:
'Hij kneep maar voortdurend met zijn klamme vissenvingers in mijn hand en ik deed telkens vergeefse pogingen om met goed fatsoen van hem los te komen' (II, pg. 107). 'Nou, ik kan het eigenlijk wel zeggen, liet hij erop volgen, terwijl hij zijn glibberige vissenhand op de mijne legde' (II, pg.131).

Ook de *mondbewegingen* van Uriah Heep zijn onsmakelijk en onaangepast:
'Waarschijnlijk had hij iets in zijn mond tegen de koude avondlucht, doch hij kauwde en smakte alsof de peer al rijp was en hij zich er aan te goed deed' (II, pg. 12). 'Hij hield op met zijn kin te schrapen en zoog zijn wangen zo ver naar binnen, dat het wel leek of ze van binnen tegen elkaar aan kwamen, terwijl hij me van terzijde bleef aankijken.

Zijn wangen dijden weer langzaam uit en hij vervolgde' (II, pg. 132).
Hoewel de nadruk in de beschrijving ligt op de bewegingspatronen, schildert Dickens ook de *gezichtsuitdrukkingen* als afstotelijk. Daarbij noemt hij zowel gegeven uiterlijke eigenaardigheden (zoals het ontbreken van wenkbrauwen) als gezichtstrekken:

'Het vel boven zijn ogen, waar zijn rode wenkbrauwen zouden hebben gezeten, als hij wenkbrauwen had gehad, ging omhoog en op triomfantelijk, boosaardige toon ging hij verder' (II, pg. 132). 'Nog nooit had ik zo'n laaghartig gezicht gezien als het zijne met die ogen zonder een spoor van wimpers' (II, pg. 106). ''Zie je nu wel!' zei hij en het viel me op dat hij er zo goor en papperig uitzag in het maanlicht' (II, pg. 107).

Ook over de *ogen* van Uriah Heep laat Dickens zich regelmatig uit en in het bijzonder over hun *kleur*:

'Hij keek me van terzijde aan met zijn griezelige rode ogen en lachte' (II, pg. 131). 'Zijn ogen waren nu groen en er kwam een duivelachtige sluwheid in zijn blik' (II, pg. 131). 'Weer zwegen wij een tijd, terwijl hij mij aankeek en zijn ogen de ene afzichtelijke kleur na de andere aannamen' (II, pg. 140).

Zoals uit de voorgaande beschrijvingen bleek, wordt het nonverbale gedrag van Uriah gekenmerkt door *heftige, snel wisselende* verschijningsvormen. Ik geef hiervan nog een voorbeeld:

'De rode kleur trok weg uit Uriah's wangen en ze werden vaalbleek. Hij staarde naar Micawber, beurtelings rood wordend en weer verblekend, alsof zijn hele gezicht met snelle, korte stoten ademhaalde' (II, pg. 231).

Het is duidelijk dat Dickens een rechtstreeks verband legt tussen de motoriek van Uriah Heep en zijn onoprechte karakter. Onwaarachtigheid, leugenachtigheid en hypocrisie uiten zich in indirecte, onaangepaste, overdreven bewegingen. Wij spreken in de volksmond ook van 'draaien', als we iemand van misleiding verdenken. Ook gezichtsuitdrukkingen, gebaren, lachen, mondbewegingen missen allemaal de juiste maat en evenwicht. De sterke vasovegetatieve reacties (klamme handen, van kleur verschieten enz.) zijn uitdrukkingen van iemand die met extreme emoties reageert. Het hele nonverbale gedrag wordt gekenmerkt door onwaarachtige overdrijving (zoals de handdruk) en wisselt tussen kruiperigheid en aanmatiging. Zelfs het uiterlijk, zoals het ontbreken van wenkbrauwen en de kleine rode oogjes, worden genoemd als tekenen van een minderwaardige morele gezindheid.

Er zijn opvallende overeenkomsten tussen Dickens' beschrijving van Uriah Heep en de wijze waarop al in de Middeleeuwen het boze en het slechte wordt uitgebeeld. We zagen bij Habicht hoe, in de Middeleeuwse Engelse literatuur, de duivel (of het zinnebeeld van hem: de aap) werd gekenmerkt door overdreven, heftige en onbeheerste gebaren. Ook in de Middeleeuwse literatuur van het continent echter, worden de duivel of zijn trawanten op een dergelijke manier afgebeeld: als heftig bewegende wezens die niet in staat zijn hun emoties te beheersen en daar ongeremd en op een afstotende wijze uitdrukking aan geven. In onze Nederlandse 'Mariken van Nieumeghen' (uitgave 1957) uit de kwaadaardige Moeye zich als volgt:

'Hulpe leveren, longeren ende milten, Tanden, hoofden, wat ic al leets ghewinne! Den Spijt sal mi doen bersten of smilten, Want ic swelle van quaetheyt als een spinne' (pg. 28).

Niet minder heftig reageert Moonen, de personificatie van de duivel, op het dreigende verlies van Mariken:

'Och, och, mijn borstelen risen, mijn haren crimpen. Mits dat hi daer leest; wat sal ick verkiesen? Bi Modicack, moete ic dese verliesen, Hoe sal ick doergoyt zijn met gloeyende wappers! Van Quaetheyden so bijt ic op mijn knappers Wt ooren, wt bachuse blasick helsche spercken' (pg. 58).

Dergelijke afbeeldingen van het boze hebben vermoedelijk in de volksverbeelding hun weg gevonden en zijn daar blijven voortleven. Naar mijn mening sluit Dickens in zijn schildering van Uriah Heep aan bij een dergelijk beeld van het slechte en heeft een dergelijke beschrijving daarom ook een ons direct aansprekende suggestieve werking.

We kunnen hier nu de beschrijving van Agnes tegenover stellen: de personificatie van een edel karakter. In de eerste plaats valt dan op dat de beschrijvingen van het nonverbale gedrag van Agnes veel spaarzamer zijn. Ze beslaan nog niet een vierde van de ruimte die Dickens besteedt aan de beschrijvingen van het gedrag van Uriah Heep. Bovendien zijn de beschrijvingen van Agnes veel minder concreet en doen ze nogal conventioneel aan. Ook hierin sluit Dickens aan bij de Middeleeuws Engelse traditie die wat de beschrijving van 'goede' personages betreft zich beperkt tot conventionele gebaren. Agnes wordt in de eerste plaats gekenmerkt door een *aantrekkelijk gezicht*:

'en toen zag ik een lief gezicht dat mij glimlachend aankeek. Het was dat gelaat dat ik nooit had aanschouwd zonder een gevoel van rustig geluk, van het ogenblik af dat het zich naar mij omwendde op de oude eikenhouten trap met de brede leuning en mij deed denken aan de edele, ingetogen schoonheid van een gebrandschilderd kerkraam' (II, pg. 56). 'Zij keek naar boven en het was alsof de sterren haar gezicht zijn edele trekken gaven' (II, pg. 135).

Agnes heeft een rustige, kalme, *serene blik*:

'Agnes keek mij aan- het was als de blik van een engel!' (II, pg. 102). 'O, lang, lang daarna heb ik dat gezicht voor mijn geest zien verschijnen met die blik, waaruit geen verwondering, geen verwijt en geen spijt sprak!' (II, pg. 111). 'Onbevangen beantwoordde zij mijn blik met haar zachte ernstige ogen' II, pg. 58).

Ook haar *glimlach* is rustig en sereen:
'Opnieuw werd ik getroffen door haar wonderlijk serene glimlach waaruit zoveel zuivere liefde sprak' (II, pg. 58). 'En lang, lang daarna, zag ik die blik, zoals nu, overgaan in die lieflijke glimlach, waarmee ze mij zei, dat zij niet bang was voor zichzelf' (II, pg. 111).

Haar *stem* is 'helder en gevoelig':
'De heldere klank van haar stem, die mij recht in het hart drong' 'Op haar kalme, zusterlijke manier, met haar stralende ogen, haar gevoelige stem en met alles wat al sinds vele jaren geleden het huis waar zij woonde, voor mij tot een heiligdom maakte' (II, pg. 102).

Kenmerkend voor Agnes zijn de rust, de beheersing in motoriek en uitdrukkingsbewegingen. Deze staan in opvallend contrast met de heftige en onaangepaste bewegingen bij Uriah Heep. Een edel karakter wordt bij Dickens getypeerd door beheersing en directheid van uitdrukking. In zijn beschrijving van Agnes doet hij sterk een beroep op religieuze stereotypieën van heiligenbeelden zoals ze in de literatuur, de schilderkunst en de beeldende kunst, in de vroege Middeleeuwen al, gestalte hebben gekregen. Soms doet hij dit zelfs expliciet zoals in het volgende: 'De edele ingetogen schoonheid van een gebrandschilderd kerkraam'.

We zien bij Dickens hier ook een directe identificatie van esthetische normen voor het uiterlijk en ethische innerlijke waarden. Met een goed verheven karakter gaat een mooi uiterlijk samen. Uiterlijk en innerlijk worden getypeerd door harmonie en evenwicht.

Deze analyse van twee karakters bij Dickens laat zien hoe wij op het spoor kunnen komen van de impliciete uitdrukkingspsychologie waarvan een schrijver zich bedient. Er zijn waarschijnlijk grote verschillen tussen schrijvers in het gebruik van nonverbale categorieën. In het volgende gedeelte wil ik een eerste exploratief onderzoek bespreken waarin een aantal moderne schrijvers op een systematische wijze in hun gebruik van nonverbale categorieën met elkaar vergeleken zijn.

6.6. Niet-verbale categorieën bij zeven schrijvers vergeleken

6.6.1. Een kwantitatieve analyse
Hoewel er een aantal interessante analyses is gegeven, zoals die van Habicht, Benson, Graf en Kennedy Hewitt, van nonverbale aspecten in literaire producten, missen deze analyses in het algemeen een systematische, kwantitatieve onderbouwing. Het bezwaar van dergelijke analyses is hun subjectieve en klinische werkwijze. Ze berusten in laatste instantie op de persoonlijke interpretatie van de auteur die uit een tekst

altijd wel een citaat kan opduiken dat zijn stellingen kan onderbouwen. Naast zo'n kwalitatieve analyse is een meer kwantitatieve benadering nodig, die een systematische en objectieve vergelijking tussen schrijvers pas mogelijk maakt. Ik heb daartoe een methode ontwikkeld die ik ter demonstratie op een zevental romans heb toegepast. Na voorstudie van literaire teksten werden een achttal nonverbale categorieën geselecteerd die in teksten relatief frequent voorkomen. In de wetenschappelijke literatuur over nonverbale gedragingen worden ze in het algemeen ook als verschillende kanalen beschreven (zie Van Meel, 1986). Deze categorieën, met een aantal voorbeelden van elk, heb ik aan het begin van dit hoofdstuk al geïntroduceerd. Ik noem ze hier nog even: 1) uiterlijk, onveranderlijke kenmerken; 2) uiterlijk, veranderlijke kenmerken; 3) gezichtsuitdrukkingen; 4) blik, oogcontact, oogbeweging; 5) hand- en armgebaren; 6) houdingen en bewegingen van andere lichaamsdelen of van het gehele lichaam; 7) stemkarakteristieken, en 8) gebruik van de ruimte.

Een zevental romans werden voor analyse uitgekozen. Ik heb daarbij romans gekozen waarin fictieve personen worden geïntroduceerd (dus bijvoorbeeld geen autobiografieën of dagboeken). De romans zijn in deze eeuw geschreven en het gaat in alle gevallen om zeer bekende schrijvers. Het leek mij daarbij aantrekkelijk mij niet te beperken tot het Nederlandse taalgebied alleen om ook een eerste exploratie naar culturele verschillen mogelijk te maken. De keuze viel op de volgende romans:

S. Vestdijk:	De Ziener (uitgave 1967)
L. Couperus:	Van oude mensen, de dingen die voorbij gaan (uitgave 1979)
F. van Eeden:	Van de koele meren des doods (uitgave 1982)
F. Kafka:	Der Prozess (uitgave 1958)
Th. Mann:	Buddenbrooks (uitgave 1983)
H. Böll:	Biljart um Halb Zehn (uitgave 1983)
A. Gide:	Les faux Monnayeurs (uitgave 1925)

Van alle boeken werd eenzelfde hoeveelheid tekst geanalyseerd die steeds op dezelfde wijze gekozen was. Van elk boek werden namelijk vier tekstblokken van elk 8500 woorden aan analyse onderworpen (dit komt ongeveer overeen met 4 maal 25 bladzijden tekst). Die vier tekstblokken werden uit elke roman op dezelfde wijze gekozen, n.l. de eerste 8500 woorden, de laatste 8500 woorden en twee blokken van 8500 woorden uit het middengedeelte n.l. het eerste blok uit het begin van het tweede kwart van het boek en het derde blok aan het einde van het derde kwart van het boek. Op deze wijze kan enig inzicht verkregen worden over de verdeling van nonverbale categorieën over verschillende gedeelten van de tekst. Het eerste blok werd gekozen omdat het mij aannemelijk leek dat juist daar, in de beginfase van het verhaal, veel nonverbale kenmerken zullen worden genoemd: de schrijver moet zijn personen nog introduceren en zal wellicht daar veel beschrijvingen van het uiterlijk inlassen. Het laatste tekstdeel werd geselecteerd, omdat het mogelijk veel actie bevat en dit zich wellicht in de nonverbale categorieën zou reflecteren. De beide andere tekstgedeelten zijn gekozen als steekproeven uit het middengedeelte van de tekst.

De op deze wijze geselecteerde tekstgedeelten zijn vervolgens doorgenomen en elke uitspraak over deze nonverbale kenmerken werd in zijn geheel genoteerd en in een van de genoemde categorieën ondergebracht. Onder een uitspraak wordt verstaan een zin, een gedeelte van een zin, of een aaneengesloten geheel van zinnen, waarin een bepaald nonverbaal kenmerk beschreven wordt. Een eenheid kan dus korter of langer zijn, maar het bevat steeds een aaneengesloten tekstgedeelte. Niet zelden wordt in zo'n tekstgedeelte meer dan één nonverbale categorie gebruikt. De uitspraak is dan onder meer dan één categorie gescoord.

Op deze wijze kon het merendeel der uitspraken éénduidig worden geclassificeerd. Bij sommige uitspraken kan men soms twisten over de meest geschikte categorie. De verschillen tussen oogbewegingen en blik enerzijds en gezichtsuitdrukkingen anderzijds zijn soms moeilijk aan te geven. Daarom is een gedeelte van de tekst door twee beoordelaars gescoord. Daarbij bleek toch een grote mate van overeenstemming aanwezig.

Vervolgens werd per categorie het aantal uitspraken, voor elk van de vier tekstdelen, geteld en dit voor alle zeven schrijvers.

Eerst werd gekeken of er bij de schrijvers systematische verschillen waren tussen de vier tekstdelen. Dit bleek echter niet het geval te zijn, m.a.w. het eerste gedeelte valt niet bijzonder op door opvallend meer nonverbale beschrijvingen te bevatten dan een der andere delen. Ook het laatste deel springt er niet speciaal tussen uit. Daarom zijn de aantallen van de vier tekstdelen per schrijver bij elkaar geteld.

Wel zijn er grote verschillen in de mate waarin de schrijvers van nonverbale beschrijvingen in het algeméén gebruik maken en in hun bijzondere voorkeur voor bepaalde categorieën.

In de hieronder staande tabel heb ik de resultaten van deze analyse samengevat en ik wil nu de belangrijkste resultaten ervan bespreken.

Voorkeuren voor nonverbale categorieën door schrijvers in het algemeen
Wanneer we kijken naar de kolom die de totalen voor schrijvers gezamenlijk bevat, dan valt op dat er grote verschillen zijn in de mate waarin van bepaalde categorieën wordt gebruik gemaakt. De beschrijving van stemkarakteristieken komt het meeste voor. Dit hangt waarschijnlijk

Categorie	Vestdijk	Van Eeden	Couperus	Kafka	Mann	Böll	Gide	Tot
Uit, onv.	25	76	96	17	53	29	11	307
Uit, ver.	6	38	13	15	36	36	12	156
Gez. uit.	58	66	60	57	107	144	46	538
Blik	67	53	59	67	59	39	18	362
Armgeb.	49	45	48	100	42	8	48	417
Lich.geb.	32	41	91	100	58	55	48	425
Stem	52	57	147	140	112	71	64	643
Ruimte	5	5	2	48	6	17	5	88
Totalen	294	381	516	544	473	476	252	

samen met het feit dat de roman zich in een verbaal medium afspeelt, waarin personen met elkaar sprekend worden opgevoerd. Het is heel gebruikelijk daarbij een karakterisering te geven van de wijze waarop bepaalde dingen gezegd worden:

'zei de man met de hoed zacht' (Vestdijk), 'Weggelopen', mompelde Brouwers (Vestdijk), 'Quel idiot!', murmura Sarah (Gide).

Op een goede tweede plaats komen de gezichtsuitdrukkingen. Veel auteurs over nonverbaal gedrag beschouwen gezichtsuitdrukkingen als het belangrijkste kanaal voor de transmissie van emoties. Ook schrijvers maken kennelijk bij voorkeur gebruik van gezichtsuitdrukkingen om op nonverbale wijze de gevoelens van hun romanfiguren kenbaar te maken:

'Weer zag ze dit van angst vertrokken gezicht, deze smekende ogen op zich gericht, en weer zag ze met verbazing en ontroering, dat deze angst en dit smeken eerlijk en niet gehuicheld waren' (Mann, pg. 194).

Op de derde en vierde plaats komen vervolgens hand- en armgebaren en overige bewegingen van het lichaam. Deze spelen kennelijk een vrij grote rol in een literaire tekst en worden door schrijvers vaak gebruikt om emoties en relaties in te symboliseren. De vijfde plaats wordt ingenomen door de blik en het oogcontact: een relatief bescheiden plaats. Daarna volgen de beschrijvingen van het uiterlijk, waarbij de beschrijving van lichaamskarakteristieken een veel grotere aandacht krijgt dan de vermelding van uiterlijke kenmerken die gemanipuleerd kunnen worden, zoals kleding, haardracht e.d. Betrekkelijk weinig aandacht wordt tenslotte besteed aan de beschrijving van ruimtelijke relaties om de onderlinge betrekkingen tussen personen te karakteriseren.

Verschillen tussen schrijvers in het gebruik van nonverbale categorieën in het algemeen

Wanneer we kijken naar de rij die de totalen per schrijver aangeeft in het gebruik van nonverbale beschrijvingen, vallen grote verschillen op. De meeste nonverbale beschrijvingen worden door Kafka gegeven. Vrij dicht daarop volgt Couperus, maar dan volgen de andere Duitse auteurs, Mann en Böll. Aanzienlijk bescheidener is het gebruik bij Van Eeden en Vestdijk en zeer matig wordt door Gide van nonverbale beschrijvingen gebruik gemaakt. Hoewel we bij de interpretatie van deze gegevens ook kwalitatieve aspecten in het oordeel moeten betrekken (ik kom daar dadelijk uitvoerig op terug), wil ik hier toch een commentaar geven dat mede is ingegeven door lezing van de romans.

Er is naar mijn gevoel duidelijk een verschil tussen de Duitse romans enerzijds en de Franse roman anderzijds. In de Duitse romans zijn de personen levendig en expressionistisch getekend. Het werk van Gide daarentegen maakt een meer intellectualistische en geconstrueerde indruk. Ook de romanpersonen zelf treden meer intellectualistisch en rationalistisch op: zij geven zich bijvoorbeeld meer over aan gedistantieerde beschouwingen. De Nederlanse romans, in het bijzonder die van Vestdijk en Couperus, worden gekenmerkt door gedetailleerde observaties, die dichter staan bij de Duitse dan bij de Franse roman. Hoewel het natuurlijk niet mogelijk is vanuit enkele romans te generaliseren naar een gehele nationale literaire traditie, wil ik toch op de parallellen wijzen met de resultaten van kunsthistorische analyses van bepaalde aspecten van de Duitse en de Franse kunst. Al in de Middeleeuwen zien wij in de Franse kunst, zoals bijvoorbeeld de schilderkunst en de beeldhouwkunst, een afkeer voor de afbeelding van heftige emoties. De beelden van de Franse Middeleeuwse kathedralen, zoals in Chartres en Reims, zijn, vergeleken met bijvoorbeeld de Duitse kathedralen van Bamberg en Naumburg, strenger, beheerster en met weinig bewegingen afgebeeld. Kidson (1987) schrijft hierover: 'Het serene der figuren is karakteristiek voor de geïdealiseerde visie op de mens die kenmerkend geweest is voor veel Frans beeldhouwwerk in het begin van de 13e eeuw. Streefden de Duitsers ernaar om de mensen uit te beelden in hun emotionele reacties op een situatie, de Fransen zochten het liever in de uitdrukking van het heroïsche' (pg. 409). In de Franse kunst heeft de invloed van het hof altijd zwaar gewogen en dit impliceerde een afkeer van gepassioneerde scènes en een voorkeur voor het verfijnde, gestileerde hoofse. Ook al de boekillustraties uit de 12e en 13e eeuw worden gekenmerkt door een subtiel gebruik van kleuren en verfijning in de vormgeving maar afkeer van emotionele scènes. Voorzover dergelijke scènes al geschilderd werden, zijn ze van hun gepassioneerde karakter ontdaan.

Het verschil in stijlvoorkeur tussen een Franse en een (Zuid-)Nederlandse benadering van een thema zien wij bijvoorbeeld bij de vergelijking van de 'Pietá' van de Franse hofschilder Malouel en de 'Kruisafneming' van de Vlaming Rogier van der Weyden. Over het eerste schrijft Martindale (1987): 'Het is een gevoelige en ontroerende compositie, die zeer weinig afhangt van de gelaatsuitdrukking om toch de indruk van een tragedie en van smart weer te geven' (pg. 460). Over de 'Kruisafneming' merkt hij op: 'De gelaatsuitdrukking is belangrijk en de gebaren en handelingen zijn dramatischer, daar de figuren als op een toneel zijn neergezet' (pg. 461).

Het zou hier te ver voeren om deze verschillen in culturele traditie door de eeuwen heen ook maar bij benadering te volgen. Voor wat de Franse literatuur betreft, wil ik nog wijzen op de grote invloed van het Franse klassicisme op de nationale literatuur. Karakteristiek voor dit klassicisme (zoals bij Racine en Corneille die nog dagelijks in het Théatre National worden opgevoerd) is de ver doorgevoerde dominantie van evenwichtige vorm boven natuurlijke expressie. Voorzover in de Franse literatuur al gestreefd is naar een realistische uitbeelding, heeft een dergelijke stroming niet zelden het karakter aangenomen van een antibeweging (zoals het naturalisme van Zola of bij Céline).

6.6.2. De schrijvers individueel bezien

Ik wil nu aan elk boek een korte bespreking wijden waarin de gegevens over de nonverbale beschrijvingen worden geplaatst binnen de literaire tekst als geheel.

Vestdijk: De Ziener

De hoofdfiguur in dit boek is Pieter Le Roy, maatschappelijk een mislukkeling, die vrijende paartjes bespiedt en daarvoor vaak wordt afgeranseld. Zo bespiedt hij ook de in zijn ouderlijk huis inwonende lerares, mej. Rappange, die een jonge leerling regelmatig ontvangt. Zijn onthullingen daarover leiden tot het vertrek van mej. Rappange.

Dit stiekem bekijken, loeren of gluren, neemt een centrale plaats in het verhaal in. We zien dit weerspiegeld in het gebruik van nonverbale categorieën. Bij Vestdijk heeft het grootste aantal nonverbale beschrijvingen betrekking op 'blik, oogbewegingen, oogcontact' en hij is de enige van de auteurs voor wie dit geldt. Toch geeft een dergelijke kwantitatieve maat nog geen indruk van de geraffineerde wijze waarop Vestdijk de voyeursblik schildert:

'De man met de hoed keek terug, rustig, vredig, het hoofd ver achterover, zodat voor het eerst onder de hoedrand de ogen goed bloot kwamen, ogen kwijnend bleek en vrij groot, maar zo ver van elkaar gelegen, dat de uitstekende jukbeenderen ze ervoor schenen te moeten behoeden om van het witte gezicht af te glijden' (pg. 10).

Kenmerkend voor Vestdijk's beschrijvingen van nonverbaal gedrag zijn de beeldende, soms ver uitgesponnen vergelijkingen, zoals bijvoorbeeld in deze typering van een blik:

'Ik ben niet zo erg van dat soort ondeugden op de hoogte', zei juffrouw Rappange, die hem bekeek met de starre, niet geschrokken, maar volstrekt afwijzende blik waarmee men een dominee op huisbezoek bekijkt, die zich ontpopt als een volgeling van Jack the Ripper' (pg. 256).

Ook de volgende beschrijving van een uiterlijk geeft zo'n typisch Vestdijkiaanse vergelijking:

'zijn donker, grof-knap gezicht, dat het midden hield tussen dat van een door krijgsuitspattingen verzwakte Middeleeuwse ridderknaap en dat van een met brandmerken overdekte, toch wel lollige zigeuner' (pg.8).

Ook de breedvoerige beschrijving van plastische details, waarmee een suggestief beeld wordt opgeroepen, is kenmerkend voor Vestdijk's behandeling:

'De man met de hoed liep met de handen op de rug, recht niet wiegelend. Dit bracht een zekere tegenstrijdigheid in zijn gestalte. Hij had iets moeten wiegelen. Hij was vrij klein en men kon raden dat hij onder zijn zwarte kleren, en daaronder nog wat witte, wel niet gezet was, maar te slap en te poezelig, te zacht van huid, en met vet op plaatsen waar bij anderen spier zat of bot. Het vet was als het ware een eindje naar binnen gegroeid' (pg. 15).

Hoewel het aantal beschrijvingen van nonverbaal gedrag bij Vestdijk niet groot is, worden deze gekenmerkt door hun rijke en beeldende taal. De literaire waarde van Vestdijk's werk ligt zeker ook in niet geringe mate in zijn plastische en suggestieve beschrijvingen van personen in hun nonverbaal gedrag.

Van Eeden: Van de koele meren des doods

Frederik van Eeden's roman bevat de levensgeschiedenis van Hedwig de Fontaine vanaf de geboorte tot haar dood. Het is een dramatische geschiedenis, waarin met name haar innerlijke psychische ontwikkeling wordt beschreven. Nieuw voor Nederland in die tijd was de aandacht voor haar psychotische periode en de rol die sexuele ervaringen erin spelen. Frederik van Eeden was naast literator ook psychiater en heeft een belangrijke rol gespeeld bij de introductie van de psychoanalyse in Nederland. De eerste druk van het boek was in 1900.

Wanneer we kijken naar de kwantitatieve analyse, dan valt op dat de categorie 'Uiterlijk, onveranderlijke kenmerken' het meest vertegenwoordigd is. Dit lijkt mij typerend voor de historische periode waarin het boek verscheen. Romans uit het begin van deze eeuw worden gekenmerkt door een uitvoerige beschrijving van de hoofdpersonen. Elke nieuwe figuur die geïntroduceerd wordt, wordt eerst door de schrijver breeduit in zijn uiterlijke eigenaardigheden beschreven. We zien dat ook in de romans van Couperus, die ongeveer uit dezelfde tijd stammen. Ook aan de beschrijving van de veranderlijke kenmerken van het uiterlijk, kleding, haardracht, is relatief veel aandacht besteed.

Naast de beschrijving van het uiterlijk, vinden wij bij Van Eeden veel gezichtsuitdrukkingen. In de wetenschappelijke literatuur over nonverbaal gedrag worden gezichtsuitdrukkingen beschouwd als het primaire kanaal voor emotionele expressie. Emoties en emotionele expressies spelen een grote rol in deze roman. Ik geef enkele voorbeelden van het gebruik van gezichtsuitdrukkingen daarbij:

'Toen zij uit het slop kwam, stond haar zoëven levendig lachend gezicht bleek-ernstig verhelderd, opgericht naar de lucht, tranen lekten zonder snikken uit haar ogen' (pg.77). 'Zij kwam op en zag zijn gezicht, grauw-wit, het zwarte mondgat open, het blauwig oogwit zichtbaar onder half geloken leden' (pg.135). 'En ook was veel erger dan zij gevreesd had, de zichtbare pijn en afschuw op het dierbare, fijnbleke gelaat' (pg.251).

Op zich maakt Van Eeden overigens slechts matig gebruik van nonverbale beschrijvingen. Weliswaar besteedt hij veel aandacht aan gemoedstoestanden en emotionele belevingen, maar hij beschrijft zijn personen vooral van binnen uit ofwel in termen van innerlijke zelfbeschouwing en niet zozeer uit het oogpunt van de buitenstaander die observeert. Ik geef hiervan een voorbeeld:

'Maar tevens was er in het bonte wisselspel harer zielsbewegingen iets, wat haar meer dan al 't andere vreemd en verwonderlijk voorkwam. Ze dacht onder al het spreken en ondervinden van de lange dag dóór, steeds aan de gevoelens van haar dromen en haar jeugd, aan 't witte marmer-hart, aan de elzenlaan, aan het dansfeest, en dat terwijl zij aan de volle eettafel zat, of wandelde, of luisterde naar Ritsaarts spel' (pg. 163).

In dit sobere gebruik van nonverbale beschrijvingen zie ik dus een weerspiegeling van die gerichtheid op de innerlijke belevingswereld van de hoofdpersoon. Deze sensitiviteit voor de innerlijke belevingswereld, geeft het boek zijn unieke positie in de Nederlandse literatuur uit die tijd.

De roman beschrijft de laatste jaren in Den Haag van enkele oude mensen die een geheim delen dat hun hele leven op hen heeft gedrukt: een tragische gewelddadige dood als gevolg van een liefdesaffaire die teruggaat tot hun jeugdjaren in Indië.

Ook bij Couperus neemt de beschrijving van uiterlijke kenmerken een belangrijke plaats in. Daarmee wordt de roman, evenals die van Van Eeden, gedateerd aan het begin van deze eeuw. De belangrijkste categorie bij Couperus wordt echter gevormd door de stemkenmerken. In dit boek legt Couperus sterk de nadruk op het oud zijn en op het samen 'fluisterend' delen van een geheim. Het is geen boek van veel actie, maar van herinneringen die men elkaar toefluistert of waar men over mompelt:

'ja, ja, ja, zo, zo!' mummelde hij nu, bijna idioot' (pg. 156). 'hij zeide en zijn stem bibberde in ontzetting' (pg. 158). 'Je weet het!', kreunde hij' (pg. 160). 'naar bed', murmelde de oude vrouw' (pg. 163).

Bij de lichaamsbewegingen nemen niet de hand- en armgebaren de belangrijkste plaats in, maar de bewegingen van andere lichaamsdelen. Dit geeft vooral de gelegenheid de nadruk te leggen op de omzichtige, moeizame motoriek van de oude mensen en de voorzichtige wijze waarop ze door anderen benaderd worden:

'hij richtte zich op, in bed' (pg. 221). 'hij zat neergezonken op een stoel' (pg. 211).

Couperus geeft een zeer suggestieve beschrijving van de ouderdom, het uitgeblust zijn en het, nog in de ouderdom, teneergedrukt zijn door een gedeeld geheim. Juist door het gebruik van nonverbale categorieën slaagt hij er in de impressie van uitgeblustheid en het moeizaam vasthouden aan het leven, te schilderen.

'de hand viel neer in de schoot, zijzelve viel terug in het rechte kussen... en toen vielen de ogen' (pg. 163). 'Hij zat gezakt op zijn stoel, hij zat als een oude vervallen difforme massa: .. : een oude leefmonnik, maar in ruime geklede-jas, en ruim vest, dat drapeerde over zijn omvang' (pg. 156).

Kafka: Der Prozess

Jozef K., een bankemployé, wordt op zijn dertigste verjaardag gearresteerd. Hij is zich van geen schuld bewust en probeert zijn verdediging voor de rechtbamk voor te bereiden. Zijn rechters krijgt hij echter nooit te zien en aan het eind van het verhaal wordt hij door twee beulen in een steengroeve gevoerd en -zonder proces- doodgestoken.

Het werk is -als alle werk van Kafka- raadselachtig en heeft tot talloze duidingen aanleiding gegeven. Von Hartmut Müller (1985) somt niet minder dan acht uiteenlopende interpretaties op. Velen hebben er een zinnebeeld van het leven als zodanig in gezien. Men heeft ook verbanden gelegd met gebeurtenissen uit het leven van Kafka zelf. Deze had, kort voordat hij aan het boek begon, zijn verloving verbroken. Hij voelde zich schuldig -zoals hij aan Max Brod schreef- omdat hij het gevoel had de eisen die het leven hem stelde, niet aan te kunnen. Kenmerkend voor het boek is in ieder geval een zekere dubbelzinnigheid. Is K. onschuldig of misschien toch schuldig en is hem dit wel bekend: 'De figuur van Jozef K. is met deze algemeen menselijke (niet juridische) schuld beladen, waarom hij zichzelf dit proces aandoet' (Von Hartmut Müller, 1985, pg. 123).

De hoofdpersoon Jozef K. bezit tal van kenmerken die aan Kafka zelf doen denken zoals de naam, de leeftijd, het beroep. Opvallend is echter dat in het boek over K. eigenlijk heel weinig gezegd wordt. Zo ontbreekt geheel een beschrijving van zijn uiterlijk en K. blijft daardoor een onbestemde, ongrijpbare pesoonlijkheid. Hoewel Kafka het meest van alle geanalyseerde schrijvers gebruik maakt van nonverbale categorieën, is hij in het algemeen bijzonder spaarzaam met beschrijvingen van uiterlijke bijzonderheden. Dit is des te opvallender, omdat de tijdsspanne juist wel gekarakteriseerd wordt door breedvoerige beschrijvingen van het uiterlijk. Von Hartmut Müller schrijft dat Kafka een hekel had aan zijn eigen lichamelijke verschijning en zich schaamde voor zijn uiterlijk, hoewel hij een sportieve, goed gebouwde en knappe man was. Kenmerkend voor Kafka zijn vooral de vele hand- en armgebaren en de vele bewegingen van overige lichaamsdelen. Hij blijkt daarbij toch een bijzonder goede observator te zijn van karakteristieke eigenaardigheden van de lichamelijkheid van anderen. Hand- en armgebaren vervullen bij Kafka een bijzondere functie. Zoals gezegd wordt het boek gekenmerkt door een zekere meerduidigheid. Het is alsof het boek zich op meer betekenislagen afspeelt. Naast de officiële, verbale waarheid, dringt voortdurend een tweede betekenislaag door het verhaal heen, die slechts door tekens en hints wordt gesuggereerd. Het zijn in het bijzonder *gebaren* waarmee die betekenissen tot uiting komen.

Als K. duidelijk wil maken dat de arrestatie een vergissing is, wil hij met een handdruk afscheid nemen van zijn bewaker. Deze echter weigert de handdruk en deze weigering is veelzeggend:

'Ik ben van mening dat het het beste is, over het gerechtvaardigd of niet- gerechtvaardigd zijn van uw handelwijze niet meer na te denken en de zaak door een wederzijdse handdruk een verzoenend slot te geven. Als ook U deze mening bent toegedaan dan graag ... en hij stapte naar de tafel van de toezichthouder, en reikte hem de hand. De toezichthouder sloeg de ogen op, beet op de lippen en keek naar K's uitgestrekte hand; nog steeds geloofde K dat de toezichthouder zou toeslaan. Deze echter stond op, nam een harde ronde hoed, die op het bed van Frau Bürstner lag, en zette hem voorzichtig met beide handen op, zoals men het bij het passen van een nieuwe hoed doet' (pg. 16).

Ook het doodsvonnis over K. wordt hem met gebaren door zijn beulen duidelijk gemaakt:

'Tenslotte brachten zij K. op een plek die niet eens de beste van de inmiddels bereikte plaats was. Dan opende de ene heer zijn jas en nam uit een schede die aan een om het vest gespannen gordel hing, een lang, dun aan beide kanten gescherpt vleesmes, hief het hoog, en beoordeelde de scherpte in het licht. Weer begonnen de walgelijke hoffelijkheden, de een reikte over K. heen het mes aan de ander, deze gaf het weer over K. heen terug. K. wist nu precies, dat het zijn plicht was geweest, het mes toen het van hand tot hand boven hem zweefde, zelf te pakken en het in zichzelf te boren. Maar hij deed het niet, maar draaide zijn nog vrije hand en keek om zich heen' (pg. 165).

Een bijzonder kenmerk van Kafka's werk is ook de rol die de *ruimte* erin speelt. Terwijl dit bij de meeste schrijvers een nogal verwaarloosde categorie is, neemt zij bij Kafka een prominente plaats in. Jean-Suk Kim (1983) heeft een gehele studie aan de functie van de ruimte in het werk van Kafka gewijd. In het Proces wordt de ruimte soms ervaren als ingeperkt en benauwend, soms ook wordt de nadruk gelegd op het onbereikbare, de onoverbrugbare kloof tussen personen. In die merkwaardige vervormingen van de ruimtelijke ervaring weerspiegelt zich de vervreemding van de ander, die nu weer ervaren wordt als beangstigend nabij, dan weer als onbereikbaar veraf. Ook hierbij is het niet moeilijk verbanden te leggen met Kafka's persoonlijke ervaringen. Von Hartmut Müller schrijft over hem: 'Gedurende zijn hele leven vreesde hij uit de gemeenschap der mensen buitengesloten te zijn. Anderzijds vluchtte hij in het isolement om de te grote druk van de werkelijkheid te ontwijken. Steeds weer smachtte hij naar menselijk contact, maar soms kon hij de fysieke nabijheid van de mensen slecht verdragen' (pg. 25).

Thomas Mann: Buddenbrooks

Dit werk uit 1920 (waarvoor Mann in 1929 de Nobelprijs kreeg) behandelt het verval van een vooraanstaande koopmansfamilie uit Lübeck over een tijdsspanne van vier generaties. Het is een grote familieroman waarin steeds nieuwe personen worden geïntroduceerd. Deze personen worden zeer uitvoerig en met veel liefde voor sprekende details getekend. Verschillende van deze romanfiguren, zoals Tony, de zuster van

249

het familiehoofd, die tweemaal een ongelukkig huwelijk sluit, of Christian, de broer en een decadent fuifnummer met zijn vele psychosomatische klachten en oppervlakkige imitatiezucht, of de beide echtgenoten van Tony, de huichelachtige Grünlich en de boers-joviale Permaneder, wedijveren in levendigheid met de romanfiguren van Dickens.

Uit de tabel met kwantitatieve gegevens blijkt dat bij Mann naar verhouding de beschrijving van uiterlijke lichamelijke kenmerken en van kleding en opschik een vrij grote plaats innemen. Dit weerspiegelt enerzijds de tijdsperiode en anderzijds de noodzaak in een roman met veel personen de verschillende personen te karakteriseren. Daarnaast spelen stemkarakteristieken en gezichtsuitdrukkingen een belangrijke rol, zoals in de volgende gezichtsuitdrukking van Christian:

'Plotseling echter brak hij af. Zonder nadere aanleiding werd hij ernstig: zo onverwacht dat het leek alsof een masker van zijn gezicht viel; hij stond op, streek met de hand door zijn spaarzaam haar, begaf zich naar een andere plaats, en bleef daar, zwijgzaam, slecht gehumeurd, met onrustige ogen en een gezichtsuitdrukking als luisterde hij naar het een of ander verontrustend geruis' (pg. 223).

In deze uitgesponnen familieroman spelen nonverbale kenmerken in de eerste plaats een grote rol om de verschillende personen een eigen identiteit te geven en ze gedurende het verloop van de roman in de tijd hun identiteit te laten behouden. Zo wordt Tony op de eerste bladzijden al opgevoerd, zittend op de schoot van haar grootvader. Daarbij wordt al een bepaalde gezichtstrek genoemd waaraan gedurende het hele verhaal wordt gerefereerd:

'De kleine Antonie had zich in haar sleetocht door haar vader niet laten storen, maar had slechts, met de tong klappend, de steeds een beetje naar voren staande bovenlip nog verder over de onderste geschoven' (pg. 8).

Deze bijzondere stand van de lippen die haar een kittig uiterlijk geeft wordt steeds opnieuw bij haar optreden weer genoemd:

'Ondanks het bewogen leven dat achter haar lag en ondanks de zwakte van haar maag zag men de vijftig jaar haar niet af. Haar teint was een beetje donzig en mat geworden en ook op haar bovenlip -de aardige bovenlip van Tony Buddenbrook- groeiden de haartjes rijkelijker' (pg. 644).

De decadentie, het geleidelijke verval aan vitaliteit, het insluipen van kleine ziekelijke trekjes, bij de opeenvolgende generaties van de familie Buddenbrook, worden ook juist door de, soms terloopse, vermelding van nonverbale kenmerken bereikt. Hanno, de laatste ziekelijke stamhouder van de familie, mist de vitaliteit om de dagelijkse eisen van het leven aan te kunnen:

'Deze dromerige zwakte echter, dit wenen, dit volledig gebrek aan frisheid en energie was het punt waartegen de senator inging, als hij tegen Hanno's hartstochtelijke betrokkenheid met de muziek bezwaren naar voren bracht' (pg. 435).

Heinrich Böll: Biljart um halb Zehn

In dit boek behandelt Böll middels de belevingen van de architectenfamilie Fähmel, de grootvader Heinrich, die de Antoniusabdij bouwt, de zoon Robert, die als springstofdeskundige in de laatste fase van de oorlog de abdij opblaast en de kleinzoon Jozef, die de abdij weer opbouwt, en hun vrouwen, Johanna en Edith, de morele dilemma's rondom het militarisme in Duitsland vanaf de Eerste Wereldoorlog. Veel in dit boek blijft onuitgesproken omdat de herinneringen te pijnlijk zijn om met anderen te worden gedeeld. In series van flashbacks worden ze aangeduid en gesuggereerd.

Als we zien naar het gebruik van nonverbale categorieën door Böll, dan valt op dat beschrijvingen van het uiterlijk en ook van kleding en opmaak een heel geringe rol spelen. Het gaat bij Böll niet om de beschrijving van uiterlijkheden maar om het blootleggen van betekenisvolle belevingen en -vooral- het toetsen van de morele waarde van zijn personen. Ook onderzoekt hij genadeloos de betrekkingen tussen de mensen onderling. Gezichtsuitdrukkingen nemen bij hem een grote plaats in. Zij kunnen bijvoorbeeld dienen om de herinnering aan geliefde personen op te roepen:

'Waarom? Ik had toch alle kruisigingsgroepen uit alle eeuwen ervoor gegeven als ik Edith nog eens had kunnen zien lachen, haar arm op mijn arm had kunnen voelen; wat betekenden de beelden van de koning voor me, vergeleken bij het echte lachje van zijn gezondene' (pg. 155).

Böll maakt, evenals Kafka, vooral gebruik van hand- en armgebaren en van lichaamsbewegingen. Deze zijn bij hem geladen met een symbolische betekenis. Ze verwijzen naar situaties, emoties en herinneringen waarover het te pijnlijk is te spreken. Niet zelden nemen die bewegingen het karakter aan van rituelen die de herinnering aan het verleden dragen. Een voorbeeld daarvan zien wij in het biljartspel dat Robert Fähmel elke ochtend van half tien tot elf uur speelt, alleen, slechts in gezelschap van de liftboy Hugo, in hotel Prinz Heinrich. In de ruimte daar en in dit spel trekt hij zich terug, is hij alleen met zijn herinnering, zijn geliefde doden, slachtoffers van de Nazi-terreur:

'Hij speelde al lang niet meer volgens de regels; hij wilde geen series maken, caramboles verzamelen; hij stootte tegen een bal, soms zachtjes, soms hard, schijnbaar zinloos en doelloos; maar die bal toverde, als hij de andere twee raakte, voor hem telkens een nieuwe geometrische figuur uit het groene niets: een sterrenhemel waarin maar enkele punten bewegelijk waren' (pg. 33). 'Was dit spel niet een soort gebedsmolen, een met keu en ballen over groen laken gestoten litanie? *Waarom, waarom, waarom,* en *Ontferm u over ons! Ontferm u over ons*' (pg. 249).

André Gide: Les faux monnayeurs

In deze roman worden we geconfronteerd met een jonge generatie die opgroeit in milieu's waarin op een krampachtige, formalistische wijze christelijk-traditionele waarden worden beleden. Sommigen komen in opstand, zoals Bernard, anderen vluchten in een wanhopig nihilisme, zoals Armand, bij weer anderen leidt dit tot een cynische kwaadaardigheid zoals bij Ghéridanisol. Deze ontwikkelingen worden vooral gezien met de gedistantieerde visie van de schrijver Edouard, waarin we zeker verwantschap met Gide zelf herkennen.

De beschrijvingen van nonverbaal gedrag in het werk van Gide zijn relatief spaarzaam en ook op een sobere wijze gebracht. De nadruk ligt op conversatie en dialoog. De contacten tussen de personen zijn nogal intellectualistisch en oraal van aard. De personen zijn ook meer gecreëerde en bedachte typen dan werkelijk levende mensen met al hun kleine bijzonderheden zoals we dat bijvoorbeeld bij Gide's tijdgenoot Thomas Mann zagen. Naar mijn mening ligt deze stijl van typeren in de traditie van de Franse literatuur. Vooral de Franse klassieke literatuur wordt gekenmerkt door ideaaltypen, zoals bijvoorbeeld in Molière's 'l'Avare' of 'Le Malade Imaginaire'. We hebben in dit werk dus te maken met een typische representant van een oraal-rationalistisch ingestelde culturele traditie.

De verdeling van nonverbale categorieën laat zien dat de beschrijving van uiterlijk een relatief geringe rol speelt. Opvallend matig vertegenwoordigd zijn oogcontact en blik. In feite komen verwijzingen daarnaar vrijwel uitsluitend in een laatste dramatische scène (de geprovoceerde zelfmoord van Boris) voor, waar de verschillende blikken der medeplichtigen in de plaats komen van woorden zoals in de volgende passage:
'Georges, links van Ghéridanisol volgde de scène uit zijn ooghoeken, maar deed alsof hij niets zag' (II, pg. 239).
De belangrijkste categorie wordt gevormd door de paralinguïstische kenmerken. Dit illustreert het feit dat het accent in deze roman op de verbale contacten tussen de romanpersonen valt. Hier volgen enkele voorbeelden:
'De toon van zijn stem was dermate koel ironisch dat Olivier onmiddellijk de absurditeit van zijn vraag aanvoelde' (I, pg. 35).
Die stemkarakteristieken worden overigens zeer sober aangeduid ('hij

aarzelde', 'met rauwe stem', 'zijn stem werd plotseling ernstig'). Ze kunnen niet worden vergeleken met de beeldende beschrijvingen die bijvoorbeeld Vestdijk van stemmen geeft (zie het voorbeeld op pg. 225). De stem heeft geen autonome functie; ze blijft ondergeschikt aan de verbale boodschap.

Ook bij Gide spelen hand- en armgebaren en bewegingen van overige lichaamsdelen relatief een grote rol. Bij nadere beschouwing gaat het echter om een ander type handgebaren dan bij Kafka of Böll. In de gebaren bij Gide hebben wij vaak van doen met een lichamelijk contact dat tussen personen gemaakt wordt. Naast de handdruk zijn dat vooral ook: elkaar bij de arm nemen om op die wijze affectie of genegenheid te laten blijken:

'Kom, zegt met zachte stem Bernard, terwijl hij plotseling Olivier bij de arm neemt' (I, pg. 12). 'Maar dit doende reikte hij hem de hand op een zo plechtige wijze, dat de oude bediende zich erover verwonderde' (I, pg. 20). 'En terwijl hij spreekt, houdt hij een van haar handen in de zijne' (I, pg. 28).

We kunnen in deze veelvuldige beschrijvingen van handdruk en gearmd lopen de weerslag zien van een culturele traditie. In de Mediterrane culturen is het lichamelijk contact gebruikelijker. In Frankrijk reikt men elkaar vaak de hand. Het was misschien in de tijd van deze roman (1925) in Parijs niet ongebruikelijk dat twee mannen arm in arm liepen zoals we dat heden nog zien in bijvoorbeeld Zuid-Italië, Griekenland of Spanje. Het is een cultureel acceptabele vorm voor het uitdrukken van affectie zoals die ook tussen mannen kan bestaan, zonder dat dit tot een erotische interpretatie aanleiding geeft. Het interessante is nu echter dat Gide in zijn boek dit schijnbaar conventionele gebaar (waarin echter onmiskenbaar een zekere lichamelijke affectiviteit meespeelt) gebruikt om er juist wèl een homo-erotische betrokkenheid in tot uiting te laten komen. Zijn personen, in het bijzonder Edouard, maken gebruik van deze geste om er een meer dan gewone affectieve band in uit te drukken:

'Ik had zijn arm genomen en drukte hem zonder iets te zeggen' (I, pg. 139). 'Olivier nam Bernard in zijn armen' (I, pg. 34). 'Een beetje spijt dat hij straks had gevoeld toen hij Olivier arm in arm met Edouard zag, een spijt het zelf niet te zijn' (I, pg. 145).

Meer of minder expliciete homo-erotische sentimenten, die niet worden uitgesproken, kunnen op deze wijze indirect tot uiting worden gebracht. Het blijft daarbij onduidelijk of de hoofdpersonen zich bewust zijn van hun homo-erotische tendenties. We mogen echter aannemen dat tenminste Edouard zich tamelijk wel de aard van zijn gevoelens voor zijn jonge vriend Olivier realiseert, maar dit slechts verhuld- via een armgebaar- tot uiting brengt. Misschien echter greep Gide zelf deze verhulde expressievorm aan om maatschappelijk niet getolereerde emoties

-in de onschuldige vorm van een schijnbaar conventionele geste- tot uitdrukking te brengen voor een publiek dat homo-erotiek op een meer directe wijze niet zou hebben geaccepteerd. Gide zelf was homosexueel en heeft een belangrijke rol gespeeld in de strijd om erkenning van de homosexualiteit (zoals in zijn Corydon).

Ondanks alle verschillen is er ook een zekere verwantschap tussen Gide, Kafka en Böll in hun gebruik van gebaren. Bij alle drie zien wij gebaren gebruikt om niet uitgesproken betekenissen en bedoelingen in tot expressie te brengen. We mogen aannemen dat gebaren het middel bij uitstek zijn waartoe schrijvers hun toevlucht nemen om een betekenislaag in tot uitdrukking te brengen die in het officiële orale circuit niet wordt toegelaten.

6.7. *Slotwoord*

In een zo bij uitstek verbale kunstvorm als de roman spelen beschrijvingen van nonverbaal gedrag een grote rol. De schrijver heeft nonverbale categorieën nodig om zijn romanfiguren levensechtheid, natuurlijkheid en persoonlijkheid mee te geven. Nonverbale categorieën stellen hem in het bijzonder in staat de individualiteit van zijn personen te doen uitkomen, hun identiteit ondanks het verstrijken van de tijd te onderstrepen en ook de diepere veranderingen aan te geven die zich in zijn personen voltrekken. Voor de beschrijving van nonverbale kenmerken kan de schrijver verwijzen naar uiterlijk, naar gezichtsuitdrukkingen, stem, gebaren, enzovoort; kortom, hij heeft een breed spectrum aan middelen beschikbaar om voor de lezer een levendig en geloofwaardig beeld van zijn figuren te creëren. De wijze waarop schrijvers gebruik maken van nonverbale categorieën kan ons een beeld geven van een tijdperk en een cultuur. We illustreerden dit aan de hand van de smeekgebaren bij Homerus en de armgebaren bij Gide die beiden moeten worden geplaatst binnen een heel bepaalde culturele traditie. Analyses van literaire productie op het gebruik van nonverbaal gedrag kan ons veel leren over de wijze waarop mensen- van een bepaalde tijd en plaats-met elkaar omgingen en hun emoties tot uitdrukking brachten.

Naast een analyse van de vormen van nonverbaal gedrag die schrijvers gebruiken, kunnen we echter ook een onderzoek verrichten naar de *verbanden* die een schrijver legt tussen kenmerken van uiterlijk en expressie en de emoties of innerlijke eigenschappen die daarmee gepaard gaan. Ik heb daarvan een voorbeeld gegeven aan de hand van twee figuren uit David Copperfield van Dickens, n.l.: Uriah Heep en Agnes. Een dergelijke analyse legt veel bloot van de voorwetenschappelijke psychologie die in een werk tot uiting komt. De schrijver zal daarin beïnvloed zijn door wat de samenleving als geheel over de samenhang tussen uiterlijk en innerlijk dacht. Zo kunnen we de 'psychologie' van een tijdperk reconstrueren. Vermoedelijk echter is de schrijver zelf ook weer schepper van nieuwe mythen over de relatie van innerlijk en uiterlijk en draagt zijn werk in belangrijke mate bij aan de opvattingen en vooroordelen die in de samenleving over deze verbanden leven.

Er zijn grote verschillen tussen schrijvers onderling in de mate waarin en de wijze waarop ze nonverbale categorieën in hun werk betrekken. Voor een belangrijk gedeelte zal dit stijlperiodes reflecteren, zoals we zagen bij het Oud-Engelse Heldendicht. Er zijn echter ook grote *persoonlijke* verschillen tussen schrijvers en tenslotte zijn er de eisen van het boek zelf die bepalen hoe nonverbale categorieën worden gebruikt. In dit hoofdstuk heb ik een methode gepresenteerd die het mogelijk maakt op een controleerbare, kwantitatieve wijze literaire werken op het gebruik van nonverbale categorieën te analyseren. Ik heb deze methode op een zevental romans uit deze eeuw toegepast en de verschillen tussen schrijvers beschreven. We zagen in de eerste plaats verschillen tussen schrijvers die vermoedelijk samenhangen met nationale tradities. Vooral de Duitse romans worden gekenmerkt door een ruim gebruik van nonverbale categorieën. Ik heb dit geïnterpreteerd als de reflectie van een tendens tot expressionisme die past in een oude Duitse cultuurtraditie. De geanalyseerde Franse roman maakt slechts een zeer sober gebruik van nonverbale beschrijvingen. De nadruk ligt meer op het spreken. Ook dit leek mij te passen binnen de Franse rationalistisch, classicistische literaire traditie.

Drie van de zeven schrijvers maakten opvallend veel gebruik van *gebaren* in de beschrijving van nonverbaal gedrag, n.l. Kafka, Böll en Gide. Een nadere analyse van elk boek afzonderlijk maakte aannemelijk dat gebaren in het bijzonder een rol kunnen vervullen wanneer de schrijver een betekenislaag wil symboliseren die in het officiële orale circuit niet toegelaten wordt. Met gebaren kunnen tekens worden uitgewisseld die als een soort geheimtaal dienst doen (zoals bij Kafka). Gebaren kunnen functioneren om te verwijzen naar herinneringen die te pijnlijk zijn om ze uit te spreken (zoals bij Böll). Gebaren kunnen tenslotte ook dienst doen om emoties en behoeften tot uiting te brengen die in het officiële sociale leven niet worden getolereerd (zoals bij Gide).

Nabeschouwing: de ontwikkeling van emotionele expressies in kunst

1. *Overeenkomsten in expressies tussen kunstvormen*

Wanneer we hier terugzien naar de verschillende kunsten die in dit boek aan de orde kwamen, dan valt in de eerste plaats de enorme verscheidenheid op waarmee emoties in kunstzinnige vorm zijn weergegeven. Elke kunstvorm biedt unieke mogelijkheden tot expressie van emoties, elke kunstvorm legt echter ook zijn eigen specifieke beperkingen op. Binnen elke kunstvorm zijn weer talloze stijlen te onderscheiden die van historisch tijdperk tot tijdperk en van cultuur tot cultuur verschillen. Normen voor de uitbeelding en expressie van emoties wisselen met kunstvormen en stijlen.

De gebruikte vormen zijn zo verschillend van aard, dat men zich kan afvragen of er wel enige gemeenschappelijkheid te vinden is in al die verschillende uitingen. Naar mijn mening is er toch een groot gemeenschappelijk reservoir aan expressiemiddelen waar kunsten uit putten. Er zijn met name een tweetal factoren die daar een belangrijke bijdrage aan leveren. Als eerste factor zou ik willen wijzen op de *grote onderlinge beïnvloeding* die de kunsten op elkaar hebben uitgeoefend. Dit boek is niet geschreven met de bedoeling deze onderlinge beïnvloeding te documenteren. Toch valt bij herhaling op hoe sterk kunsten expressievormen aan elkaar ontleenen. In het hoofdstuk over toneel kwam aan de orde dat schilderkunst en theater elkaar voortdurend hebben beïnvloed. Schilders beeldden toneelscènes uit en ontleenden daaraan de gebaren voor de expressie van emoties. Toneelspelers op hun beurt bestudeerden de schilderkunst voor de keuze van houdingen en gebaren bij emoties.

Ook dans en toneel hebben elkaar sterk beïnvloed. De grens tussen beide was soms nauwelijks te trekken zoals bijvoorbeeld in de Commedia dell'Arte. De figuren daaruit hebben zowel de dans als het toneel helpen vormen. Dansers en toneelspelers maakten gebruik van een gemeenschappelijk repertoire van gestes en houdingen voor de expressie van emoties.

De Romeinse retorica ontleende zijn gebaren aan bekende toneel-spelers uit die dagen. De retorische geschriften van Cicero en Quintilia-nus werden op hun beurt weer gelezen door de toneelspelers uit de zestiende en zeventiende eeuw en zij golden als maatstaf voor het handelen op het toneel.

Zoals het vorige voorbeeld al liet zien, kunnen die invloeden zich ook tot ver in de tijd manifesteren. De voorstellingen van dansende figuren op de klassieke Griekse vazen in het Louvre hadden een grote invloed op de dansvormen die Isadora Duncan koos. Ook tussen culturen is een voortdurende wisselwerking aanwezig waarin uitdrukkingsvormen wor-den overgenomen en getransformeerd om gebruikt te worden voor nieuwe thema's. In het hoofdstuk over de dans werden de omzwervin-gen behandeld van de achterwaartse salto uit de Egyptische dodendan-sen. Deze duikt later met een geheel andere betekenis in Kreta weer op.

Bij alle kunstvormen zien wij dat kunstenaars intensief stijlen uit andere culturen en andere historische tijdperken bestuderen en zich daar diepgaand door laten beïnvloeden. Picasso geraakte onder de indruk van de Afrikaanse voorouderbeelden. Van Gogh bestudeerde Japanse houtsnedes. Spiegel en Machotka (1974) laten zien hoe Botti-celli's 'Venus' beïnvloed was door een Hellenistische Aphrodite en deze weer door de Aphrodite van Praxiteles. Het bekende schilderij van Manet 'Déjeuner sur l'Herbe' toont overeenkomsten met Giorgione's 'Concert Champètre' en Raphael's 'Oordeel van Paris'. Raphael's schil-derij op zijn beurt ontleende de houdingen der zittende figuren aan een Fries van een Romeinse sarcophaag uit de tuin van de Villa Medici in Rome (idem Spiegel & Machotka).

Het is dus niet zo verwonderlijk dat we, ondanks alle verschillen in kunstvormen en stijlen, een aanzienlijk gemeenschappelijk uitdruk-kingsrepertoire ontdekken. Een groot aantal verwantschappen in de uitbeelding van emoties berust op een gemeenschappelijk gedeelde culturele erfenis. De geschiedenis van de kunsten kent geen radicale breuken. Er is altijd een intensief contact geweest tussen kunstenaars van verschillende professie: schilders, toneelspelers, schrijvers, musici en dansers. Zij wisselden elkaars vondsten en ideeën uit, bewonderden elkaars werk en namen expressievormen van elkaar over. De kunst-scheppingen uit het verleden gingen nooit geheel verloren. De Italiaanse kunstenaars uit het Quattrocento hoefden slechts om zich heen te kijken om de klassieke vormen te doen herleven. De vroeg Christelijke cata-combenbewoners ontleenden hun motieven voor een belangrijk deel aan de 'heidense' mummieschilderingen.

2. De plaats van 'spontane' expressies in de kunst

Toch zijn we ook in staat ons in de emoties in te leven van kunst-scheppingen waar een culturele transmissie onwaarschijnlijk is. De kunst van de Midden- en Zuidamerikaanse pre-Colombiaanse civilisaties bijvoorbeeld met hun angstaanjagende Godenbeelden, spreekt de Westerse mens direct aan. Moderne kunstenaars hebben inspiratie gezocht bij kunstvormen van 'primitieve' en niet door de Westerse beschaving beïnvloede culturen om emoties in uit te drukken. Er is dus nog een andere factor werkzaam: het beroep op de spontane emotionele expressies die alle mensen zijn aangeboren. Kunstvormen ontlenen hun expressies in de eerste plaats aan het leven zelf. Zoals we zagen in hoofdstuk 1, zijn de spontane expressies voor elementaire emoties aangeboren. Omdat kunsten een beroep doen op deze gemeenschappelijke erfenis van de mensheid is een grote mate van universaliteit tussen kunstvormen en stijlen gegarandeerd.

Toch valt kunst niet samen met spontane emotionele expressie. In hoofdstuk 2 heb ik de kunstzinnige houding gekarakteriseerd als een polariteit van identificatie en distantie. De kunstenaar *gebruikt* de vormen van spontane expressies als het ruwe materiaal dat door hem op een oneindig aantal wijzen kan worden getransformeerd. Niettemin zijn spontane expressies prominent aanwezig in de kunstzinnige produktie en geven zij de beschouwer een handvat voor invoeling en interpretatie. Wanneer een danser 'verdriet' of 'vreugde' wil uitbeelden, ontleent hij de fundamentele dimensies van zijn bewegingen aan de gestes en houdingen die ook spontaan bij die emoties gemaakt worden. Bij verdriet zal de gestalte gebogen zijn en in zichzelf gekeerd, bij vreugde overheersen expansieve en open bewegingen. Omdat we die tendenties herkennen, kunnen we meeresoneren met de emotionele boodschap zonder speciale voorkennis of uitleg. Schilders en beeldhouwers doen ook een beroep op onze intuïtieve kennis van spontane expressies. In Rembrandt's portretten zien wij in de gelaatsexpressie de hele persoon weerspiegeld.

Ook in minder naturalistische schilderijen, zoals bijvoorbeeld in Picasso's 'Guernica', herkennen wij direct de wanhoop en de ontzetting in gebaren die zo in de werkelijkheid nooit gezien zijn. Zij bezitten een aantal essentiële kenmerken van spontane uitdrukkingsbewegingen en kunnen daardoor onmiddellijk onze emoties raken.

In alle kunstvormen waar de menselijke gestalte aanwezig is, zijn de dimensies die aan de spontane uitdrukkingsbewegingen ten grondslag liggen, te herkennen. Door het universele karakter ervan, staan wij open voor ons vreemde kunstvormen en stijlen. Het is opmerkelijk hoever wij kunstvormen uit vreemde culturen kunnen waarderen. Ook al kunnen wij niet de specifieke betekenis die een bepaald kunstproduct in een cultuur heeft onmiddelllijk vatten, we worden toch gefascineerd door het emotionele appèl dat ervan uitgaat. De Afrikaanse voorouderbeelden imponeren ons met hun magische dreiging. Oost-Aziatische dansvormen bekoren ons door de elegante vormen waarin herkenbare emoties zijn weergegeven. Japanse houtsnijprenten spreken ons aan door de vrouwelijke bevalligheid en sierlijkheid of met de agressieve en ongenaakbare trots van de afgebeelde krijgers.

Er is een wezenlijk verschil tussen kunst en taal. Een taal moeten wij leren om het als communicatiemiddel te kunnen gebruiken. Wij moeten vertrouwd gemaakt zijn met de conventies die in een bepaalde gemeenschap leven. Taal sluit elke buitenstaander uit. Het emotionele appèl van een kunstzinnige uiting daarentegen overbrugt afstand en tijd.

Terwijl de Egyptische hiërogliefen met moeizame en zorgvuldig vergelijkende studies moesten worden ontcijferd en ook slechts voor een kleine kring van geleerden toegankelijk zijn, verdringen duizenden zich dagelijks in musea om met ontroering te zien naar de hemelse glimlach van de koningsbeelden. De 6e eeuwse Boeddha-beelden van de Boroboedoer drukken rust, concentratie en majesteit uit die voor ons herkenbaar zijn. De emotionele expressies die in kunstvormen zijn vastgelegd, reiken over de grenzen van cultuur en traditie heen. Dit is slechts mogelijk door het beroep dat ze doen op het gemeenschappelijk erfgoed van expressiviteit.

3. De stilering van spontane expressies
Hoewel de verwijzing naar spontane expressies de grondslag vormt van ons direct inlevingsvermogen, komen wij spontane expressies zelden ongetransformeerd in kunst tegen. De kunstenaar *selecteert*, waarbij esthetische normen, maar ook allerlei maatschappelijke, religieuze en culturele conventies een rol spelen. Deze factoren zijn in hoofdstuk 2 nader aan de orde geweest. De kunstenaar zal ernaar streven *het wezenlijke* van de expressie tot uiting te laten komen. De expressie wordt van alle dagelijkse toevalligheid ontdaan. Dit kan bijvoorbeeld leiden tot een zeer *abstracte* weergave van de expressieve vorm, zoals bijvoorbeeld in de dans, waarin de richting en vorm van de beweging slechts in zeer algemene zin herinneren aan de spontane gebaren.

Het kunstwerk zal vaak gekenmerkt worden door een sterke *accentuering* van de expressie. In Rodin's beelden bijvoorbeeld, zoals in zijn 'Burgers van Calais', zien wij de emotionele expressies in een verhevigde intensiteit uitgebeeld. De verzetsmonumenten in Nederlandse dorpen en steden brengen het verdriet, de machteloze verontwaardiging of de opstand in nadrukkelijke expressies, zoals bijvoorbeeld in het beeld 'de dokwerker' in Amsterdam ter herinnering aan de Februaristaking. De kunstenaar zet a.h.w. de schijnwerper op de kernemotie, het significante thema, en benadrukt dat met de keuze van intense en pure expressievormen.

Selectie, abstractie en accentuering liggen in elkaars verlengde. Zij dienen alle ertoe de emotie in zijn essentie te benaderen en de volle aandacht van de beschouwer daarop te richten. Toch leiden deze processen ertoe dat de kunstzinnige expressie zich verwijdert van de natuurlijke expressie. In principe echter worden met deze middelen geen aan de expressie vreemde elementen ingevoerd.

Naast de processen die hiervoor zojuist genoemd werden, spelen in alle kunstvormen ook andere transformaties van expressie een rol. We zien *stilering* optreden waarbij nieuwe regels worden opgelegd waaraan de expressie dient te voldoen. Die regels worden in de eerste plaats gedicteerd door het specifieke karakter van het gekozen kunstzinnig uitdrukkingsmedium. In de dans bijvoorbeeld, moeten emotionele expressies worden gerealiseerd in ritmische beweging. Nu is ritmische beweging niet vreemd aan de spontane expressie van emoties. Bij grote vreugde of verdriet zien wij spontaan ritmische bewegingen ontstaan om aan heftige gevoelens uitdrukking te geven, in het bijzonder wanneer die emoties in groepsverband worden ervaren. Het lijkt mij niet onmogelijk dat dans ontstaan is uit spontane opwellingen tot uiting geven aan emoties. Al snel echter treedt een nadere stilering op. Daarbij worden *specifieke esthetische regels* gesteld waaraan de expressie moet voldoen. In alle kunstvormen zien wij regels ontstaan die esthetische normen dicteren. Deze regels brengen een verdere verwijdering tussen spontane en kunstzinnige expressie met zich mee. Omdat het hier gaat om transformaties die de expressie als zodanig niet eigen zijn, worden nu aan de beschouwer meer eisen gesteld, wil hij de emotionele boodschap kunnen ontcijferen. We zien dan ook dat jonge kinderen moeite hebben met dit ontcijferwerk. In een onderzoek dat ik in samenwerking met Verburgh en De Meijer (Van Meel c.s., 1988) verrichtte naar het begrip voor expressieve dans kwam dit duidelijk naar voren. Aan het onderzoek namen kinderen van vijf tot twaalf jaar deel. Korte dansexpressies werden voor de kinderen uitgevoerd waarbij een aantal emoties in gestileerde vorm werd uitgebeeld. Vijfjarigen bleken nog helemaal niet in staat emoties als 'verdriet' en 'vreugde' in de gestileerde expressies te herkennen. Pas de twaalfjarigen waren goed in staat de emotionele betekenis in de gestileerde bewegingen te ontdekken.

De kunstzinnige normen hangen samen met de speciale eisen van het medium, maar worden ook bepaald door de eisen die een bepaalde stijl of kunstzinnige stroming oplegt. Esthetische normen kunnen van cultuur tot cultuur verschillen en zo een bijzonder stempel drukken op de uitbeelding van emotionele expressies. Hoewel ook in esthetische normen vermoedelijk een aantal universele principes is aan te wijzen (zoals bijvoorbeeld voor perceptuele organisatie), leiden deze aan de expressie vreemde normen toch tot een vermindering van de universele herkenbaarheid van expressies. Zij stellen grenzen tussen culturen, stijlen en historische periodes.

Naast esthetische normen worden echter aan de kunstzinnige uitbeelding nog andere normen opgelegd. De uitbeelding van de menselijke gestalte raakt de mens te persoonlijk dan dat de kunstenaar daar alle vrijheid in zou hebben. We zien in elke samenleving al of niet expliciete normen ontstaan waaraan de afbeelding van de menselijke figuur onderworpen is. Dit was daarom zo belangrijk omdat niet zelden juist de heersers of de leidende elite werden afgebeeld. De afbeelding diende te conformeren aan de ideeën die zij over zichzelf hadden of wensten te verspreiden. Dit gold zowel voor de Egyptische koningsbeelden of de Romeinse keizersbeelden, als voor de schilderijen van de Engelse adel die door van Anthonie van Dijck of die van Hollandse regenten die door Frans Hals werden gemaakt.

Ook de afbeelding van met religieuze thema's verband houdende kunst was en is aan sterke richtlijnen gebonden. Het 'al te menselijke' daarin is taboe. Daarmee is ook de uitbeelding van spontane expressies aan een strenge censuur onderworpen. Welke emoties loskomen wanneer een kunstenaar zo'n taboe overschrijdt, werd onlangs nog fraai gedemonstreerd door de commotie die ontstond rondom Scorcese's film 'The last temptation of Christ', waarin een poging werd gedaan Christus weer te geven met alle gewone menselijke (waaronder erotische) gevoelens en momenten van zwakte.

Niet alleen voor de leidende elite of voor religieuze thema's gelden deze strakke regels. De gehele samenleving wenst geen beeld van zichzelf geschilderd te zien dat het zelfbeeld ondermijnt. Ook zo'n zelfbeeld is van cultuur tot cultuur verschillend en draagt dus bij aan de verschillen die optreden tussen kunstwerken in de expressie van emoties.

De spontane expressie wordt dus in het kunstwerk onderworpen aan een serie van transformaties die er uiteindelijk toe leiden dat de toeschouwer niet zonder inspannning de emotionele boodschap zal kunnen ontcijferen. Toch blijven hier, ondanks alle stilering en normering, elementen van de oorspronkelijke expressie bewaard. Daarmee is een spontaan emotioneel aanvoelen door de toeschouwer nog mogelijk.

4. *Het ontstaan van een arbitraire tekentaal*

Onder bepaalde omstandigheden zien wij echter ook in bepaalde kunsten een ontwikkeling optreden die ertoe leidt dat een tekentaal ontstaat waarin de relatie tussen teken en betekenis niet meer spontaan aanvoelend kan worden gereconstrueerd. Een voorbeeld hiervan zien wij in de dans uit India waarin een groot aantal handbewegingen, de Mudra's, een belangrijke rol speelt. Deze tekens zijn geheel gecodificeerd en in handschriften vastgelegd. De relatie tussen het teken en het betekende is volledig arbitrair en er is geen sprake meer van ikonische door-zichtigheid. Ze moeten geleerd zijn om te worden begrepen.

Dergelijke voorbeelden zijn ook te vinden in de beeldhouwkunst. De Boeddha-beelden van de Borobudur hebben vaste handgebaren die betrekking hebben op elementen van de Boeddhistische leer,zoals bij-voorbeeld de Varada-mudra, het gebaar van het verlenen van gunsten. De afbeeldingen van menselijke, dierlijke en goddelijke wezens op de pyramiden van de Azteken zijn rijk versierd met symbolen die in die cultuur verstaan werden maar voor ons, zonder studie, niet toegankelijk zijn.

Ook in onze eigen Westerse cultuur zien wij het gebruik van arbitraire tekens voor het verwijzen naar cultureel bepaalde betekenissen. In het klassieke ballet worden met de vingers de vingers van de andere hand aangeraakt: een symbolisch gebaar voor het verwijzen naar de trouw-ring als teken van een eeuwige band.

Onder bepaalde omstandigheden zien wij dus het gebruik van een arbitraire tekentaal waarvan kunstvormen zich bedienen. Een dergelijk niveau van betekenisverlening in de kunst ontwikkelt zich naar mijn mening slechts onder bepaalde omstandigheden. Voor het ontstaan van zo'n uitgewerkt systeem van tekens moet een kunstvorm een algemeen erkende maatschappelijke functie in de samenleving vervullen. Zij wordt gebruikt om de leden van die samenleving informatie te ver-schaffen die voor de samenleving als geheel van groot belang is. De dans bijvoorbeeld, kan verhalen van het ontstaan van de cultuur in kwestie en zo een samenbindende rol vervullen, zoals de dans van India. Het kan ook zijn dat op die wijze religieuze doctrines worden verspreid zoals in de afbeeldingen van de Azteken. In alle gevallen dient de kunstvorm als maatschappelijk geaccepteerd communicatiemiddel. Een belangrijk doel wordt dan een aanzienlijke hoeveelheid informatie zonder misver-standen te communiceren. In de loop van de tijd zal het ritueel en de tekentaal zich uitbreiden. In toenemende mate zal de uitvoering worden vastgelegd in onwrikbare regels.

Het is niet verwonderlijk dat juist de Indiase dans en andere dans-vormen uit Zuid-Oost Azië een dergelijke tekentaal ontwikkeld heb-ben. Zij steunen op een duizendjarige traditie in een cultuur waarvan de fundamentele waarden niet aan verandering blootgesteld waren.

Een enigszins vergelijkbaar fenomeen in onze Westerse cultuurkring zien wij in de Katholieke liturgie. Hoewel het hier niet strict genomen om een kunstzinnige productie gaat (hoewel ze daar een aantal ken-merken mee gemeen heeft) is ook hier sprake van een ver doorgevoerde vormentaal waarbij de code gekend moet zijn om de betekenis van de gebaren en de symbolen te kunnen ontcijferen (zie hiervoor ook de bespreking van het werk van Giotto in hoofdstuk 4). Een dergelijke tot in details voorgeschreven vormentaal kon zich slechts ontwikkelen binnen een gemeenschap waarin het behoud van de traditie van groot belang was en de vorm een belangrijke boodschap vertegenwoordigde. Wanneer een kunstvorm of het culturele leven dan wel de cultuur zelf voortdurend aan veranderingen zijn blootgesteld, zal zich zo'n tekentaal zeer moeilijk kunnen vormen. Kenmerkend voor de geschiedenis van de West-Europese kunst en van de West-Europese cultuur in het algemeen is de grote mate van dynamiek geweest. Dit geldt wel vooral voor de periode sinds de Renaissance. Daarmee waren de voorwaarden voor het ontstaan van een strak gecodificeerd tekensysteem in het algemeen niet aanwezig. Steeds nieuwe ideologische stromingen volgden elkaar op, nieuwe groepen in de samenleving drongen door tot machtsposities, het economisch en cultureel zwaartepunt verlegde zich voortdurend. Daarmee zien wij ook in de kunst een opeenvolging van stromingen en richtingen, een voortdurend experimenteren met nieuwe expressievormen. In zo'n situatie kan alleen binnen een instituut waarin het bewaren van de traditie hoog staat aangeschreven, zoals bijvoorbeeld de Katholieke Kerk, een dergelijke vormentaal tot ontwikkeling komen.

In de Byzantijnse traditie, die ook onze Westerse Middeleeuwen sterk beïnvloed heeft, zien wij wel de aanwezigheid van een symbolentaal die specifieke kennis vraagt. Houdingen, gebaren en attributen van heiligen fungeren als tekens die voor de gelovige vertrouwd en bekend zijn. Een voorbeeld daarvan zagen wij in de Moeder met Kind uitbeelding uit de Byzantijns-Koptische invloedssfeer, waarin de gebaren symbolische, theologische betekenis hebben.

In elke tijd zal overigens de tendentie werkzaam zijn tot verdergaande 'conventionalisering' van kunstzinnige uitdrukkingsmiddelen. We kunnen daarom sporen ervan vrijwel overal terugvinden. De Indiase dans, de Byzantijnse schilderkunst, zijn er ver doorgevoerde voorbeelden van. De omstandigheden waren gunstig voor het ontstaan van een omvangrijke arbitraire code. Er zijn echter allerlei tussenvormen. Veel Westerse kunstvormen worden juist gekenmerkt door de aanwezigheid van een rudimentaire 'tekentaal'. Als voorbeeld noemde ik al het ballet. Een ander voorbeeld kunnen wij zien in de 'emblemata' van onze schilderkunst uit de Gouden Eeuw. Ook deze berustten op het gebruik van symbolen die men slechts kon ontcijferen wanneer men vertrouwd was met de conventies ervan. Er was een talrijk publiek van welgestelde kooplieden en een gemeenschap van kunstenaars die hieraan meewerkte.

Er zijn zeker overeenkomsten aan te wijzen tussen de voorwaarden waaronder dergelijke conventionalisering in de kunstzinnige expressie ontstaat en de condities die een rol spelen bij het ontstaan van taal. De ontwikkeling van een arbitrair tekensysteem als communicatiemiddel is o.a. bestudeerd in gemeenschappen van doven die van gebaren gebruik maken. De gebaren die horenden maken, zijn slechts in beperkte mate in regels vastgelegd. Ze zijn ook nog in grote mate 'ikonisch' van aard. In gemeenschappen van doven echter, daar waar men aangewezen is op gebaren voor het uitwisselen van informatie, blijkt snel conventionalisering van gebaren op te treden met als gevolg dat de relatie tussen teken en betekende meer arbitrair wordt. De nadruk komt dan te liggen op de noodzaak veel informatie zonder misverstanden te kunnen overdragen. Dit leidt tot standaardisering op grond van 'afspraken'.

5. *Spontane, gestileerde en arbitraire expressies in kunst*

Het geheel van uitdrukkingsmiddelen waarop kunsten een beroep doen bij het uitbeelden van emoties omspant een dimensie die loopt van natuurlijke en spontane expressies over gestileerde expressies tot aan arbitraire, conventionele tekens. Ook in dit laatste geval kunnen tekens verwijzen naar emoties. Weliswaar zullen zij die emotie niet direct bij de beschouwer oproepen, maar door de associaties die aan het teken in een cultuur verbonden zijn, kunnen zij toch een emotie vertegenwoordigen. Zo kan in onze cultuur de leeuw bijvoorbeeld als het zinnebeeld van 'moed' functioneren, of kan zoals in het in hoofdstuk 2 genoemde schilderij van Jan Steen een muziekinstrument als de luit aanwezig zijn als het symbool voor erotiek.

Ook in de meest gecodificeerde kunstvormen echter, zoals in de dans uit India, spelen naast 'arbitraire' tekens spontane gebaren en gestileerde uitdrukkingen van spontane expressies een onmisbare rol. Het arbitraire tekensysteem komt dus niet in de plaats van (gestileerde) spontane gebaren maar vormt er een *aanvulling* op. Door die aanvulling kunnen in het kunstzinnig medium meer gedetailleerde en preciezer boodschappen worden overgebracht. Levende kunst is echter in de eerste plaats aangewezen op het contact met de natuurlijke expressie. Wanneer dat verloren gaat, vervalt de kunst tot een dode en holle vormentaal. Dat gevaar is zeker aanwezig en vele kunsten kennen er voorbeelden van. In het hoofdstuk over toneel bijvoorbeeld, zagen wij dat vernieuwers als de Franse acteur Talma, de Rus Stchepkin of de Engelse Tom Robertson onnatuurlijke, lege vorm geworden gebaren vervingen door een natuurlijke manier van spelen. In kitsch is de natuurlijke expressie van emoties vervangen door een opeenstapeling van verwijzingen die emotie moeten suggereren (de viool, de verwelkte bloemen, de verscheurde brief etc.).

Kunst die de mens en menselijke emoties uitbeeldt, kan zich niet straffeloos verwijderen van de natuurlijke menselijke expressievormen. In dit boek heb ik echter willen laten zien met welke inventiviteit kunstenaars spontane expressies gebruikt hebben en getransformeerd om daarmee nieuwe expressies te creëren. Nieuwe expressies voor nieuwe emoties.

De eerste mens die aarzelend en misschien wel bevreesd uit klei een mensfiguur boetseerde moet zich met veel aandacht bezig gehouden hebben met de expressie die hij zijn schepping meegaf. Anderen zullen zich bij hem gevoegd hebben en met ontzag naar dat vreemde evenbeeld van henzelf gekeken hebben. Daarmee was een nieuw bewustzijn van de mens en van zijn verschijning ontstaan. Er was geen weg terug meer van dit nieuwe zelfbewustzijn.

De Sardijnse kunstenaar die duizend voor Christus een eenvoudig bronzen beeldje maakte van een moeder met haar gedode zoon op haar schoot, bracht een menselijke emotie tot expressie die sindsdien niet meer uit het bewustzijn van de mensheid verdwenen is. Kunstenaars als Raphael en Michelangelo (in Pieta's) hebben daar in hun tijd weer vorm aan gegeven.

Het borstbeeld van koningin Nefertete met het verfijnde, evenwichtige, ongenaakbare profiel heeft een norm gesteld aan aristocratische en hoofse sensitiviteit die ook nu nog als ideaal geldt voor het uiterlijk van de moderne vrouw.

In de gelaatsexpressies van Romeinse beelden zoals bij de zogenaamde 'Brutuskop' is de levenservaring, de wijsheid, de aristocratische terughoudendheid, de strenge en heldere arbeidsmoraal van de oorspronkelijke boerenrepubliek aanschouwelijk gemaakt. Het zijn ook deze beelden geweest die in eeuwen van klassieke scholing het karakter van de West-Europese mens hebben gevormd.

In hoofdstuk 2 kwam aan de orde hoe de schilders uit de Renaissance de moeder-kind relatie in steeds nieuwe nuances van tederheid hebben ontdekt.

Isadora Duncan heeft de gevoelens waartoe een nieuwe tijd aanleiding gaf in nieuwe bewegingsvormen vertaald. Zij heeft nieuwe expressievormen geschapen voor emoties die daarvoor slechts diffuus ervaren werden.

6. *De ontwikkeling van emoties en expressies in de tijd*

In het eerste hoofdstuk heb ik een overzicht gegeven van gedachten over emoties en expressies zoals die in de moderne psychologie leven. Ik heb deze opvattingen gekarakteriseerd als functionalistisch en georiënteerd op de biologische herkomst en het evolutionaire nut. Een dergelijke visie op de menselijke emotie schiet naar mijn mening ernstig tekort, omdat zij het eigene van menselijke gevoelens onrecht aandoet. Zo'n visie sluit het emotionele leven op in genetisch vastgelegde patronen met aangeboren expressies waarin de subjectieve beleving, de waarde ervan en ontwikkelingen erin uit het zicht verdwijnen.

Emoties veranderen, niet alleen in het individuele leven van ieder van ons, maar ook in de geschiedenis van de mensheid. In de loop der ontwikkeling van de menselijke cultuur zijn steeds nieuwe emoties ontstaan. Zij zijn het eerst door kunstenaars bewust ontdekt en uitgebeeld. De kunst, in al zijn vormen, is de dynamische kracht die het menselijke gevoelsleven doorzoekt, exploreert en tot uitdrukking brengt. Daarmee verandert zij de mens, schept nieuwe emoties en legt die in nieuwe expressies vast.

Literatuur

Albach, B. (1956). *Helden, draken en comedianten: Het Nederlandse toneelleven voor, in en na de Franse Tijd.* Amsterdam: Uitgeversmaatschappij Holland.

Albach, B. (1977). *Langs kermissen en hoven: Ontstaan en kroniek van een Nederlands toneelgezelschap in de 17de eeuw.* Zutphen: De Walburg Pers.

Albach, B. (1979). Rembrandt en het toneel. *De kroniek van het Rembrandthuis, 31* (2).

Andrea, P., & Boer, H.P. de (1979). *Nederlands gebarenboekje.* Amsterdam: Elsevier Manteau.

Andrew, R.J. (1963). Evolution of facial expression. *Science, 142,* 1034-1041.

Andrew, R.J. (1965). The origin of facial expressions. *Scientific American, 213,* 88-94.

Ardoin, J. (1974). *Callas: The art and the life.* London: Thames and Hudson Limited.

Argyle, M., & Dean, J. (1965). Eye-contact, distance and affiliation. *Sociometry, 28,* 289-304.

Arnheim, R. (1974). *Art and visual perception.* Berkeley: University of California Press.

Arnold, M.B. (1960). *Emotion and personality* (2 delen). New York: Columbia University Press.

Baddeley, A.D. (1976). *The psychology of memory.* New York: Harper and Row.

Barash, M. (1987). *Giotto and the language of gesture.* Cambridge: Cambridge University Press.

Beardsley, M.C. (1979). Aesthetic experience regained. In W.E. Kennick (Ed.), *Art and philosophy* (pg. 456-468). New York: St. Martin's Press.

Beittel, K.R., & Burkhart, R.C. (1963). Strategies of spontaneous divergent and academic art students. *Studies in art education, V* (I), 20-41.

Beittel, K.R., & Burkhart, R.C. (1966). Strategies of spontaneous divergent and academic art students. In E.W. Eisner, & D.W. Eckner (Eds.), *Readings in art education.* Waltham, Mass.: Blaisdell Publishing Co.

Beittel, K.R. (1972). *Mind and context in the art of drawing.* New York: Holt, Rinehart and Winston.

Bell, C. (1914/1948). *Art.* New York: Chalto & Windus (Reprinted in 1958 New York: Capricorn Books, G.P. Putnam's Sons).

Benson, R.G. (1980). *Medieval body language: A study of the use of gesture in Chaucer's poetry.* Copenhagen: Rosenkilde & Bagger.

Berlyne, D.E. (1971). *Aesthetics and psychobiology.* New York: Appleton Century Crofts.

Berry, J.W. (1976). *Human ecology and cognitive style.* New York: Wiley.

Birdwhistell, R.L. (1970). *Kinesics and context.* Philadelphia: University of Pennsylvania Press.

Bland, A. (1976). *A history of ballet and dance in the western world.* New York: Praeger Publishers.

Böll, H. (1983). *Biljart um Halb Zehn.* München: Deutscher Taschenbuch Verlag.

Borobudur: (1977). *Kunst en religie in het oude Java*. Catalogus van het Rijksmuseum Amsterdam.

Braak, B. ter (1972). *Expressieve bewegingstherapie*. (In Documentatiebladen van de Vereniging voor Expressieve Therapie).

Brecht, B. (1972). *Theater experiment en politiek*. Nijmegen: Sun (Nederlandse vertaling).

Buck, R. (1984). *The communication of emotion*. New York: The Guilford Press.

Buckle, R. (1980). *Nijinsky* (3rd ed.). Great Britain: Penguin Books.

Bulwer, J. (1644). *Chirologia and Chironomia*. London.

Burns, K.L., & Beier, E.G. (1973). Significance of vocal and visual channels in decoding emotional meaning. *Journal of Communication*, 118-130.

Buss, A. (1986). *Social behavior and personality*. Hillsdale, N.J.: Lawrence Erlbaum.

Buytendijk, F.J.J. (1948). *Algemene theorie der menselijke houding en beweging*. Utrecht: Het Spectrum.

Buytendijk, F.J.J. (1962). *De psychologie van de roman*. Utrecht/Antwerpen: Aula.

Cammaer, H. (1982). (Red.). *De mens benaderen langs zijn lichaam*. Antwerpen/Deventer: Van Loghum Slaterus.

Carritt, E.F. (1969). Beauty as expression. In J. Hospers (Ed.), *Introductory readings in aesthetics* (pg. 129-141). New York: McMillan.

Carus, G.C. (1858). *Symbolik der menschlichen Gestalt*. (Heruitgave 1962). Darmstadt: Wissenschaftliche Buchgesellschaft.

Chaplin, J.P., & Krawiec, T.S. (1968). *Systems and theories of psychology* (2nd ed.). London: Holt, Rinehart and Winston.

Cogniat, R. (1932). *Danses d'Indochine*. Paris: G. Di San Lazzaro

Cole, T., & Chinoy, H.K. (1970). *Actors on acting*. New York: Crown Publishers, Inc

Collier, G. (1985). *Emotional expression*. Hillsdale, N.J.: Lawrence Erlbaum.

Collingwood, R.G. (1925). *Outlines of a philosophy of art*. London: Oxford University Press.

Collingwood, R.G.(1938). *The principles of art*. Oxford: Clarendon.

Collins, D. (1976). *The human revolution: From ape to artist*. Oxford: Phaidon.

Couperus, L. (1979). *Van oude mensen. De dingen die voorbijgaan*. A'dam/ Brussel: Elsevier. (Oorspronkelijke uitgave 1906, L.J. Veen A'dam).

Croce, B. (1979). Art as intuition. In W.E. Kennick (Ed.), *Art and philosophy* (pg. 46-59). New York: St Martin's Press.

Croce, B. (1922). *Aesthetic as science of expression and general linguistic*. Translated by Douglas Ainslie (oorspronkelijke editie uit 1901). London: McMillan Co.

Dars, E., & Benoit J.C. (1964). *L'expression scénique*. Paris: Les éditions sociales Françaises.

Darwin, C. (1859). *The origin of species by means of natural selection*. (Herdrukt door Collier, New York 1965).

Darwin, C. (1872). *The expression of the emotions in man and animals*. (Herdrukt door The University of Chicago Press, Chicago, 1969, 3e druk).

Demisch, H. (1984). *Erhobene Hände: Geschichte einer Gebärde in der bildenden Kunst*. Stuttgart: Verlag Urachhaus.

Descartes, R. (1649). Le monde: Description du corps humain: passions de l'ame; Anatomica; Varia. In '*Oeuvres de Descartes*' par Charles Adam. Paris, Vrin, Paul Tannery, Tome XI.

Deyssel, L. van (1907). Menschen en Bergen. In *Verzamelde Opstellen*. Amsterdam: Scheltema en Holkema's Boekhandel.

Dickens, C. *David Copperfield* (vert. zonder jaartal). Utrecht: Het Spectrum.

Dickie, G. (1979). The myth of the aesthetic attitude. In W.E. Kennick (Ed.), *Art and Philosophy* (pg. 440-455). New York: St. Martin's Press.

Diderot, D. (1830). *Le Paradoxe sur le comédien*. Vert.: Paradox over de toneelspeler

(1985). Amsterdam: International Theatre Bookshop.

Dittmann, A.T., Parloff, M.B., & Boomer, D.S. (1965). Facial and bodily expressions: A study of receptivity to emotional cues. *Psychiatry, 28,* 239-244.

Duker, P. (1984). *Gebarentaal voor ontwikkelingsgestoorden.* Rotterdam: Lemniscaat (Orthoreeks).

Du Ry van Beest Holle, G. (Hgbr.) (1975). *Kunstgeschichte von den Anfängen bis zum frühen Mittelalter.* Stuttgart: Parkland Verlag.

Eeden, F. van (1900, 1982). *Van de koele meren des doods.* Amsterdam: Wereldbibliotheek.

Eibl-Eibesfeldt, I. (1971). *Love and hate.* New York: Holt, Rinehart & Winston.

Eibl-Eibesfeldt, I. (1973). *Der vorprogrammierte Mensch.* Wien: F. Molden.

Ekman, P., & Friesen, W.V. (1967). Head and body cues in the judgment of emotion: A reformulation. *Perceptual and Motor Skills, 24,* 711-724.

Ekman, P., & Friesen, W.V. (1969). Nonverbal leakage and cues to deception. *Psychiatry, 32* (11), 88-105.

Ekman, P., Sorensen, E.R., & Friesen, W.V. (1969). Pan-cultural elements in facial displays of emotion. *Science, 164,* 86-88.

Ekman, P., & Friesen, W.V. (1971). Constants across cultures in the face and emotion. *Journal of Personality and Social Psychology, 17,* 124-129.

Ekman, P., & Friesen, W.V. (1975). *Unmasking the face.* Englewood Cliffs, N.J.: Prentice Hall.

Ekman, P., Friesen, W.V., & Scherer, K. (1976). Body movement and voice pitch in deceptive interaction. *Semiotica, 3* (1), 37-38.

Ekman, P., & Friesen, W.V. (1978). *Manual for the facial action coding system.* Palo Alto, C.A.: Consulting Psychology Press.

Ellfeldt, L. (1976). *Dance from magic to art.* Dubique, Iowa: W.M.L. Brown.

Engel, J.J. (1790). *De kunst van nabootsing door gebaarden*, deel I en deel II. Haarlem: J. van Walré.

Feldman, S.S. (1959). *Mannerisms of speech and gestures in everyday life.* New York: International University Press.

Fischer-Lichte, E. (1983). *Semiotik des Theaters, band 1: Das System der theatralischen Zeichen.* Tuebingen: Narr.

Foster, R. (1976). *Knowing in my bones.* London: A. & C. Black.

Fresco, M. F. (1988). *Filosofie en kunst.* Assen: Van Gorcum.

Frey, S., Hirschbrunner, H.P., Florin, A., Daw, W., & Crawford, R.A. (1983). A unified approach to the investigation of nonverbal and verbal behavior in communication research. In W. Doise, & S. Moscovici (Eds.), *Current issues in European social psychology* (vol. 1). Cambridge: Cambridge University Press.

Freud, S. (1982). De Mozes van Michel Angelo. In S. Freud, *Cultuur en religie I* (1e ed. 1914). Meppel: Boom.

Friedman, S.L., & Stevenson, M. (1980). Perception of movement in pictures. In M.A. Hagen (Ed.), *The perception of pictures* (vol. 1). New York: Academic Press.

Frijda, N.H. (1953). *Gelaat en karakter.* Haarlem: De Toorts.

Frijda, N.H. (1956). *De betekenis van de gelaatsexpressie.* Amsterdam: Van Oorschot.

Frijda, N.H. (1986) *The emotions.* Cambridge: Cambridge University Press. (Ned. vert. (1988) De Emoties. Amsterdam: B. Bakker).

Fry, R. (1962). *Last lectures by Roger Fry.* With an introduction by Kenneth Clark. Boston: Beacon Press. (First published in 1939 by Cambridge University Press).

Garaudy, R. (1974). *Leven is dansen.* Antwerpen/Amsterdam: De Nederlandse Boekhandel.

Gardner, H. (1982). *Art, mind and brain: A cognitive approach to creativity.* New York: Basic Books.

Gettings, F. (1985). *De kunst van het kijken*. Amerongen: Gaade.

Ghosh, M. (1975). *Nandikesvara's Abinayadarpanam: A manual of gesture and posture used in ancient Indian dance and drama*. Calcutta: Granthalaya.

Gibson, J.J. (1979). *The ecological approach to visual perception*. Boston: Houghton Mifflin Company.

Gide, A. (1925). *Les Faux-monnayeurs* (2 delen). Paris: Gallimard.

Ginsburg, H.J., Pollman, V.A., & Wauson, M.S. (1977). An ethological analysis of nonverbal inhibitors of aggressive behaviour in male elementary schoolchildren. *Developmental Psychology, 13* (4), 417-418.

Goldwater, R., & Treves, M. (1976). *Artists on art: From the 14th to the 20th century* (1e ed. 1945). London: Murray.

Gombrich, E.H. (1974). *Eeuwige schoonheid*. Bussum: Uniboek B.V.

Gombrich, E.H. (1964, herdrukt 1982a). Moment and movement in art. In *The image and the eye*. Oxford: Phaidon.

Gombrich, E.H. (1966, herdrukt 1982b). Ritualized gesture and expression in art. In *The image and the eye*. Oxford: Phaidon.

Gombrich, E.H. (1970, herdrukt 1982c). Action and expression in western art. In *The image and the eye*. Oxford: Phaidon.

Gonzalez, E.G., & Kohlers, P.A. (1982). Words and pictures as representations. *The Journal of Biocommunication, 9* (2).

Goodenough, F.L. (1932). Expression of the emotions in a blind-deaf child. *Journal of Abnormal and Social Psychology, 27*, 328-333.

Gourfinkel, N. (1956). The Stanislavski method. *World theatre, IV* (1).

Graf, H.J. (1938). *Untersuchungen zur Gebärde in der Islendingasaga*. Lengerich I.W.: Lengericher Handelsdruckerei.

Habicht, W. (1959). *Die Gebärde in Englischen Dichtungen des Mittelalters*. München: Verlag der Bayerischen Akademie der Wissenschaften.

Hanna, J. (1979). *To dance is human: A theory of nonverbal communication*. Austin/ London: University of Texas Press.

Harré, R. (Ed.). (1986a). *The social construction of emotions*. Oxford: Basil Blackwell.

Harré, R. (1986b). An outline of the social constructionist viewpoint. In R. Harré (Ed.), *The social construction of emotions*. Oxford: Basil Blackwell.

Hartnoll, Ph. (1987). *Geschiedenis van het theater* (vert.). Amsterdam: International Theatre Shop.

Hartong, C. (1948). *Danskunst*. Leiden:

Hauser, A. (1975). *De sociale geschiedenis van de kunst*. Nijmegen: Sun reprint.

Hewitt, E.K. (1983). More effective than words: The role of non-verbal communication in 'Billy Budd'. In T. Borbé (Ed.), *Semiotics Unfolding*. Vol. I. Berlin/New York/ Amsterdam: Mouton Publishers.

Hinde, R.A. (1985). Expression and negotiation. In G. Zivin, (Ed.), *The development of expressive behavior*. New York: Academic Press.

Hofstätter, H.H. (1975). Die Kaiserreiche im frühen Mittelalter. In G. Du Ry van Beest Holle (Hgbr.) (Ed.), *Kunstgeschichte von den Anfängen bis zum frühen Mittelalter* (pg. 327-375). Stuttgart: Parkland Verlag.

Holland, N. (1968). *The dynamics of literary response*. New York: Oxford University Press.

Holland, N. (1975). *Five readers reading*. New Haven: Yale University Press.

Hooff, J.A.R.A.M. van (1973). A structural analysis of the social behaviour of a semi-captive group of chimpanzees. In M. von Cranach, & I. Vine (Eds.), *Social communication and movement*. New York: Academic Press.

Horst, L., & Russell, C. (1972). *Modern dance forms*. New York: Dance Horizons.

Hospers, J. (Ed.) (1969). *Introductory readings in aesthetics*. New York: The Free Press.

Huet, M. (1978). *The dance, art and ritual of Africa*. London: Collins.

Humphrey, D. (1959). *The art of making dances*. New York: Grove.

Hutschemaekers, G.J.M. (1986). De levensloop van de psychologie en het identiteitsprobleem. In H. Peeters, & F. Mönks (Red.), *De menselijke levensloop in historisch perspectief* (pg. 182-200). Assen: Van Gorcum.

Izard, C.E. (1971). *The face of emotion*. New York: Appleton Century.

Jaffé, H.L.C. (1985). *Schilderkunst door de eeuwen heen*. Weert: Smeets.

James, W. (1884). What is emotion? *Mind, 19*, 188-205.

James, W. (1892). *Psychology, brief course*. New York: Holt.

Jelgerhuis, J. (1827). *Theoretische lessen over de gesticulatie en mimiek*. Amsterdam: P. Meyer Warnars.

Joseph, B.L. (1964). *Elisabethan acting* (2nd ed.). Oxford: Oxford University Press.

Kafka, F. (1962). *Der Prozess*. Frankfurt am Main: Fischer Bücherei.

Kant, I. (1781). *Kritik der reinen Vernunft*. Riga: Hartknoch.

Kepes, G. (1965). *The nature and art of motion*. New York: Braziller.

Kidson, P. (1987). De wereld der middeleeuwen. In B.S. Myers, & T. Copplestone (Eds.), *De geschiedenis van de kunst* (vert.), 2e druk. Alphen aan den Rijn: Atrium.

Kim, Jeong- Suk. (1983). *Franz Kafka: Darstellung und Funktion des Raumes in 'Der Prozess' und 'Das Schloss'*. Bonn: Bouvier.

Knuttel, G. (1958). *Hendrick Terbrugghen: De roeping van Mattheus*. Openbaar Kunstbezit.

Kouwer, B.J. (1963). *Het spel van de persoonlijkheid*. Utrecht: Bijleveld.

Kreitler, H., & Kreitler, S. (1972). *Psychology of the arts*. Durham, N.C.: Duke University Press.

Kretschmer, E. (1921). *Körperbau und Charakter. Untersuchungen zum Konstitutionsproblem und zur Lehre von den Temperamenten*. Berlin: Springer.

Kuile, O. ter. (1976). *500 Jahre Niederländische Malerei*. Herrschink-Ammersee: Pawlak Verlag.

Laban, R. von (1980). *Principles of dance and movement*. London: McDonald & Evans.

Lange, R. (1975). *The nature of dance: An anthropological perspective*. London: McDonald & Evans.

Langer, S. (1953). *Feeling and form*. New York: Charles Scribner's Sons.

Launer, P. (1985). Sign language. Not just semaphore. *The Economist, July 6*.

Lawson, J. (1957). *Mime: The theory and practice of expressive gesture*. New York: Dance Horizons.

Lazarus, R.S. (1968). Emotions and adaptation: Conceptual and empirical relations. In W.J. Arnold (Ed.), *Nebraska Symposium on motivation*. Lincoln: University of Nebraska Press.

Levy, (1964). In J.R. Davitz (Ed.), *The communication of emotional meaning*. New York: McGraw-Hill.

Lewes, G.H. (1875). *On actors and the art of acting*. New York: Smith, Elder and Company.

Logan, J., Moore, S., & Gielgud, J. (1963). *The Stanislaviski method. The professional training of an actor*. New York: Compass Books, The Viking Press (22nd ed.).

Lomax, A., Bartenieff, J., & Paulay, F. (1968). Dance style and culture. In A. Lomax (Ed.), *Folk song style and culture*. Washington: American Association for the Advancement of Science.

Machotka, P. (1979). *The nude: Perception and personality*. New York: Irvington.

Mandler, G. (1975). *Mind and emotion*. New York: Wiley & Sons.

Mann, Th. (1931). *Buddenbrooks*. Berlin: Fischer Verlag.

Mariken van Nieumeghen (1957). Malmbergs Nederlandse Schoolbibliotheek. 's Hertogenbosch: Malmberg.

Martin, J. (1972). *Introduction to the dance*. New York: Dance Horizons.

Martindale, A. (1987). De renaissance en de mens. In B.S. Myers, & T. Copplestone (Eds.), *De geschiedenis van de kunst* (vert.). Alphen aan den Rijn: Atrium.

Mason, W.A. (1985). Experiental influences on the development of expressive behaviors in rhesus monkeys. In G. Zivin (Ed.), *The development of expressive behavior*. New York: Academic Press.

Mazo, Ph. (1977). *Prime movers: The makers of modern dance in America*. New York: Morrow.

McNeil, E.B. (1956). Social class and the expression of emotion. *Paper of the Michigan Academy of Science, Arts and Letters, 41*, 341-348.

Meel, J.M. van (1979). Het veelzeggend gebaar. In J. de Wit, H. Bolle, & J.M. van Meel (Red.), *Psychologen over het kind*. Groningen: Wolters-Noordhof.

Meel, J.M. van (1986). *De psychologie van het gebaar*. Nijmegen: Dekker & van de Vegt.

Meel, J.M. van, Verburgh, H., & De Meijer M. (1988). *Children's interpretations of dance expressions*. (Intern Rapport).

Meel-Jansen, A.Th. van (1979). Kunstpsychologie en experimentele esthetica. *Nederlands Tijdschrift voor de Psychologie, 34* (6).

Meel-Jansen, A.Th. van (1983). A relativistic view on determinants of aesthetic preferences. *Paper* presented at the International Conference on Psychology and the Arts. United Kingdom, Cardiff, September 5-9. (Published in Leiden Psychological Reports (L.P.R.), P.P.: 83-4).

Meel-Jansen, A. Th. van (1988). *De kunst verstaan: Inleiding tot de psychologie van de beeldende kunst*. Assen: Van Gorcum.

Meel-Jansen, A.Th. van, & Moormann, P.P. (1984a). Personality, cognitive style and the creative process in art. In H. Bonarius, G. van Heck, & N. Smid (Eds.), *Personality psychology in Europe*. Lisse: Swets & Zeitlinger.

Meel-Jansen, A.Th., & Moormann, P.P. (1984b). The expression and interpretation of emotions. *Leiden Psychological Reports (LPR-PP), 5*.

Mehrabian, A. (1972). *Nonverbal communication*. Chicago: Aldine-Atherson.

Meneghini, G.B. (1982). *My wife Maria Callas*. London: The Bodley Head.

Ménestrier, C. (1682). *Des ballets anciens et modernes*. Paris: Reprint University Microfilms, Ltd. High Wycombe, Buckinghamshire.

Miller, R.E., Caul, W.F., & Mirsky, I.R. (1967). Communication of affects between feral and socially isolated monkeys. *Journal of Personality and Social Psychology, 7*, 231-239.

Montagu, A. (1980). *De tastzin*. Aula Reeks, 3e druk.

Montgomery, W. (1985). Charles Darwin's thought on expressive mechanisms in evolution. In G. Zivin (Ed.), *The development of expressive behavior*. New York: Academic Press.

Moormann, P.P. (1984). De huid als venster van emoties: Huid en haar. *Cahiers Bio-Wetenschappen en Maatschappij, 9* (3).

Morris, D. (1980). *Gebaren: Hun oorsprong, betekenis en gebruik*. Utrecht: Bruna.

Morsbach, H., & Tyler, W.J. (1986). A Japanese emotion: Amae. In R. Harré (Ed.), *The social construction of emotions*. Oxford: Basil Blackwell.

Müller, H. (1985). *Franz Kafka, Leben, Werk, Wirkung*. Düsseldorf: Econ Taschenbuch Verlag.

Nicolaides, K. (1966). The natural way to draw. In E.W. Eisner, & D.W. Eckner (Eds.), *Readings in art education*. Waltham, Mass.: Blaisdell Publishing Company.

Niehaus, M. (1981). *Isadora Duncan: Leben, Wirk, Wirkung*. Wilhelmshafen: Heinrichshofen.

Noverre, J.G. (1760). Lettres sur la dance et les ballets. Vertaling: *Letters on dancing and ballets*, Paperback reprint (1966). New York: Dance Horizons.

Pavis, P. (1980/1981). Problems of a semiology of theatrical gesture. *Tactics Today, 2* (3), 65-93.

Plutchik, R. (1962). *The emotions: Facts, theories and a new model.* New York: Random House.

Plutchik, R. (1980). *Emotion: A psycho-evolutionary synthesis.* New York: Harper & Row.

Plutchik, R. (1984). Emotions: A general psycho-evolutionary theory. In K.R. Scherer, & P. Ekman (Eds.), *Approaches to emotion,* (pg. 197-220). Hillsdale, N.J.: Lawrence Erlbaum.

Poyatos, F. (1983). *New perspectives in nonverbal communication.* Oxford: Pergamon Press.

Preston-Dunlop, V. (1980). *A handbook for modern educational dance.* London: McDonald & Evans.

Pribram, K.H. (1967). The new neurology and the biology of emotion: A structural approach. *American Psychologist, 22,* 830-838.

Redfern, B. (1982). *Concepts in modern educational dance.* London: Dana Books.

Sachs, C. (1969). *De geschiedenis van de dans.* Utrecht/Antwerpen: Het Spectrum.

Schachter, S., & Singer, J.E. (1962). Cognitive, social and physiological determinants of emotional state. *Psychological Review, 69,* 379-399.

Scherer, K.R., & Ekman, P. (Eds.) (1984). *Approaches to emotion.* Hillsdale, N.J.: Lawrence Erlbaum.

Scherer, K.R. (1984). On the nature and function of emotion: A component process approach. In K.R. Scherer, & P. Ekman (Eds.), *Approaches to emotion* (pg. 271-294). Hillsdale, N.J.: Lawrence Erlbaum.

Scott, J.P. (1958). *Animal behavior.* Chicago: University of Chicago Press.

Scotto di Carlo, N. (1973). Analyse sémiologique des gestes et mimiques des chanteurs d'opéra. *Semiotica, IV,* 289-317.

Selfe, L. (1977). *Nadia: A case of extraordinary drawing ability in an autistic child.* London: Academic Press.

Shawn, T. (1963). *Every little movement: A book about Francois Delsarte.* New York: Dance Horizons.

Sheldon, W.H. (1942). *The varieties of temperament.* New York: Harper.

Sheldon, W.H. (1954). *Atlas of men.* New York: Harper.

Singha, R., & Massey, R. (1967). *Indian dances: Their history and growth.* London: Faber & Faber.

Sittl, C. (1890). *Die Gebärden der Griechen und Römer.* Leipzig: B.G. Teubner. (Herdruk Hildesheim: Georg Olms Verlag, 1970).

Spiegel, J.P., & Machotka, P. (1974). *Messages of the body.* New York: The Free Press.

Stanislavski, K. (1936). *An actor prepares.* Vert.: Lessen voor acteurs. 2e druk, 1986. Amsterdam: International Theatre Bookshop.

Steinberg, L. (1979). The eye is a part of the mind. In S.K. Langer (Ed.), *Reflections on art* (pg. 243-261). New York: Arno Press.

Stroman, B. (1966). Bertolt Brecht en Denis Diderot. *Toneel/Theatraal, 4* (5), 163-167.

Tagore, R. (1928). Letters from Java. *The Visvabharab Quarterley, 6* (1),

Thompson, J. (1941). Development of facial expressions of emotion in blind and seeing children. *Archives of Psychology, 37* (264),

Tolkien, J.R. (1965). *In de ban van de ring.* (deel 1 tot en met 3). Utrecht: Het Spectrum.

Tolstoy, L. (1979). What is art? In W.E. Kennick (Ed.), *Art and philosophy* (pg. 34-45) (second edition). New York: St. Martin's Press.

Tomkins, S.S. (1962). *Affect, imagery, consciousness, Vol I. The positive affects.* New York: Springer.

Tomkins, S.S. (1963). *Affect, imagery, consciousness, Vol II. The negative affects.* New

York: Springer.

Tomkins, S.S. (1970). Affect as the primary motivational system. In M. Arnold (Ed.), *Feelings and emotions*. New York: Academic Press.

Tsjechov, M. (1953). *To the actor*. Vert.: Lessen voor acteurs, 1985. Amsterdam: International Bookshop.

Urmson, J.O. (1979). What makes a situation aesthetic? In W.E. Kennick (Ed.), *Art and philosophy* (pg. 398-410). New York: St. Martin's Press.

Vestdijk, S. (1967). *De Ziener*. Amsterdam: De Bezige Bij.

Volkmann, L. (1908). *Das Bewegungsproblem in der Bildenden Kunst*. Esslingen: Paul Neff Verlag.

Vorwahl, H. (1932). *Die Gebärdensprache im alten Testament*. Berlin: Emil Ebering.

Waldemar, C. (1960). *Lavater der Menschenkenner*. Zurich: Origo Verlag.

Watson, J.B. (1924). *Psychology from the standpoint of a behaviorist*. Philadelphia: Lippincott (2nd ed.).

Weaver, J. (1712). *Of the modern dancing: An essay toward a history of dancing*. London: Jacob Tonsin.

Werner, H. (1963). *Symbol formation*. New York: Wiley & sons.

Wex, M. (1979). *Let's take back our space: 'female' and 'male' body language as a result of patriarchal structures*. Hamburg: Frauenliteraturverlag Hermine Fees.

Winner, E. (1982). *Invented worlds, the psychology of the arts*. Cambridge, Mass.: Harvard University Press.

Wittkower, R. (1977). El Gréco's language of gesture. In *Allegory and the migration of symbols*. London: Thames and Hudson.

Wolff, P.H. (1969). The natural history of crying and other vocalizations in early infancy. In B.M. Foss (Ed.), *Determinants of infant behavior (Vol. 4)*. London: Methuen.

Wundt, W. (1877). Uit Deutsche Rundschau, 3 (7), 120. Geciteerd uit A. Peiper, (1963), *Cerebral function in infancy and childhood*. New York: Consultants Bureau.

Zacharias, G. (1964). *Ballet: Symboliek en mysterie*. Bussum: Van Dishoeck.

Zivin, G. (1985). (Ed.). *The development of expressive behavior. Biology- environment interactions*. New York: Academic Press.

Bronvermelding

Hoofdstuk 1. Fig. 1, 2 en 3: Waldemar, Lavater der Menschenkenner. Zürich. 1960. Fig. 4: Eibl-Eibesfeldt, Der vorprogrammierte Mensch. Wien, 1973. Fig. 5: Darwin, The expression of the emotions. Fig. 6 t/m 13: Audiovisuele Dienst Kath. Universiteit Brabant. Fig. 14: Kestner Museum, Hannover.
Hoofdstuk 2. Fig. 1: Rijksmuseum Kröller-Müller, Otterlo. Fig. 2: Vaticaans Museum, Rome. Fig. 3 en 5: Du Ry van Beest Holle, Parkland Kunstgeschichte, Bd 1. Stuttgart, 1981. Fig. 4: Kathedraal van Moulins. Fig. 6: Jaffé, Schilderkunst door de eeuwen heen. Weert, 1985. Fig. 7 en 10: Museum Uffizi, Florence. Fig. 8 en 13: Bonnefantenmuseum, Maastricht. Fig.. 9, 11 en 12: Pinacoteca di Brera, Milaan. Fig. 14: Kunsthistorisches Museum, Wien. Fig. 15: Gemeentemuseum, Arnhem. Fig. 17 en 19: Rijksmuseum, Amsterdam. Fig. 20: Museum voor Schone Kunsten, Gent.
Hoofdstuk 3. Fig. 2: Ghosh, Nandiskesvara's Abhinayadarpanam. Calcutta, 1975. Fig. 3: Privé collectie. Fig. 4: Haags Gemeentemuseum. Fig. 5 en 7: J. Lawson: The theory and practice of expressive gesture. New York, 1957. Fig. 8: Niehaus, Isadora Duncan - Leben, Wirk, Wirkung. Wilhelmshaven, 1981. Fig. 9 en 10: Mazo, Prime movers - The makers of modern dance in America. New York, 1977.
Hoofdstuk 4. Fig. 1: Collins, The human revolution - From Ape to Artist. Oxford, 1976. Fig. 2: Selfe, Nadia - A case of extraordinary drawing ability in an autistic child. London, 1977. Fig. 4: Centraal Museum, Utrecht. Fig. 5. Nederlands Gebarenboekje, illustratie van de heer Pat Andrea. Amsterdam, 1979. Copyright de heer Pat Andrea/United Dutch Dramatists, Den Haag. Fig. 6: San Pietro in Vinculi, Rome. Fig. 8: Hamburger Kunsthalle, Hamburg. Fig. 9: Collectie Claude Spaak, Choisel. Fig. 10: Kunstmuseum, Basel. Fig. 11: Spiegel en Machotka, Messages of the body. New York, 1974.
Hoofdstuk 5. Schema: E. Fischer-Lichte, Semiotik des Theaters. Bd 1: Das System der theatralischen Zeichen. Tübingen, 1983. Fig. 2 en 4: Jelgerhuis, Theoretische lessen over de gesticulatie en mimiek. Amsterdam, 1827. Fig. 3: Meneghini, My wife Maria Callas. London, 1982.

Voor zover mogelijk is toestemming tot overname van illustraties gevraagd.
Wie aanspraak meent te kunnen maken op reproduktierechten van in dit werk opgenomen illustraties wende zich tot de uitgever.